美好企业

通过使命与激情创造卓越绩效

（原书第2版）

拉金德拉·西索迪亚（Rajendra Sisodia）

[美] 贾格迪什·谢斯（Jagdish Sheth） 著

戴维·沃尔夫（David Wolfe）

彭剑 译

任伟 审校

FIRMS OF
ENDEARMENT

How World-Class Companies Profit from Passion
and Purpose (2nd Edition)

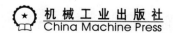

机械工业出版社
China Machine Press

图书在版编目（CIP）数据

美好企业：通过使命与激情创造卓越绩效（原书第2版）/（美）拉金德拉·西索迪亚（Rajendra Sisodia），（美）贾格迪什·谢斯（Jagdish Sheth），（美）戴维·沃尔夫（David Wolfe）著；彭剑译 . —北京：机械工业出版社，2020.8（2021.1 重印）

书名原文：Firms of Endearment: How World-Class Companies Profit from Passion and Purpose

ISBN 978-7-111-66125-2

I. 美… II. ① 拉… ② 贾… ③ 戴… ④ 彭… III. 企业管理 IV. F272

中国版本图书馆 CIP 数据核字（2020）第 126208 号

本书版权登记号：图字 01-2020-3398

Rajendra Sisodia, Jagdish Sheth, David Wolfe. Firms of Endearment: How World-Class Companies Profit from Passion and Purpose, 2nd Edition.

ISBN 978-0-13-338259-4

Copyright © 2014 by Pearson Education, Inc.

Simplified Chinese Edition Copyright © 2020 by China Machine Press.

美好企业
通过使命与激情创造卓越绩效（原书第 2 版）

出版发行：机械工业出版社（北京市西城区百万庄大街 22 号　邮政编码：100037）

责任编辑：林晨星　　　　　　　　　　　　　责任校对：殷　虹

印　　刷：北京文昌阁彩色印刷有限责任公司　　版　　次：2021 年 1 月第 1 版第 2 次印刷

开　　本：170mm×230mm　1/16　　　　　　印　　张：17.5

书　　号：ISBN 978-7-111-66125-2　　　　　定　　价：79.00 元

客服电话：（010）88361066　88379833　68326294　　投稿热线：（010）88379007

华章网站：www.hzbook.com　　　　　　　　读者信箱：hzjg@hzbook.com

版权所有·侵权必究
封底无防伪标均为盗版
本书法律顾问：北京大成律师事务所　韩光 / 邹晓东

谨以此书纪念挚友戴维·沃尔夫，
他是一位哲学家，一位才华横溢的作家，
一位聪明且有爱心的人。
我们和无数其他人的生活因为他的存在而变得丰富多彩。

——拉金德拉·西索迪亚 & 贾格迪什·谢斯

目 录 | FIRMS OF ENDEARMENT

推荐序一（朱小斌）

推荐序二（约翰·麦基）

推荐序三（R. 爱德华·弗里曼）

推荐序四（沃伦·本尼斯）

译者序

序言　一个全新的世界

第 1 章　爱与关怀：立业之道 / 1

爱的力量 / 4

何谓美好企业 / 7

美好企业的利益相关者 / 10

确定最初的美好企业名单 / 11

美好企业与《从优秀到卓越》中的企业 / 13

为本书第 2 版挑选美好企业 / 14

美好企业看重情感合约 / 18

美好企业的经营哲学 / 20

注释 / 22

第 2 章　新时代、新规则与新商业 / 23

商业的自我实现 / 25

股东与利益相关者 / 30

　　　　美好企业中的情商管理 / 33

　　　　寻找变革的意愿 / 35

　　　　注释 / 39

第 3 章　应对无序 / 43

　　　　信息沟通面临的挑战 / 46

　　　　注释 / 51

第 4 章　员工：从资源到能量源 / 52

　　　　美好企业将意义融入员工工作 / 54

　　　　管理层与工会关系中的合作优势 / 58

　　　　建立信任 / 59

　　　　工作的乐趣 / 61

　　　　培训和发展是美好企业的头等大事 / 67

　　　　美好企业十分重视认可与表彰 / 68

　　　　美好企业如何看待兼职员工 / 69

　　　　建立企业高层与基层之间的联系 / 70

　　　　未来的人力资源部门 / 71

　　　　企业做对事情给股东带来的好处 / 73

　　　　注释 / 74

第 5 章　客户：疗愈与兜售 / 77

　　　　新的营销范式 / 77

　　　　一种新意识 / 82

　　　　这不是什么新鲜事：用心的员工带来忠诚的客户 / 85

　　　　不建立信任会怎样 / 87

　　　　美好企业是有灵魂的 / 89

　　　　注释 / 91

VI

第6章　投资者：从美好企业获得回报 / 93

全食超市为股东创造财富的方式 / 94

谁是今天的投资者 / 95

以禅宗视角看待"获利" / 97

加强投资者、员工与客户之间的联结 / 99

股东回报 / 100

结论 / 103

注释 / 103

第7章　合作伙伴：精妙的和谐关系 / 105

重要的措施 / 108

构建与利益相关者之间的和谐关系还是利用利益相关者 / 111

激发利益相关者（合作伙伴）获得成功的潜力 / 112

合作胜过压榨 / 117

不寻常的管理艺术 / 119

注释 / 123

第8章　社会：终极利益相关者 / 125

商业价值观与人本主义价值观 / 126

是"海盗"还是伟大的人本主义者 / 128

美好企业与社会 / 130

注释 / 143

第9章　企业文化：美好企业的秘诀 / 144

最佳工作地？ / 144

企业文化至上 / 147

释放组织活力 / 149

构建组织愿景：着眼全局 / 150

通过构建美好企业的文化培育组织价值观 / 157

美好企业的文化特征 / 158

文化是企业的 DNA / 165

注释 / 166

第 10 章　我们学到了什么 / 169

确定美好企业的特征 / 169

挑战行业教条 / 170

与利益相关者实现利益共赢 / 171

乐于打破传统的折中取舍 / 172

运营着眼长远 / 175

青睐有机式的稳步增长 / 176

在工作中融入乐趣 / 176

拒绝传统的营销范式 / 178

结论 / 178

注释 / 179

第 11 章　复杂性的另一面 / 180

时代的巨大挑战：超越零和心态 / 185

美好企业的管理需要整体思维 / 189

穿越复杂性，到达另一种简单化 / 190

结论 / 193

注释 / 195

VIII

附录 A　企业简介 / 197

附录 B　里克·弗雷泽访谈录 / 225

致谢 / 233

作者简介 / 235

赞誉 / 237

2020 年的新冠疫情，促动很多人重新思考生命的意义，同样也促动很多企业家重新思考企业的意义，探究企业的本质——疫情带来的危机唤醒了美好企业（FoE）。

疫情中，许多中外企业与利益相关者共同携手，积极参与全球抗疫，担当起"社会器官"的角色，这与本书倡导的"美好企业"理念非常吻合。巨大危机再次提醒了我们：最终迈向成功且最有竞争力的企业，恰恰是理念正、行动善的美好企业。

最早吸引我关注"美好企业"这个理念的正是本书中提到的星巴克公司，其创始人霍华德·舒尔茨的两本书《将心注入》和《一路向前》对我影响很大。舒尔茨在书里特别写了他的蓝领父亲。他的父亲当过卡车司机、车间工人、出租车司机，从未一年赚过 2 万美元，因而无力拥有自己的房子，舒尔茨是在纽约布鲁克林的廉租房里长大的。舒尔茨的父亲因工作跌断脚踝，这导致他们一家没有收入，而且他父亲没有医疗保险，没有工伤赔偿。舒尔茨回忆："他没有积蓄，没有养老金，最糟糕的是，他从来没有从自己的工作中获得人生的尊严和生活的意义。"

父亲的悲惨经历，让少年舒尔茨对企业无法成就员工、不能以人为本的一面刻骨铭心。创办星巴克成功，成为商业领袖后，舒尔茨破天荒地给所有员工（包括兼职员工）提供医疗保险，并向员工提供股票期权。"我们对仓库保管员和刚进门的新手所给予的敬重，在许多公司只有高级管理者才能享有。"

舒尔茨深刻地写道：

X

　　商界至今还有许多人没有领悟到劳方和资方绝非在进行零和游戏的道理。**仁慈地对待员工并非就意味着成本增加和利润减少，而是一种强有力的兴奋剂**，它使企业达到凭领导者个人能力远远不可能达到的高度。

　　如果人们把自己与为之工作的公司联系在一起，如果他们在其中投入感情，编织梦想，他们就会倾心于此，并努力把事情做得更好。雇员有自信、有尊严时，就会贡献出更多：为公司，为家庭，为世界。

星巴克的例子代表了"美好企业"的第一阶段，即人的尊严、自由、互助、创造力等美好的社区精神在一个企业中被激发出来。

诺贝尔经济学奖得主米尔顿·弗里德曼曾说过，"企业只有一种社会责任，那就是利用其资源从事旨在增加利润的活动，只要它遵守游戏规则"。弗里德曼痛斥那些关心员工、社区和环境的企业家，反对企业家将提供就业机会、消除不公平待遇、避免环境污染当成自己的责任。在他看来，企业唯一的目的就是利润最大化。几十年来，这个观点对全球企业家影响巨大。

这其实是挺荒谬的一个论断。企业需要利润才能存活，但认为企业存在的目的就是利润，这是偷换概念，就像"人活着必须要吃饭"，但不能说"人生的意义和目的就是吃饭"。

为什么那么多企业家"明知故犯"，而且特别推崇这个论断？因为这个论断能遮掩很多不能明说的行为，它是企业家回避内心拷问、回避价值抉择、回避是非判断的遮羞布。

不久前去世的传奇 CEO 杰克·韦尔奇曾对弗里德曼的论断提出看法："从表面上看，'股东价值'是世界上最愚蠢的想法。股东价值是结果，而不是战略。**你的员工、客户和产品才是你的主要依靠。**"

"美好企业"的第二阶段，是打破"股东利益最大化"这个迷思，从"股东利益最大化"转向"与利益相关者共生"。

我讲一个本书中多次提到的全食超市（Whole Foods Market）的故事。1981年的一天，只有一家门店的全食超市诞生才 8 个月时，它所在的美国奥斯汀市遭遇了暴雨，全食超市被暴雨引发的洪水淹没，所有设备和库存都毁了，损失接近40万美元。

"我们没有积蓄，没有购买保险，没有库存。我们破产了。"这是全食超市联合创始人约翰·麦基给自己的创业下的定论。然而，当麦基和员工们眼含泪花目睹超市被淹的惨状时，几十个顾客来到超市。他们穿着工作服，带着工具，真诚地对麦基他们说："朋友们，加油！大家开始干活，把这里打扫干净，让这个超市重新开起来。我们不会坐视这个超市就这么倒闭了。"

在后来的几周里，一波又一波的顾客来帮助修复全食超市。麦基感受到了来自顾客的热爱，决定重新开张。员工们则不计报酬地工作着，工资是后来补发的。其他利益相关者接着跟进：数十个供应商继续供货，而且允许赊账；银行提供了额外的贷款……所有的主要利益相关者——顾客、员工、供应商和投资人，都毫不犹豫地参与进来，力挺全食超市。

后来，麦基把全食超市打造成全美最大的天然食品零售品牌，年营业额近200亿美元，他所实践的便是"与利益相关者共生"理念。麦基用自己的成功告诉世人，商业的基础不一定是贪婪、自私和剥削，企业可以为提升人类的快乐和福祉水平创造条件，而且不仅造福富人，也造福包括穷人在内的更广泛群体。

全食超市的故事告诉我们：**企业与利益相关者共生，不仅能给企业带来独特的竞争力，还能使企业引领整个生态链一起变得更美好。**

2020年第50届世界经济论坛达沃斯年会发布了新版《达沃斯宣言》，再次拥抱半个世纪前提出的"利益相关者理论"，主张企业不仅要服务股东，也要服务客户、员工、社区和整个社会。

为什么是"利益相关者理论"？论坛主席施瓦布提出了三条理由：

- 践行环境可持续发展理念刻不容缓。

- 新生代消费者再也不愿为那些只顾追求股东价值最大化而缺乏社会价值观的企业工作、投资或购买其产品。

● 愈来愈多的企业高管和投资人逐渐理解，他们能不能获得长期成功，其实与客户、员工和供货商的成功息息相关。

今天，中国企业家和中国企业也必须拥抱"与利益相关者共生"理念，全球共此时。

未来，**与利益相关者共生的企业，一定是那些最具竞争力的企业**。虽然与利益相关者共生的成本看似更高，但是从长期获益水平、盈利状况和企业发展等几个核心指标来看，这样做的企业都将是最有竞争力的。美好企业就应该是这种状态：因创造与利益相关者的共同价值而"欣欣向荣"。

2020 年 3 月，微软公司宣布比尔·盖茨将不再担任微软董事职务，他将把更多时间用于"全球健康、发展、教育以及气候变迁议题"。媒体惋惜地说这是"一个时代的结束"，我却以为这是"一个时代的开始"。**一位用科技改变过世界的"全球首富"，正在蜕变成"全球首善"**。比尔·盖茨将以其"社会企业家"的角色，运用财富力、领导力、影响力整合全球资源，强有力地推动全球性难题的解决。譬如针对肆虐全球的新冠病毒，他已承诺捐出数十亿美元用于疫苗研发。比尔·盖茨的这种行动，就是我心目中"美好企业"的第三阶段：改善世界，社会共好。

一家企业，如果能够推动社会价值观向善变化（甚至引领这场价值观重建运动），提升社会治理意识，构建共生共好的社会生态系统，并能有效帮助解决社会问题，便是最高阶段的美好企业。

从美好企业到美好社会，满足人们对美好生活的向往，企业可以这样参与社会建设，成为合格的机构公民。

新版《达沃斯宣言》写道："企业通过其活动为整个社会服务，支持所在的社区，并缴纳应负担的税款。它是未来的环境管理者，自觉地保护着我们的生物圈，并且倡导循环、共享和再生经济。"

马云曾经提出，阿里巴巴要成为一家社会企业，还将这个愿景明确地写在了杭州总部的企业介绍墙上。在 2020 年的疫情中，我们也看到了阿里巴巴在全球范围内的支援行动，低调而有序。

是时候了，我们应该鼓励企业家放下对金钱、地位和权力的迷思，转向"从成就自己到成就他人，再到成就社会"的美好企业思维。**一家美好企业的成功，背后其实是整体社会共同造就的"社会资本"使然。**

成就美好企业，是企业家应该上的一堂人生进阶课，而这堂课的关键就在于企业家要"升华自己的欲望"：从"以成就自我为中心"转变为"以成就员工为中心"，再转变为"以利益相关者为中心"，最后转变为"以改善社会为中心"，人生的境界确实逐步进入了更宽广的世界。

成就美好企业，绝非空谈之物。2020 年的全球疫情危机，已成为唤醒美好企业的催化剂，必将加速美好企业胜出时代的到来。

朱小斌

领教工坊联合创始人

推荐序二 | FIRMS OF ENDEARMENT

我是少数几名幸运儿之一，有机会在这本精彩的商业类图书出版之前阅读它的手稿。我的好友凯西·德拉贡（Kathy Dragon）在几年前的航班上刚好坐在本书联合作者之一戴维·沃尔夫的旁边。戴维谈起这本书时非常激动，他在描述书中内容时提到了全食超市，说他认为这是一家"美好企业"。凯西听到这种说法很兴奋，她告诉戴维她和我是挚友，并说我肯定会很喜欢这本书。于是，戴维给了凯西一份手稿，请她转交给我阅读。

这种小小的机缘巧合能改变人们的生活，改变我们的命运。如果说我只是读过这本书的话，那未免有点轻描淡写了——我完全被这本书吸引了。当然，全食超市成为他们在书中提到的 18 家上市企业之一，我很开心。此外，我还受到了本书的影响。通过阅读爱德华·弗里曼（Edward Freeman）关于"利益相关者理论"的精彩原创著作，我对这一主题已经十分熟悉了。但我没想到的是，除了全食超市，还有其他几家企业在以类似有意识的方式开展业务。在这之前，我一直认为全食超市是一家不寻常的、特立独行的企业，它基于盈利以外的更高目标创造了一种独特的企业文化，并有意识地为所有相互依存的利益相关者（客户、员工、供应商、投资者、社区及环境）创造价值。我原以为，我们在这个世界上形单影只，故当发现还有其他知名企业在以同样的方式思考和行动时，我欣喜若狂。

在读完本书手稿后不久，我见到了戴维和拉金德拉。我们发现，我们有很多理念相同，并都致力于向更广泛的世界"传播"这些理念。于是，我们展开了一次对话，就本书提到的理念（我将这些理念称为"觉醒商业"）进行了讨论。我们认为，应该将这些理念介绍给更多的人。于是，我们开始筹划第一次"觉醒商业"会议，并希望借此汇集更多志同道合的人参与到对话中来。

首次与会人数不太多，约 20 人。在这次会议上，我们发起了向全世界传播"觉醒商业"理念的倡议。在过去 6 年里，我们相继主办了多次规模更大且十分成功的会议。正是在波士顿举行的一次会议上，我有幸见到了本书的另一位作者——大名鼎鼎的营销学者贾格迪什·谢斯。贾格迪什著作颇丰，其中有经典的《买方行为与终身客户理论》(*The Theory of Buyer Behavior and Clients for Life*)。多年以来，贾格迪什一直是拉金德拉的导师，单从这一点来讲，贾格迪什对"觉醒商业运动"的贡献巨大。

企业是迄今为止世界上最伟大的价值创造者。正如拉金德拉和我在《伟大企业的四个关键原则》[⊖](*Conscious Capitalism*)中所述："我们相信，企业是优秀的，因为它创造了价值；企业的做法是合乎道德的，因为它基于自愿交换；企业是高尚的，因为它能提升我们的生存质量；企业是英勇的，因为它能使人们摆脱贫困并创造繁荣。"企业有着十分巨大的、为世界行善的潜力。目前，这些行善中有许多是通过创造人们看重的产品和服务、提供就业机会以及创造利润等方式"不自觉地"实现的。然而，企业也可以通过为所有主要利益相关者提供更高的目标和最优的价值创造，以更有觉知的方式行善，同时创造使人类文明更繁荣的文化。当人（尤其是领导者）变得更具觉醒意识时，就能创建帮助我们解决大多数严重问题的新型创业企业，并使人类向上进化，从而发挥我们这一物种的无限潜力。本书是一本非常重要且极具开创性的书，因为它指出了所有企业都应立志效仿并最终超越的业务开展方式。我非常感谢本书作者在提升企业实践水平从而造福人类方面做出的划时代贡献。

约翰·麦基

全食超市联合创始人 & 联合首席执行官

⊖ 英文版由哈佛商业评论出版社于 2013 年出版，中文版由浙江人民出版社于 2019 年出版。——译者注

《美好企业》第 2 版为我们理解商业改善世界的能力开辟了重要的新天地。本书的三位作者在第 1 版中就认为，关注如何为利益相关者创造价值的企业其表现可能会更好。他们为我们提供了引导性的量化分析和一系列使这种分析更可信的丰富案例。

在新版本中，他们向前跨了一大步，为我们提供了"可能性证明"，并以扎实的经济分析和实践管理思想为新的企业案例分析奠定了基础。在一个我们每天读到的主流商业报道大多在暗示只有金钱和利润才有价值的世界中，人们无法很好地理解使命（Purpose）和激情（Passion）的作用。此外，这种主流报道揭示了商业人士的贪婪和自私——我们每天在新闻和危机应对中都能看到这种事情在发生，有时我们甚至能看到高管自己也做出了这样的归因。

是时候结束这种愚蠢的行为了，本书的三位作者给我们提供了一个路线图。

每家企业都应始终为客户、员工、社区、供应商和投资者创造价值。美好企业就是那些认识到利益相关者价值创造原则并依据这些原则找准自己定位的企业。我们都很喜欢与这些企业开展业务，我们会向朋友推荐这些企业的品牌，如果我们够聪明的话，还会将它们列入我们的投资组合、养老投资计划等。

本书所探讨的东西不应令人感到惊讶，令人惊讶的反倒是可能会遇到的阻力。许多思维狭隘的经济学家以及商业评论人士只"知道"企业跟钱有关。于是，他们据此推断出企业存在的目的就是尽可能多地赚钱，而这在逻辑上就错了。这就好比说，因为需要红细胞来维持生命，所以我们活着的目的就是制造红细胞。

伟大的企业（包括本书提到的那些企业）始终充满了激情和使命感。伟大的企业领导者会引导员工将自身愿望（如他们参与超越个人利益的事务的愿望，为子孙后代创造一个更美好的世界的愿望）与企业使命融合。盈利只是结果。当然，这里不存在任何盈利保证——虽然很多企业有时为某个使命倾尽了全力，但最终失败了，这或者是因为它们未能坚持这一使命，或者只是因为情况发生了变化。

21世纪需要一种新的商业思维方式。值得庆幸的是，许多人正在就此进行探索。你可以从仔细研究你的企业与书中案例有何相同和不同之处中获益，我希望这会使你从企业和个人角度提出与自身目标有关的问题。

本书并不是新商业故事的结束，而是一个良好的开端，希望它能鼓舞其他人"以创造更美好事物的方式做出回应"。我劝你不要将这本书的内容看成如何经营一家企业的"决定性描述"，而应视为"可能性证明"，即凭借使命感和热情为利益相关者创造价值的想法是可行的且时机已到。这本书让我们看到了希望：我们有可能在使商业变得更有效的同时，为子孙后代留下一个更美好的世界。

R. 爱德华·弗里曼

弗吉尼亚大学达顿学院商业管理学教授，

伊利斯 & 辛纳·奥尔森（Elis & Signe Olsson）研究中心教授

推荐序四 | FIRMS OF ENDEARMENT

电视制片人、作家诺曼·李尔（Norman Lear）曾对我说："倾听内心声音的时候是我最有效的时候。"李尔内心的声音给了他勇气，使他能透过自己的家庭情景喜剧《全家福》（*All in the Family*）改变"电视上的声音"。尽管播出后《全家福》取得了一系列成功且令人印象深刻，但之前它的原始画面质感令它很难被卖出去。不过，呈现整个国家状态的使命感始终激励着李尔——他的坚持得到了回报，哥伦比亚广播公司（CBS）最终同意播出该喜剧。

李尔坚信，一个人可以带来巨大改变，他迫使我们去审视 20 世纪 70 年代初在社会上冒出的一些令人恶心的偏见。《全家福》首播时，美国街头和大学校园里到处是要求人人享有民权和结束越战的人群，第二次世界大战后的美国所拥有的那份悠闲镇定正在消失。李尔认为，是时候倾听我们内心的声音了，听听它们对"我们在多大程度上尊重了我们自称的公正社会"是怎么说的。

本书使人想起了李尔对他内心声音的尊重。从最近的头条新闻来看，能对内心声音"敞开心扉"的美国企业领导者实在太少了。相反，他们是从外部世界获得行为暗示的，而在这个外部世界中，追逐权力成了每天的优先事项。可悲的是，此类野心对我们的影响无所不在，远远超出了商业领域。我们经常看到头条新闻呼吁人们关注政府、学界、临床研究中心、社会服务机构中的权力滥用现象。那些身居高位者的不当行为近来似乎有蔓延的趋势，为了自私自利的扩张、贪欲以及骗取公众和个人的信任，他们往往会做出损害所在组织利益和公共福利的事情。

令人欣慰的是，本书给我们带来了希望：尽管有关高管道德败坏的新闻仍然层出不穷，但我们在道德上有救了。本书提到的领导者是正直领导者的典范，他们使我们有理由对商业及其他社会领域中的未来领导者特质持乐观态度。

这些领导者按照服务利益相关者的指导性愿景经营公司，服务对象包括客户、员工、供应链中的供应商和合作伙伴、企业经营所在的社区以及公司投资者在内的所有主要利益相关者。他们的企业采用的是"利益相关者关系管理"商业模式，而非传统的股东导向型商业模式。在所有运营层面上，这些企业激发了它们的领导者对"边经营盈利边行善"的激情。这些领导者遵循了《哈姆雷特》(*Hamlet*)中波洛尼厄斯 (Polonius) 给其儿子的建议，他们忠于自己，并在与他人的互动中表现出了诚实正直的三个基本要素（"敏锐的自我认知""坦诚""成熟"）。作为回报，各类利益相关者对他们的企业和产品极为信任。此外，利益相关者对这些企业产生了真正的情感，他们是真的很热爱这些美好企业。

随着美好企业的扩张（它们正在这样做），各行各业的组织都将采纳指引这些企业前行的领导原则。要明白这一点并不难，实际上，美国的未来福祉可能更多地取决于具有本书所述才智和思维模式的高管领导。

本书英文书名暗含着直白表达自身情感观的企业的同理心关怀，表明本书探讨的是"爱"在商业中的务实作用。但正如作者所说，这并不是一个新的领域。2002年，时任雅虎公司首席解决方案官的蒂姆·桑德斯 (Tim Sanders) 在《爱是撒手锏：如何在商业圈里既快乐又成功》(*Love Is the Killer App: How to Win Business and Influence Friends*) 中提出了"使'爱'成为公司运营的战略基石"的观点。他写道："我认为没有比爱更高尚的东西了，爱是如此宽广。在书中给'爱'下定义时困难重重，但我最终以'无私地促进对方发展'定义了'爱'。"三年后，全球最大广告公司之一的萨奇广告公司 (Saatchi & Saatchi) 其首席执行官凯文·罗伯茨 (Kevin Roberts) 在《以爱为标：超越品牌的未来》(*Lovemarks: The Future Beyond Brands*) 中谈到了企业应"超越品牌推广的世俗基础以达到更高存在水平（'爱标'）"。

本书作者对那些和自己的合作伙伴保持深度联结的领导者非常欣赏，他们颂扬那些以鼓励他人与自己一道并努力使世界变得更美好的方式来发挥自身人性化影响的领导者。几年前，添柏岚（Timberland，已被威富集团收购）前首席执行官杰弗里·斯沃茨（Jeffrey Swartz）接受了一位朋友的邀请，在一家青少年重返社会训练所待了半天。斯沃茨的朋友向他保证，他的生活将因此发生巨变。在回答一位少年他是做什么的之后（"我负责全球战略执行"），斯沃茨反过来问这位少年是做什么的，少年回答："我在努力变好。"斯沃茨后来说，这位少年的回答比他自己的回答好。

斯沃茨的朋友说对了，他的生活自那天开始发生了巨变。离开办公室时，斯沃茨还是一名雄心勃勃、努力使添柏岚成为同类企业中佼佼者的高管；而回来时，他是一位深受启发、决心带领整个企业开展一场"使世界变得更美好"运动的领导者。这就是杰弗里·斯沃茨现今对其企业使命的描述。当然，肯定会有人指控斯沃茨欺骗股东，然而在过去10年中，这家鞋类和户外服装企业的股票涨幅超过了700%，且在过去3年里增长了一倍还多。

美好企业领导力的有效性证明了大多数人早就知道但在组织中谈及时通常并不令人感到舒服的一些事实，即值得称道的领导者是通过激发他人对其愿景的热爱来成就伟大的。

从本书描述的故事来看，蒂姆·桑德斯关于"爱是撒手锏"的观点无疑是对的，"爱"帮助西南航空做出了改变，成为连续33年盈利的史上最成功的航空公司，它的股票代码相应地为LUV。该公司联合创始人赫布·凯莱赫（Herb Kelleher）有意识地培育了一种"爱"的文化，而这种文化出人意料地将员工工会包含在内。美国商业银行（American Commerce Bank）创始人弗农·希尔（Vernon Hill）将"爱是撒手锏"这一观点融入了银行业，从而使美国商业银行成了美国发展最快的有机增长银行。开市客（Costco）联合创始人吉姆·辛内加尔（Jim Sinegal）培育的"爱"的文化保护着开市客的股东，使他们免受根据华尔街分析师建议做出的糟糕管理决策的影响，那些分析师给开市客的建议是：减少员工报酬、削减员工福利并向客户收取更多费用。

如果美好企业仅靠非股东利益相关者就能做得很好，同时能带给投资者适当回报，这就可令人满意了。然而，如作者所说，美好企业带给股东的回报通常非常惊人。

这本书最后谈到了美好企业的领导者着力培育和发展的领导力与文化。当被问及企业最大的竞争优势时，大多数美好企业的首席执行官说是他们的企业文化。西南航空对这一点更是深信不疑，它甚至成立了一个有93名成员的文化委员会（包括各层级的员工），该委员会的职责是确保西南航空的文化得到延续。可以说，正是这种文化使西南航空成了史上最成功的航空公司。

我们最近看到一些高管锒铛入狱，很难想象他们会花很多时间去思考他们的企业文化。真正的领导者关注的并不是自身利益，而是整体利益——他们认为，一个人的全面幸福取决于所有人的幸福。在管理企业或其他组织时注重自身利益的领导者不是真正的领导者，虽然他们可能是跨国企业、政府机构、国会办公室、重点大学或地方教区的负责人，但他们只是名义上是领导者：这些领导者只是凭自己的职位而不是品格内涵来指挥他人，他们漠视他人福祉，完全沉溺于自身利益。

综上所述，这本书使人更容易想象：在不远的将来，每个人都会要求企业及所有其他组织中的领导者能像美好企业的领导者那样充满激情地去追求更高的目标。这本非凡著作的作者观察到，有两件事可使这一想象变成现实。首先是互联网的诞生。当互联网成为社会主流工具时，它就会终结组织所拥有的相对其客户的传统信息优势。此外，互联网的发展会使信息权力的天平倾向大众，从而使得隐瞒领导者有道德瑕疵的行为及组织的劣行愈发困难。

其次是人口老龄化。当今，人类历史上第一次绝大多数成年人的年龄达到或超过了40岁，这种现实正在推动文化的道德基础发生深刻的系统性变化。心理成熟度越高，人对社会的影响会越大，这就是埃里克·埃里克森（Erik Erikson）所称的"传承关怀"，即老年人倾向于帮助新生代做好管理共同利益的准备。

亚伯拉罕·马斯洛（Abraham Maslow）认为，具有更高成熟度的那些人关心的是自身以外的事情，这也是对美好企业特性的高度概括。美好企业的领导者清楚地知道，他们在追求使命和追求利润之间进行平衡的做法是正确的，所以他们带领自己的企业参与了许多超出直接业务范畴的事务，而这通常产生了令股东满意的结果。

沃伦·本尼斯

南加利福尼亚大学工商管理学杰出教授

这是一本专注讨论企业人本主义素养的书，信息量非常大，并且许多内容与超越盈利的更高目标有关，很有趣。

如果企业将盈利作为其存在的唯一目标，那它一般不可能获得长期、可观的利润；如果企业没有利润，那它就没有条件去实现任何其他目标。这就是所谓的"目标与利润"悖论。但美好企业证明，它们能够在"行善"的同时通过创造情感价值、体验价值、社会价值等间接方式创造财务价值，获得稳定的可观利润。

本书源于一项涵盖内容广泛的研究，该研究旨在寻找友善对待社会和环境、合作伙伴、投资者、客户、员工这五大类利益相关者群体并与之合作而不是对抗的企业（即美好企业）。就这些美好企业而言，没有哪个利益相关者群体是以损害其他利益相关者群体的方式来获益的；相反，这些企业十分强调爱与关怀，并通过协调所有利益相关者的利益实现共同繁荣。

本书三位作者及其研究团队从最初入围的 60 家企业中选出了他们认为最具高标准人本主义表现的 28 家企业。他们发现，这些广受喜爱的企业（上市企业）的 10 年期、5 年期和 3 年期收益远远超过了标普 500 指数企业。另外，他们将这些美好企业的表现与吉姆·柯林斯在《从优秀到卓越》中介绍的 11 家"从优秀到卓越"企业的表现做了比较，结果发现，它们超越了这 11 家企业，回报率之比高达 3：1。这表明，如果你照顾好客户、员工和其他利益相关者，将他们视为"企业命运共同体"中不可或缺的一员，帮助他们实现最佳转型，并以一种对社会及环境负责且为利益相关者认可、重视、尊敬、喜爱的积极方式行事，那出色的财务结果就是水到渠成的事了。

本书深入探讨了美好企业表现如此卓尔不群的原因。三位作者通过引用诸多源自美好企业且有深刻见解的故事和实例，运用扎实的经济分析和切实可行的管理思维，令人信服地指出：能够在变革和不确定时代（我们正在进入"超越时代"）繁荣发展的企业，是那些始终如一地专注核心原则、价值观并为所有利益相关者群体创造价值的企业。以下列出了美好企业所具有的部分独特核心价值观、政策及运营属性。

- 认同不同于盈利且超越盈利的目标。

- 积极协调而不仅仅是平衡所有利益相关者群体的利益。

- 培训员工的时间比竞争对手多得多。

- 员工流动率远低于行业平均水平。

- 有意识地为客户和员工提供人性化的体验，同时创造良好的工作环境。

- 对客户怀有真正的热情，并与他们建立深厚的情感联系。

- 将企业文化视为自身最重要的资产和主要的竞争优势来源。

不可否认的是，近年来出现的一些事件表明一些美好企业偏离了原有的正确轨道。实事求是地说，大幅更新的《美好企业》第 2 版所总结的经验教训、所提倡的利益相关者关系管理模式，以及超越盈利的更高目标、爱与关怀等理念能够帮助我们提高使世界变得更美好、促进社会和环境福祉的意识，能够帮助我们基于价值观构建我们的职业生涯，能够帮助我们将以人为本的愿景、果断的管理以及对依靠所有利益相关者做正确的事的坚定承诺结合起来，从而使得我们不仅能将这些要素转化为令人惊讶的业绩回报，而且能给这个世界带来爱和美好。

最后，我想在这里感谢领教工坊的任伟老师，他对本书译稿进行了全文审读并提出了非常宝贵的优化建议，从而使本书译稿在专业表述上更为准确达意。此外，我还要感谢机械工业出版社华章公司的编辑，他们为本书的顺利出版付出了卓有成效的辛勤劳动。

彭剑

2020 年 2 月 18 日于长沙月湖

16912201@qq.com

序 言 | FIRMS OF
一个全新的世界 | ENDEARMENT

未来会陷入无序。自我们直立行走以来，类似这样的机会之门只打开过五六次。当你所知道的一切几乎都错了的时候，或许就是你活下去的最好时刻。

——数学家瓦伦丁（Valentine）

汤姆·斯托帕德（Tom Stoppard）的戏剧《阿卡迪亚》（*Arcadia*）中的人物

在人类历史新时代（或许比之前激发了历史学家命名热情的任何一个重要时代都更有意义）的曙光到来之时，本书得以面世。回顾数百年（有人说数千年[1]）来的历史，这个新时代对人类产生影响的规模是无可比拟的，许多作者在著作中证实了这一重要时代正在来到。弗朗西斯·福山（Francis Fukuyama）在其著名的饱受争议的《历史的终结》（1989 年）一文中宣称，一个重要的文化时代结束了。不久之后，《科学》（*Science*）杂志编辑戴维·林德利（David Lindley）在《物理学的终结》（*The End of Physics*）（1993 年）一书中预言了"一般统一理论"这一物理学圣杯的消亡。次年，英国经济学家戴维·辛普森（David Simpson）在《宏观经济学的终结》（*The End of Macro-Economics*）（1994 年）一书中称，宏观经济学已经过时了。几年后，科学作家约翰·霍根（John Horgan）极富争议的《科学的终结》（*The End of Science*）（1997 年）一书激怒了一大批科学家。同年，诺贝尔奖得主、化学家伊利亚·普里高津（Ilya Prigogine）在《确定性的终结》（*The End of Certainty*）（1997 年）一书中谈道，科学世界观即将发生重大转变，这将使许多今天的科学真理成为明天的科学神话。

如此多的终结必然意味着有同样多的起始。大约在20世纪90年代初，几乎没有哪个人类努力耕耘的重要领域能幸免于"终结预言"——这种"终结预言"不仅是字面上的，而且无疑体现在过去对该领域性质的概念化方面。商业世界也不例外。我们对企业的根本目标以及其应如何运营的理解正经历着深刻的变化。事实上，如果从发生在商业世界中的巨大变化来看，我们认为资本主义正处于历史性的社会转型阶段并不为过。

大约20年前，互联网化逐渐成为主流，但当时几乎没有人能可靠地预测这一变革的规模。通过概要分析其目标已超出为股东创造财富、旨在成为更大善行原动力的企业，我们在一定程度上衡量了这一变革的规模，认为这些企业并非异类，它们是一种新商业主流的先锋。

我们称这个有着划时代变革的时代为"超越时代"（Age of Transcendence）。词典里将"超越"定义为"一种胜过、超出或超过一般限制的状态"。[2]我们并不是最先谈论当代社会时代精神中这种超越转变的人，哥伦比亚大学人文学教授安德鲁·德尔班科（Andrew Delbanco）说道："当代文化最引人注目的特征是对超越的不懈渴望。"[3]对超越的这种渴望，可能会在侵蚀以科学为基础的确定性的主导地位方面发挥重要作用。自现代科学诞生以来，西方社会的世界观一直以这种确定性为特征。近年来，基于人们感受的主观性观点得到了越来越多的认可。

有人注意到了人们世界观中的主观性在不断增加。其中之一是法国哲学家皮埃尔·列维（Pierre Lévy），他专注研究数字技术对文化和认知的影响。他认为，这种向主观性的转变也许会被证明是21世纪最重要的商业考虑因素之一。[4]他还认为，当情感和直觉在普通人头脑中的地位上升时，米尔顿·弗里德曼（Milton Friedman）及其门生所坚定拥护的安·兰德（Ayn Rand）式客观主义将走进历史。马尔科姆·格拉德威尔（Malcolm Gladwell）关于直觉的畅销书《眨眼之间》（*Blink*）就是一个明证，詹姆斯·索罗维基（James Surowiecki）的《群体的智慧》（*The Wisdom of Crowds*）也是。

在美国，人们对灵性的兴趣高涨催生了体育场大小的"超级教堂"，这再次表明文化的基石正在发生重大变化。大量的消费者调查报告也指出，现今人们对"事物"的关注较少，更多的是关注生活满足感体验的实现。[5] 对许多人来说，他们最渴望的体验超越了科学所定义的物质世界，就这一点而言，大多数传统企业所渴望的也是如此。

企业的领导者同样受到了文化变革的影响，毕竟，他们与自己所服务的客户和所领导的员工受同样的文化熏陶。本书作为典范提到的高管的管理哲学反映了我们一直在谈论的文化变革。关于资本主义在社会中的作用，这些高管拥护一种新的人本主义观点。这种观点超越了过去大多数企业的狭隘视角，对共同福祉特别关注。比如，添柏岚前首席执行官杰弗里·斯沃茨毫不掩饰地表示，添柏岚的主要使命就是"使世界变得更美好"。不过，斯沃茨和在本书中被列为典范的其他高管并不是空想派的社会改良家——作为果敢且非常成功的业务专家，他们凭借良好的管理技能以及对"依靠所有利益相关者做正确的事"的坚定承诺，不断强化"以人为本"的企业愿景。我们将他们的企业称为"美好企业"，因为这些企业努力通过言行使自己为所有主要利益相关者（客户、员工、供应商、社区及股东）所喜爱，并通过一种在其中没有哪个利益相关者群体会损害其他利益相关者群体来获益（相反，他们共同繁荣）的方式协调所有人的利益。这些高管的践行动力在很大程度上来自他们认为正确的事物（主观道德）和其他人（可能更客观地）声称正确的事物。

看一下美国咨商会（The Conference Board）的一项调查吧。在被问及他们的企业为何要参与社会或公民倡议时，700 名高管中只有 12% 的人提到了企业战略，有 3% 的人提到了吸引和留住客户，另有 1% 的人提到了公众期望，余下 84% 的人则表示，他们是为了改善社会、企业传统及个人价值观等。[6] 我们认为，这 84% 的受访者不会都坐下来以理性的方式计算出按较高道德标准履行职责所能获得的直接回报。我们相信，大多数受访者可能只是凭直觉认为他们应该做什么。运动和革命就是以这样的方式展开的：既源于思维，又源于内心。如果本书所述还算不上一次革命的话，那至少是一场声势浩大的运动。

当旧的秩序面临终结而新的秩序挣扎着破茧时，我们便处在一种物理学家称之为"分岔点"的不稳定状态之中，即处于死亡和新生（或重生）两极之间的一个常态空位期。在这样一个时期，处于分岔点时间和空间边界范围内的事件具有无限的可能性，从而使得未来比以往更不确定，这就是瓦伦丁宣称"未来会陷入无序"的原因。我们面对的挑战在于共同建立一个具有发酵式吸引力的新秩序："当你所知道的一切几乎都错了的时候，或许就是你活下去的最好时刻。"

人类正在进入一个之前无人涉足的领地。就像到目前为止我们所了解的世界对于一个 18 世纪的旅行者而言非常陌生一样，我们对这样一个领地的地貌知之甚少。那么，让我们回到过去，简要反思美国历史上的两个文化时代（"超越时代"承其衣钵），以更好地理解文化的进化特征。

赋权时代

我们将美国的第一个文化时代称为"赋权时代"。1776 年，《独立宣言》的签署以及亚当·斯密的《国民财富的性质和原因的研究》[⊖]（*An Inquiry into the Nature and Causes of the Wealth of Nations*）的出版标志着这一时代的开始。人类历史上的两个划时代事件发生在同一年，这种历史巧合极不寻常。前者与自由社会相关，而后者与自由市场相关——民主和资本主义紧密携手走向未来，并创造了一个全新的世界，这个世界把大多数普通人的权利水平提升到人们从未经历或想象过的高度。

这是历史上第一次，成文法律赋予普通人主宰自己命运的权利。这使出生时没有社会地位的人，也有可能通过努力使自己从一无所有一步步成为公共机构和私营机构中的最高领导者。自由市场经济有助于他们的努力取得成果，奖励勤奋的自由教育和法律则为美国成为一个伟大国家提供了强有力的支持。几十年来，数以百万计的美国家庭摆脱了维持生计这样一种生存状态。在启蒙时代，欧洲的贵族文化产生了伟大的哲学思想；而在赋权时代，美国的普通民众创造了巨大的物

　　⊖　即《国富论》。——译者注

质成就。到 1880 年左右，也就是赋权时代末期，电话线、铁路、单一货币以及林肯总统建立起来的国家银行体系将美国从东到西连成了一体。林肯政府的另一项伟大成就是制订了"以土地补助大学"计划，该计划的实施使得普通民众越来越多地享受到了高等教育的好处。此时，这个国家已经为下一个伟大的文化时代做好了准备。

知识时代

大众在思想上和经济上获得解放为知识时代的到来铺平了道路。在 1880 年之前的 6 年里，亚历山大·格雷厄姆·贝尔（Alexander Graham Bell）发明了电话，托马斯·爱迪生（Thomas Edison）发明了留声机、首个实用白炽灯灯泡和首个中央电力系统。

知识时代的美国，经历了一系列深刻的变化：迅速从农业社会向工业社会过渡；科学产品疾速进入日常生活——从实验室原型到量产进入市场通常只有几个月而不再是几十年；伟大的科学突破催生了伟大的行业，而伟大的行业又创造了现代消费经济；整个社会的经济收益将民众的生活水平提高到了之前无法想象的高度；婴儿出生率和儿童死亡率都变得很低；人均寿命从 1900 年时的 47 岁猛增到了 1990 年时的 76 岁。

弗雷德里克·温斯洛·泰勒（Frederick Winslow Taylor）在《科学管理原理》（*Scientific Management*）（1911 年）一书中将科学原理引入管理实践，企业管理在同时期似乎取得了飞跃式发展。在 1923 年成为通用汽车的主席后，阿尔弗雷德·斯隆（Alfred P. Sloan）创建了现代企业。1921 年，约翰斯·霍普金斯大学心理学系主任、心理学行为主义者学派奠基人约翰·华生（John Watson）加盟智威汤逊广告公司（J. Walter Thompson），建立了美国第一家消费者研究中心。此时，科学可为企业提供从产品设计和组织管理到消费者研究及营销的全方位支持。

自从兰塞姆·E. 奥尔兹（Ransom E. Olds）建立第一条装配线（不是亨利·福特，他只是将奥尔兹的装配线机械化了）以来，企业经营的重点就一直是不断提高生产率——用更少的原材料生产出更多的产品。在相当长的一段时间内，这对社会发展的帮助很大。伴随着生活成本的稳步下降，普通人的生活质量得到了持续提升，同时他们的物质财富积累到了惊人的水平——物质主义成为企业、社会和文化的基础。

然而，随着时间的推移，专注提高生产率、削减成本以提高盈利的做法开始对社区、员工及其家庭以及环境造成伤害：许多社区会因为企业选择允诺降低运营成本的其他场所而遭抛弃，并陷入经济衰败之中；许多家庭会因为家里的顶梁柱难以找到新工作而忍受极度的痛苦；许多乡村、城镇和中心城市会变得毫无生机可言；到处都是废弃工厂残骸的贫民窟成了不受欢迎的社区。辩解者却援引达尔文的"适者生存论"，为那些给个人及其家庭带来痛苦、给社区造成严重破坏的企业决策辩解。这种"亲企业"的论点很简单：要获得资本主义带来的好处，社会就必须容忍它有时给底层人民带来的痛苦。

现在，越来越多的人想知道自己还要忍受多少痛苦。普通市民越来越认为企业缺乏人性，他们觉得大多数企业只是想控制、操纵和利用他们。他们还觉得，就像在 4 万英尺[○]高空飞行的飞行员看地面上的人一样，许多企业并不把他们当作有血有肉的人。

但正如鲍勃·迪伦（Bob Dylan）在 20 世纪 60 年代吟唱的那样，时代在改变。

《新共和》（*New Republic*）杂志高级编辑格雷格·伊斯特布鲁克（Gregg Easterbrook）观察到，"由追求物质向**追求意义**的转变正在以前所未有的规模（涉及数以亿计的人）进行，并可能最终成为我们这个时代的文化发展原则"。[7]

欢迎来到"超越时代"，这是迄今为止人类所达到的最高境界。

超越时代

追溯美国建国以来的文化进化，重点在于关注"自由社会在文化进化过程中不

⊖　1 英尺 = 0.3048 米。

断进步"(相当于一个人在心理学家所称的"人格发展"进化中的进步)这种理念。与人一样，社会也在努力追求今天比昨天好、明天比今天好。史蒂夫·麦金托什（Steve McIntosh）认为事实上这正是进化的目的。

> 人类起源的进化故事有着超越科学边界的巨大文化力量，它塑造了与"我们是谁"和"我们为什么在这里"有关的观点。然而，许多负责向公众介绍进化论的科学名人却告诉我们：进化本质上是一个随机过程或一个偶然过程，除此以外没有更多的意义。不过，当与进化有关的科学事实越来越多地为人所知时，这些事实就会证明进化过程的绝对渐进性，而当我们明白了进化的发展方式时，就会揭示进化的目的——不断丰富对美好、真实和善良的认知。[8]

尽管科学发现和技术发展一直是文化进化的主要催化剂，但最近的人口结构变化在重塑文化方面发挥了相当大的作用。人口老龄化正在改变人类的发展进程，不过，这并不是人类第一次因为人口结构变化而调整发展方向。

人类学家的最新研究成果表明，3万年前人类平均寿命的突然延长极大地改变了人类文化。这次增寿导致祖父母人群数量激增，人类历史上第一次有相对大量的已过更年期女性，她们可以为女儿和（外）孙女提供帮助，这使得家庭生活状态得到改善。此外，此次增寿使更多的祖父可以用"古老的方式"引导年轻男性，从而强化世代延续。许多人类学家认为，这种"祖父母现象"是人类文化进化史上的一个重要转折点。除其他好处外，祖父母人口数量的激增还可使年轻人的攻击性行为有所减少。这种变化减少了部族间的战争，使部族的注意力和精力转向了文化发展的更高状态。[9]

类似的事情也可能发生在今天——老龄化人口迅速膨胀正在改变社会的时代思潮，推动人类朝更高的文化发展状态迈进。我们可将1989年作为这一新进程的正式起点，因为从这一年开始，美国大多数成年人的年龄首次达到或超过40岁（现在美国成年人的中位年龄超过了45岁，白人群体的这一年龄甚至超过了50

岁）。用佩吉·努南（Peggy Noonan）1988 年为老布什（George H. W. Bush）写的一篇竞选演说中的话来讲就是：就像 3 万年前祖父母人口数量激增所带来的"缓和影响"的回声，当今世界绝大多数国家的人口老龄化现象为建立一个"更仁慈和更温和的社会"带来了希望。

此外，在多数新"成熟个体"形成前后出现的另一个发展趋势，也在推动文化基础的量子变化方面发挥了重要作用。同样是在 1989 年，英国软件工程师蒂姆·伯纳斯－李（Tim Berners-Lee）发明了互联网。在短短几年时间里，互联网就从主要是少数精英使用的神秘通信工具变成了数千万人使用的主流神器。互联网将信息权力的天平倾斜向了大众一边，它极大地改变了人们的交互方式，使得公平获取信息成为可能，并迫使企业显著提高了运营透明度。

"超越时代"与丹尼尔·平克（Daniel Pink）在《全新思维》（*A Whole New Mind*）一书中描述的"概念时代"存在诸多相似之处。平克将"概念时代"的特征定义为"基于不断提升的创造力、同理心及全局能力建立经济与社会"，[10] 他认为"概念时代"是"信息时代"的延续。我们对"超越时代"的定义与此稍有不同："超越时代"代表了一个文化分水岭，在这个分水岭上，20 世纪主流文化中的物质享乐主义对这个时代的影响逐渐式微，形而上的意义形态（经验主义）的影响则变得越来越大。这有助于推动文化基础由客观向主观转变：人们越来越依靠自己的内心声音来决定行动方针。这一举动普遍存在于中老年人当中，他们一般很少受盛行于年轻人当中的"羊群效应"的影响。这一转变体现了**"一切最终都属于个人"**，而这种观点在深受"牛顿确定性"影响的世界中曾被长期压抑。伊利亚·普里高津认为，"牛顿确定性"已随风飘散。

平克热情洋溢地写道，社会主流价值观正在从更理性的观点（通常与左脑有关）向更感性、更直观的观点（通常与右脑有关）转变。他认为，美国企业应更多地向右脑价值观靠拢，这样才能在与那些想要和美国消费者建立联系的海外公司相比时发挥优势。这意味着美国企业必须在产品设计、营销及客户关系方面具备他所称的"概念时代六感"，即设计感（Design）、故事感（Story）、交响感

(Symphony)、同理感（Empathy）、娱乐感（Play）和意义感（Meaning），[11] 这"六感"都有很深的右脑价值观渊源。

不过，文化基础的变革问题并不像左脑与右脑问题那样简单。我们看到，市场普遍青睐将右脑价值观和左脑价值观结合以产生奥地利神经学家沃尔夫·辛格（Wolf Singer）所谓的"统合思维"企业。辛格认为，这种"统合思维"是一种独特的第三思维，是创造力的最终来源。

在勒内·笛卡尔（René Descartes）提出科学方法之后，西方人就被"非此即彼"的思维所支配，这类思维基本上是由分析型的左脑调节的。大脑的这一侧倾向于将事物按层次分门别类，并且通常不会去审慎思考没有明确界定的类别。把这一特征放到商业环境中考虑的话，排他性的左脑思维会将利益相关者划分为不同的类别，不同类别的利益相关者之间的联系是非有意的和偶然的。但是，美好企业的情况与此完全不同，它们的领导者以统合的方式进行思考，以整体的眼光看待他们的任务。持这种整体观的人认为，商业博弈的所有参与者是相互关联的，且都很重要。

再次欢迎你来到"超越时代"。请静下心来，以一种舒服的方式继续往下读。有许多新的规则需要你学习，因为**你所知道的一切可能都是错的**。我们会在这个时代待上相当长的一段时间——可能是你的余生，也可能更长。

章节概述

以下是本书阅读之旅的预览。

- 第 1 章 "爱与关怀：立业之道" 介绍了美好企业的经营理念，并对这些企业在当今充满挑战的商业环境中所取得的惊人表现进行了总结。

- 第 2 章 "新时代、新规则与新商业" 讨论了"超越时代"的新商业规则，并提出了一种非传统的观点，即越来越多企业的行为方式受到了源于老龄化社会自我实现的需求及进程的影响。

- 第3章 "应对无序" 讨论了正在进行的资本主义社会转型是如何发生的，以及为什么会发生。

- 第4章 "员工：从资源到能量源" 讨论了美好企业如何管理它们与各利益相关者群体的关系。我们将在这一章阐述这些企业如何与员工打交道，如何创造令人愉悦和富有成效的工作环境（员工在这种环境中获得了高度激励、重视和良好回报）。

- 第5章 "客户：疗愈与兜售" 讨论了客户关系，描述了在 "超越时代" 出现的新营销范式。这其中包含了尊重企业与客户（实际上是与所有利益相关者）签订的法律合约和无言的情感合约。

- 第6章 "投资者：从美好企业获得回报" 讨论了企业在财务及情感方面与投资者建立联系的方式和必要性。

- 第7章 "合作伙伴：精妙的和谐关系" 分析了包括供应商、分销商、零售商等在内的商业合作伙伴。随着企业将越来越多的价值创造活动外包，商业合作伙伴对于成功的重要性愈发凸显。本章展示了美好企业是如何以共生互利的方式来管理这些至关重要的关系的。

- 第8章 "社会：终极利益相关者" 讨论了美好企业如何与包括其运营所在社区、竞争对手、各级政府和非政府组织等在内的整个世界建立联系。我们将社会视为终极利益相关者，因为它包含了所有其他利益相关者。这里的关键信息是，美好企业受到了其运营所在社区的热情欢迎，其将政府视为价值创造过程中的合作伙伴而非对手。

- 第9章 "企业文化：美好企业的秘诀" 讨论了和 "领导力与企业文化" 有关的问题。

XXXVI

- 第 10 章 "我们学到了什么" 总结了我们了解到的美好企业的业务开展方式。

- 第 11 章 "复杂性的另一面" 以 "复杂性的另一面是简单性" 这种远见卓识（描述了美好企业的管理哲学）作为本书的结尾。

- 附录 A "企业简介" 简要介绍了本书所描述的各家美好企业，并强调了这类企业的独特之处以及我们能从中学到什么。

- 附录 B 摘录了我们对礼宾顾问有限公司（Concinnity Advisors，LP）创始合伙人里克·弗雷泽（Rick Frazier）的访谈。该访谈详细阐述了我们在分析中选择美国上市美好企业的实证依据。

注释

1. 《华盛顿邮报》（*Washington Post*）记者乔尔·加罗（Joel Garreau）在《激进进化：增强我们的思想和身体的希望及危险对人类意味着什么》（*Radical Evolution: The Promise and Peril of Enhancing Our Minds, Our Bodies—and What it Means to Be Human*）（Doubleday, 2004, pg. 3）中断言："今天，工程师实际创造的东西与普通读者认为可以信赖的东西之间存在着巨大差异。这是我们在理解所处的这个世界时面临的第一个挑战。在这个世界中，我们正经历着数万年以来的最大变化。"

2. http://www.wordreference.com/.

3. Andrew Delbanco, *The Real American Dream: A Mediation on Hope*, Harvard University Press, 1999, pg. 113.

4. Pierre Lévy, *Collective Intelligence*, Perseus Book Group, 2000, p. 4.

5. 贺曼贺卡公司（Hallmark Cards, Inc.）的趋势专家玛丽塔·韦泽利–克拉夫（Marita Wesely-Clough）说，"注意，所有年龄段的人都会趋向简化，以确保他们将时间用于对自己重要的领域（如朋友、家庭、回馈、遗产处理等）。即将退休的婴儿潮一代将引领这一趋势"。（http://retailindustry.about.com/od/retail_trends/a/bl_trends2005.htm）包括扬克洛维奇监测公司（Yankelovich Monitor）在内的消费者趋势观察机构普遍认识到了这一点。扬克洛维奇监测公司于 2002 年发布了一份报告，称消费者在努力降低对"物质"的依赖，以简化自己的生活，使自己感到快乐（David B. Wolfe with Robert Snyder, *Ageless Marketing: Strategies for Reaching the Hearts and Minds of the New Customer Majority*, Dearborn Trade

publishing, 2004, pg. 20）。

6. Sophia A. Muirhead, Charles J. Bennett, Ronald E. Berenbeim, Amy Kao, and David Vidal, *Corporate Citizenship in the New Century: Accountability, Transparency and Global Stakeholder Engagement*, R-1314-02-RR, New York: Conference Board, 2002.

7. Gregg Easterbrook, *The Progress Paradox: How Life Gets Better While People Feel Worse*, Random House, 2003, pg. 317.

8. Steve McIntosh, *Evolution's Purpose: An Integral Interpretation of the Scientific Story of Our Origins*, Select Books, 2012; quote drawn from http://www.stevemcintosh.com/books/evolutions-purpose/.

9. Lee Bowman, "The dawn of grandparents proved positive for humans," *Seattle Post-Intelligencer*, July 6, 2004. (http://seattlepi. nwsource.com/national/180825_wisdom06.html).

10. Daniel H. Pink, *A Whole New Mind: Moving from the Information Age to the Conceptual Age*, Riverhead Books division of Penguin, New York, 2005.

11. **设计感**：在执行任何任务时都注意美感。**故事感**：采用讲故事的方式向客户、员工等传递信息。**交响感**：将各个部分结合在一起形成整体的能力，也可用"整合"这个词来表示。**同理感**：理解并认同他人的境况、感受和动机。**娱乐感**：在每项活动中融入乐趣，以增强快乐感和创造力。**意义感**：使活动的价值超越当下和自我。

第1章 FIRMS OF ENDEARMENT
爱与关怀：立业之道

这不是一本关于企业社会责任的书，讲的是启迪智慧的企业管理。

本书的出版在很大程度上要归功于爱德华·弗里曼的思想，他在《战略管理：利益相关者方法》（*Strategic Management: A Stakeholder Approach*）（1984年）一书中充分论证了以利益相关者为中心的商业模式。正如管理学教授罗纳德·W. 克莱门特（Ronald W. Clement）在一篇研究利益相关者管理理论的文章中所写的："弗里曼是第一个明确认识到公司股东、员工、客户及供应商之外的群体和个体具有战略重要性的管理学学者。实际上，他认为当地社区组织、环境保护主义组织、消费者保护组织、政府机构、特殊利益集团甚至竞争对手和媒体等广泛范围内的不同群体都是合情合理的利益相关者。"[1]

本书源于我们几位作者之间的讨论。当时，我们想围绕这一主题写本书：营销是如何迷失其方向的，它在消耗更多资源的同时却在客户满意度、忠诚度特别是信任度方面收效甚微。最初确定的书名是《寻找卓越性营销》（*In Search of Marketing Excellence*），然而，我们在继续探讨这一主题的过程中发现：虽然一些公司在营销方面的投入比业界同行少，但取得的成就则更大。该发现揭示了一个更为全面的事实：创造卓越价值并与包括员工、供应商、企业运营所在社区及股东在内的所有利益相关者保持密切关系的企业，为客户提供了最好的服务。这一认识使我们对弗里曼的工作产生了浓厚的兴趣。除其他头衔，弗里曼还是弗吉尼亚大学达顿商学院应用伦理中心的负责人。

自弗里曼在其开创性著作中讨论以利益相关者为中心的商业模式以来，大量文章和著作对这种基于利益相关者的商业管理方法进行了仔细的研究，其中一些赞成这种方法，另一些则表示反对。本书提出了支持弗里曼观点（即利益相关者相互关联并依存）的证据。

本书明确主张企业应重组并成为各利益相关者群体的服务工具（实际上，各种组织都应该这样做）。我们提供的大量基于案例的证据表明，坚持采用利益相关者关系管理（Stakeholder Relationship Management，SRM）商业模式的企业发展出了独特且持久的竞争优势，并在包括财务在内的多个方面超越了同行。

我们认为，作为取得持续卓越商业表现的最有效方式，SRM 商业模式将越来越受到重视。要弄清楚其中的原因，我们需要反思美国乃至其他发达国家在文化基础方面发生的深刻变化。发达社会老龄化是这些变化中的一个主要现象。现在的发达国家中，绝大多数成年人的年龄都在 45 岁以上，这使得年轻人的世界观、价值观和需求不再像以前那样对社会产生影响。相反，中老年人的世界观和价值观对文化的影响力比以往任何时候都要大。消费者趋势观察机构（如扬克洛维奇监测公司）的调查证实了这一点。来自全球知名广告公司——萨奇广告公司的玛拉·斯塔克（Myra Stark）在一篇题为"美国消费者状况（2002）"的文章中做了以下描述。

> 我们的安全、生活及经济稳定性都面临威胁。20 世纪 90 年代，美国人认为享乐主义、职业发展、明星文化、对待富裕的态度等事情非常重要，但他们现在已经不再这么想了，并正在重新思考他们想要的生活和工作方式。《自由工作者国度》（Free Agent Nation）的作者丹尼尔·平克将这种新的严肃态度称为"通往意义的航行"。他说道："在动荡的时代，人们开始认真寻找意义。"[2]

对中老年人而言，"生活的意义（特别是个人生活的意义）是什么"是一个长期性问题。在年轻人占绝大多数的情况下，中老年人作为一个整体对社会的影响不怎么明显。但是现在，当绝大多数成年人的年龄都在 45 岁以上时，对意义的找寻就会对整个社会的道德思想（包括各地的企业文化）产生重要影响。

即将进入或已经跨越职业发展及家庭抚养阶段的人常常会问："我要在余生做些什么？"这种自问源于一种感觉，即一个人不应只服务于一个人的自我，而应考虑为更广泛的"集体自我"服务。我们发现，许多企业的领导者都问过自己一个类似的问题："在我们履行为股东创造财富的义务时，如何才能使这家企业成为服务社会的一个工具呢？"

如我们在序言中所说的，我们处在一个新时代的早期阶段，我们称这个时代为"超越时代"。大量的消费者调查表明，人们越来越多地在找寻生活中更高阶的意义，而不仅仅是考虑如何为自己多添置几样东西。这是中老年人的一个标志性特征，他们不为物质上或情感上的基本生存问题发愁。找寻意义正在改变人们对市场和工作场所的期待，实际上，**我们认为这也正在改变资本主义的灵魂。**

长期以来，许多人认为资本主义是一个只与商业和市场有关而没有灵魂的经济概念。然而，如我们所见，资本主义体系正在经历自亚当·斯密于 1776 年出版《国富论》以来最为深远的变革。这一变革的本质可简单概括为：不少企业正越来越多地受到人本主义和经济绩效的双重激励并对之负责。

在一家秉持人本主义运作的企业中，其利益相关者（客户、员工、供应商、商业伙伴、社会及许多投资者）都与之建立了情感上的联系，这种"深情的关注"与许多人对他们最喜爱的运动队的感觉并无二致。人本主义企业（或"美好企业"）寻求的是对整个社会的价值的最大化，而不仅仅是对其股东。它们是终极价值创造者，创造了情感、精神、社会、文化、智力、生态价值，当然还有经济价值。与此类企业互动的人们感觉他们的交易是安全的、有保障的和令人满意的，因此他们乐于与这类企业合作或为之工作，购买其产品，对它们投资并和它们做邻居。

许多企业尽管在很多方面取得了成功且令人钦佩，但是它们缺乏强烈的情感维度。我们认为，要拥有在未来取得成功的最佳前景，企业需要将情感维度与运营效率结合起来。有人将情感维度称为"企业之魂"，而没有灵魂的企业，其未来前景是令人怀疑的。

当然，数以百万计的客户照例会从他们认为没有情感依附的企业购买产品。客户对一家企业的忠诚可能体现在行为而不是态度上。态度忠诚源自情感依附，它对维持一家企业的长期生存和成功至关重要，尤其是在当今快速发展的市场中。

覆盖范围广泛的多层次文化变革正在推动资本主义社会的转型，但是很遗憾，企业、政府及商学院都对此视而不见，这种忽视是十分危险的。本书探讨了这种转型的本质，为什么它会发生在现在？企业在这种新环境中取得成功需付出什么？那些不了解资本主义不断发展特征（许多人现在将其称为"理性资本主义"）的企业的寿命可能会很短，因为从根本上来讲，推动这种转型的力量是不可阻挡的，它们已经成为我们所处时代的一部分。是顺应大势更上一层楼，还是被这些历史性变革的滚滚潮流所吞噬，每家企业都会做出自己的选择。

爱的力量

大多数华尔街分析师和企业会计不理解"在企业运营中融入爱会带来丰厚的利润"这一点。这些人以及那些听到"爱"与"管理"这两个词结合在一起时会表现出兴奋的人，如果能阅读詹姆斯·奥特里（James Autry）的《爱与利》（*Love and Profit*），他们会做得更好。奥特里的这本书于 1991 年首次出版，那时他刚从梅雷迪思公司（Meredith Corporation Magazine Group）首席执行官的位置上退休。梅雷迪斯公司出版了《让家和花园更漂亮》（*Better Homes & Garden*）、《妇女家庭》（*Ladies Home Journal*）及《乡村生活》（*Country Life*）等杂志。《城市与乡村》（*Town and Country*）的主编帕梅拉·菲奥里（Pamela

Fiori）称《爱与利》是"近 25 年来出版的最具启发性的管理类图书"。³《爱与利》是一本商业诗集，诗与诗之间穿插着充满灵感的散文。

　　一本诗集怎么会被认为是"近 25 年来出版的最具启发性的管理类图书"呢？答案很简单。奥特里将重点放在了人类行为的战略性关键维度上，而在策略和运营中承认这些维度的企业相对较少。大多数企业领导者考虑的是数量和利润，《爱与利》则显得很另类，它所使用的都是很难量化的词语。那阅读这本书能得到什么回报呢？正如圣贤阿尔伯特·爱因斯坦所说的："并非所有可以量化的东西都很重要，也并非所有重要的东西都可以量化。"正是对生活中不可度量的定性维度的关注使得美好企业获得了不同于竞争对手的关键性竞争优势。

　　丹尼尔·平克在《全新思维》中赞同了爱因斯坦针对重要性衡量方法的局限性所提出的忠告。他认为，美国持续的经济活力取决于"将充分发展的高技术能力与高概念性和高触感性的能力相结合"⁴，这是对 25 年前约翰·奈斯比特（John Naisbitt）的《大趋势》（*Megatrends*）做出的回应。平克阐述道：

　　　　高概念性能力涉及创造艺术和情感美、发现模式和机会、创作令人满意的故事以及将表面上无关的想法融合到创新发明中的能力。高触感性能力涉及产生共鸣、理解人类互动的微妙之处、寻找自身快乐并引出他人身上的这种快乐以及在追求目标和意义的过程中超越平凡生活的能力。⁵

　　平克的描述抓住了美好企业的文化基础精髓，然而，主流观点却仍然认为，企业的生存主要还是一场数字游戏。但按照平克的说法，我们处在一个新时代，企业在这个时代的生存和发展对定量因素的依赖程度很低，而更多地取决于定性因素。在我们已经探讨过的美好企业的文化中，最强大的定性因素也许是"爱"——从企业到利益相关者再回到企业的一种深沉、温柔、无法形容的情感。⁶

奥特里在《爱与利》中写道："好的管理在很大程度上与爱有关。"他这样说道：

> 实际上，管理代表一种神圣的信任。首先，这是将你扶上这一工作岗位的那些人对你的信任，但更重要的是，这是你的管理对象在你获得这个工作岗位之后对你的信任。借助这种信任，你要在你的管理对象的大部分工作时间里关心其福祉。[7]

雅虎公司前首席解决方案官蒂姆·桑德斯在《爱是撒手锏：如何在商业圈里既快乐又成功》一书中提出了与此类似的观点。

> 我认为没有比"爱"更高尚的东西了，爱是如此宽广。在书中给"爱"下定义时困难重重，但我最终以"无私地促进对方发展"定义了"爱"。[8]

全球最大广告公司之一的萨奇广告公司首席执行官凯文·罗伯茨在《以爱为标：超越品牌的未来》一书中提出：爱应成为一切营销的基石。

> 萨奇广告公司一直很专注并强烈地追寻爱，追寻爱对于企业的意义。人类需要爱，没有爱，人就死了。爱与感应、微妙且直观的感知有关。爱从来都是双向的，如果不是这样，那它就配不上"爱"这个字。你无法命令或要求爱，爱只能被给予。[9]

罗伯茨说，历经从版权到商标再到"服务"，萨奇广告公司现在以"爱"为公司的品牌标识。这就是最强大的品牌将自己与竞争品牌之间的区别（不可复制的特性）制度化的方式。这不只是一场巨变，而是一场行星之变，一场宇宙之变。与过去的营销理论相去甚远，就像现在的即时通信之于维多利亚时代的写信一样。

何谓美好企业

我们来看一看"情感""爱""快乐""真诚""同理心""同情心""深情"和其他表示友爱（Endearment）的词。直到最近，这些词在很多企业中都还没有一席之地。很显然，美好企业就是通过将所有利益相关者群体的利益纳入其战略进行一致性考虑，从而使自己受到利益相关者的喜爱。对美好企业而言，没有任何利益相关者群体会以牺牲其他利益相关者群体的利益为代价来获益，并且每个利益相关者群体都会像其他利益相关群体一样欣欣向荣。美好企业以多种令人愉悦的方式满足了其利益相关者的功能和心理需求，并使他们对企业产生了情感且忠于企业。

20世纪90年代，"钱包份额"（Share of Wallet）一词开始在营销人员中流行。它成了客户关系管理（CRM）这种营销方法的核心。然而，这个词在很大程度上表达的是一种缺乏人情味的量化客户观，意味着情感贫瘠。绝大多数公司的客户关系管理更多是通过数据管理来更有效地定位和更深入地利用客户，而不是抱着一种同理心关注他们的需求。相比于客户关系管理，称之为"客户数据管理"更为准确。

美好企业的想法则不同，它们拼的是"情感份额"。走进客户内心，客户会很乐意将自己钱包的更多份额留给你。对员工做同样的事情，他们会以生产率和工作质量的巨大飞跃来回馈你。与供应商建立密切的情感联系，你就可以从卓越的产品供应和响应能力中获益。而当你使自己所在的社区为你的存在感到骄傲时，你就可以享受到丰富的客户和员工资源。（当然，"情感份额"一词在理论上可能意味着在需求者之间分配固定量的爱和关怀，但在实际中，正如"爱不是一块饼"所表达的，给予爱是没有这样的限制的。）

那么股东呢？也许除了短线客和其他短期投机者，大多数股东会觉得他们所投资的企业不错。虽然他们希望获得丰厚的回报，但他们也乐于投资自己所钦佩的企业。事实上，大多数人不愿意支持有道德瑕疵的企业。同样重要的是，大学捐赠基金和养老基金等机构的投资者越来越注重他们所投资企业的道德品质，而他们也见证了可持续、负责任及有影响力的投资的快速发展。

遗憾的是，今天的绝大多数企业不能被称为美好企业。许多在过去取得过成功的企业现在发现，它们越来越容易受到各方面的攻击和批评。这样的企业今天所面临的压力越来越大，而其有"爱"的竞争对手不仅在投资市场中脱颖而出，而且与所有的利益相关者群体时刻保持着良好的关系。本书要传达的信息非常明确且简单：只要管理得当（任何美德都救不了一家管理糟糕的公司），**美好企业就可以活得更长久。**

美好企业有一系列独特的核心价值观、政策和运营属性，以下是其中一些。

- 认同不同于盈利且超越盈利的目标。

- 积极协调而不仅仅是平衡所有利益相关者群体的利益。与平衡不同群体之间利益（例如，增加员工工资、增加投资者利润、降低提供给客户的价格）的企业不同的是，它们精心设计商业模式，使所有利益相关者的需求能在这一模式下同时得到满足。事实上，每个利益相关者的目标实现都能得到其他利益相关者的帮助。这种"和谐"的关键在于，美好企业的活动是在一个可以积极协调各利益相关者利益的系统内进行的。例如，全食超市在其正式的"相互依存宣言"中对"利益相关者群体构成了一个成员相互依存的大家庭"这种观点表示了认同。

- 高管薪酬相对较低。以 2012 年为例，开市客联合创始人、前首席执行官吉姆·辛内加尔的薪酬为 35 万美元，另有 20 万美元奖金，而类似的上市企业的首席执行官在当年的薪酬平均为 1420 万美元。

- 高管层实行"门户开放"政策。例如，本田在遇到重大问题时，就会召开一种"畅所欲言会议"——临时停止等级制交流方式，从而使基层员工能以个人的方式向相关最高级别的管理人员提出他们所建议的解决方案。哈雷戴维森（Harley-Davidson）也有类似的政策，只是缺少仪式感——所有员工可以在任何时候造访公司最高层领导者的办公室。

- 员工薪酬和福利水平明显高于行业平均水平。例如，乔之店（Trader Joe's）全职员工第一年得到的工资和福利是美国零售企业员工平均水平的两倍。

- 培训员工的时间比竞争对手多得多。例如，货柜商店（Container Store）员工在入职第一年的平均受训时间为 263 小时，而美国整个零售业的平均培训时间仅为 8 小时。

- 员工流动率远低于行业平均水平。例如，西南航空的员工流动率只有其他主要航空公司的一半。

- 给员工授权，以确保客户对每一笔交易体验都十分满意。例如，为了解决因顾客失误而产生的后果，韦格曼斯食品超市（Wegmans Food Markets）派了一名厨师到这位顾客家中，为其制作感恩节晚餐（没错，韦格曼斯食品超市雇用了厨师，有些厨师还来自五星级饭店）。

- 有意识地雇用对企业和企业产品充满热情的人。例如，巴塔哥尼亚（Pata-gonia）尝试只雇用热爱自然的人；全食超市尝试尽可能地从"美食家"队伍中招募员工。

- 有意识地为客户和员工提供人性化的体验，同时创造良好的工作环境。例如，谷歌为所有员工提供全天候的免费美食。

- 对客户怀有真正的热情，并与他们建立深厚的情感联系。通过更多地赢得客户的心，美好企业赢得了客户钱包的更多份额。例如，诺德斯特龙（Nordstrom）以致力提供卓越的客户服务体验而著称。

- 营销成本远低于业界同行，但客户的满意度及保持率高得多。例如，乔丹家具（Jordan's Furniture）在营销和广告方面的开销低于行业平均水平 1/3，但创造了行业领先的每平方英尺⊖销售额（行业平均水平的 5 倍以

　　⊖　1 平方英尺 = 0.092 903 平方米。

上），谷歌没有做任何广告，但打造了全球价值最优的品牌之一。

- 将供应商视为真正的合作伙伴，并与其合作推动双方共同发展。美好企业帮助供应商提高生产率、产品质量及盈利水平。供应商是作为其真正的合作伙伴而不是"陷入困境的契约用工"存在的。例如，有人说本田与供应商是"终身联姻"的，一旦一家供应商成为本田供应商家族中的一员，本田就会尽一切可能帮助这家供应商提升产品质量和盈利水平。

- 尊重法律精神，而不只是遵循法律条文。美好企业在全球采用统一的高运营标准，而并不考虑当地法律的严格程度如何。例如，宜家（IKEA）的政策是如果在其开展业务的某个国家实施了与化学品或其他物质有关的严格法律，那所有国家的所有供应商都必须遵守这样的法律。

- 将企业文化视为自身最重要的资产和主要的竞争优势来源。例如，西南航空有一个经选举产生、负责维持和强化企业独特文化的"文化委员会"。

- 文化既能抵抗短期、偶然的压力，又能在需要时迅速适应现状。因此，美好企业通常是所在行业的创新者和传统规则的颠覆者。例如，Stony-field Yogurt 抛弃了传统的广告，转而依靠富有创意的社交媒体宣传。

虽然财务数据对分析一家企业的实力和以往的表现确实很重要，但在判断一家企业的未来前景时，定性指标更为重要。事实上，我们可以这样说：在描绘一家企业的未来表现时，定性因素在许多情况下可能要比定量因素更具启发性。

美好企业的利益相关者

本书围绕现代公司的五类主要利益相关者组织内容。为了帮助记忆，我们在表 1-1 中列出了这五类利益相关者，并创造了一个缩略词"SPICE"。

表 1-1　现代公司的五类主要利益相关者

利益相关者	组　成
社会（Society）	当地及更广范围内的社区、政府、其他社会机构（特别是非政府组织，即 NGO）。另外，我们将自然环境包含在了这类利益相关者当中
合作伙伴（Partners）	上游合作伙伴（如供应商）、横向合作伙伴及下游合作伙伴（如零售商）
投资者（Investors）	个人和机构股东以及借贷者
客户（Customers）	个人和机构客户
员工（Employees）	当前、未来和过去的员工及其家庭成员

如图 1-1 所示，每一类利益相关者都与所有其他类利益相关者相互联结。就像任何好的食谱一样，各种成分融合在一起就形成了一道全新的美食——整体大于部分之和。

对这个模型而言，其中的每一种关系都是不可或缺的，且必须按下列方式进行管理。

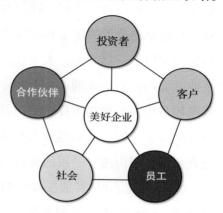

- 相联结的双方之间存在双向价值流

- 各方的利益是一致的

图 1-1　SPICE 利益相关者模型

这便是卓越管理的本质所在，所有企业都应为之努力。这种方式可使对每家企业的投资都产生最大的社会回报。这是美好企业的行事方式。

确定最初的美好企业名单

大多数对"企业优越性"（或者按吉姆·柯林斯的说法——"卓越性"）的研究是从财务表现开始的，然后回过头去寻找导致这种表现的原因或胁从变量。而我们是从企业的人本主义表现（满足股东之外的利益相关者的需求）着手并向前推进的。

　　我们认为，撰写本书第 1 版时确定美好企业名单的过程是一个"有机的类推"过程，我们感兴趣的是确定满足人本主义标准的代表性公司样本。在寻找那些财务表现支持"美好企业假设"（即公司可以在行善的同时保持良好经营）的企业时，我们并不是简单地对大量企业进行统计分析。此外，我们不希望将私营企业排除在我们的分析之外，因为我们认为，从利益相关者的角度看，一些拥有最佳管理的企业就是私营企业。

　　我们所做的就是问人们："请告诉我们一些你们热爱的企业，不只是喜欢，而是热爱。"这个过程产生了数百家候选企业，其中有很多家喻户晓，但也有不少我们从未听说过。然后，我们对这些候选企业进行筛选，评估它们对每一类SPICE 利益相关者的定量和定性表现。为了详细调查这些候选企业的弱点，我们提出了以下一些问题：大多数人会认为世界之所以变得更美好是因为有这家企业存在吗？它达成的业绩有多令人瞩目？它拥有非常忠诚的客户吗？它在对待兼职员工方面做得怎样？它的员工流动率是多少？它压榨供应商吗？当它试图进驻或扩张时，其运营所在社区是欢迎还是反对？它有破坏环境的记录吗？它在全球范围内遵守一致的高行为标准吗？它如何应对行业衰退或信任危机？

　　我们挑选了 60 多家在我们的探索性研究中脱颖而出且最有前景的企业，并指定 MBA 学生团队对它们进行研究。我们引导这些团队通过与高管、员工、客户等进行访谈对这些企业展开第一手和第二手的研究，研究涵盖了包括客户、员工、供应商、社区、政府和投资者在内的所有主要利益相关者群体。在每个团队完成指定的项目后，其他研究团队会对结果进行评估，以衡量一家企业在多大程度上有资格成为利益相关者喜爱的企业（即这家企业是否有资格被称为"美好企业"）。两年之后，所有项目都完成了，一些企业还被考察了多次。最后，我们挑选了 28 家企业，其中有 18 家是上市企业。

　　当然，我们知道所有这些企业都并不完美，有这样或那样的问题。一般来讲，这些问题仅与一个或最多两个利益相关者群体有关。不过，从整体上讲，我们认为这些企业在许多方面堪称典范。挑选出我们认为最具高标准人本主义表现的 28 家企业后，我们随即从投资者角度对这些企业进行了详细的比较分析。我们在这个阶段的假设是：这些企业的表现可能比"普通企业"好，但应该不会好太多。毕竟，它们给员工的薪酬相当高，没有压榨供应商，以公平的价格向客户提供优质的产品和体验，认识到了自身对环境的影响，向社区投入了大量资源——所有这些无疑会对其利润和股价产生影响。正如我们常被提醒的——天下没有免费的午餐，企业当然也不会提供。

然而，当我们完成投资者分析时，结果让我们大吃一惊：这些广受喜爱的企业（上市企业）在 10 年期、5 年期和 3 年期的收益方面均大大超过标普 500 指数企业。**在截至 2006 年 6 月 30 日的 10 年里，上市的美好企业给投资者的回报达到了 1026%，而标普 500 指数企业同期的回报率仅为 122%，两者之比超过了 8∶1！**

如果这还不算一个让人"感觉良好"的故事，那我们就不知道什么是了。事实上，这远远超过了一个让人"感觉良好"的故事——它非常鼓舞人心。很显然，这些企业已经懂得：它们拥有的蛋糕，除了自己吃，还可以分一些给朋友，捐一些给流动厨房，支援一些给当地的烹饪学校。这些企业在对每一个花它们钱的人或组织（客户、员工、供应商、社区）都如此慷慨的情况下，还能给投资者带来丰厚（有人会说"惊人"）的回报，它们是如何做到的？**这个重要问题的答案正是本书所要探讨的内容。**

美好企业与《从优秀到卓越》中的企业

我们还想再做一次比较。吉姆·柯林斯在其畅销书《从优秀到卓越》中筛选出 11 家企业，并根据"这些企业在很长一段时间内给投资者带来了丰厚回报"（这些企业在过去 15 年里提供的累计回报至少是市场平均水平的 3 倍以上），称这些企业正在从"优秀"走向"卓越"。我们将我们筛选出的上市美好企业样本与这 11 家"从优秀到卓越"企业做了比较，有如下发现。

● 在 10 年期回报率方面，13 家上市美好企业（1026%）超过了"从优秀到卓越"企业（331%），回报率之比约为 3 : 1。

- 在 5 年期回报率方面，17 家上市美好企业（128%）超过了"从优秀到卓越"企业（77%），回报率之比约为 1.7 : 1。

- 在 3 年期回报率方面，18 家上市美好企业（73%）与"从优秀到卓越"企业（75%）旗鼓相当。

值得注意的是，虽然有一家"从优秀到卓越"企业（吉列公司，已被宝洁公司收购）的回报率接近我们选出的美好企业，但没有一家超过。对"卓越"的定义，我们与该书有语义上的分歧。我们认为，一家卓越的企业应该是一家传播快乐与满足感并使世界因为它的存在而变得更美好的企业，而不仅仅是因它在某个时期内的表现优于市场平均水平百分之多少。按照我们的标准，奥驰亚（Altria，菲利普·莫里斯公司的前身，"从优秀到卓越"企业之一）这样的企业不可能成为"卓越企业"，即使它能给投资者带来丰厚的回报。如果从更广泛的社会层面考虑的话，奥驰亚的价值便会大幅缩水，甚至可能为负。

虽然卓越企业长期保持了对投资者的优秀表现，但在我们看来，保持对员工、客户、供应商和整个社会的优秀表现同样重要。我们坚信，你在本书中看到的美好企业将能经受住时间的考验。如果你在寻找一份有意义且会让你非常满意的工作，那么不妨考虑一下这些企业提供的机会；如果你是一位潜在的客户，那么不妨将它们所提供的产品和服务与其他企业的做比较；如果你经营着一家企业，那么不妨考虑与它们合作；如果你代表一个社区，那么不妨尝试将它们引进，成为你的邻居；如果你是一位商业学教授，那么不妨将我们的观点传递给你的学生。我们相信，你不会失望的。

为本书第 2 版挑选美好企业

本书第 1 版确定美好企业名单的过程有些主观，我们不否认这一点。这一次，我们希望挑选过程更为严格；还希望扩大选择范围，将更多零售和消费品行业以外的企业以及更多国际企业包含进来。于是，我们对如何实现这一目标的探索回到了原点，这使我们又找到了从一开始就和我们并肩工作的朋友，包括里克·弗雷泽、杰夫·谢里和彼得·德比。在书中愿景和故事的鼓舞下，里克、杰夫和彼得在本书第 1 版首次出版（2007 年）后不久便致力于一项投资研究。他们 3 位在过去 6 年里投入了大量的时间、精力和金钱，最终提出了可以说是最为全面的数据驱动流程，该流程可用于筛选以多利益相关者运营体系为指引的美国企业。（附录 B 包含了与比研究过程有关的附加信息）。

首先，我们请礼宾顾问有限公司提供了一份满足以下条件的企业名单：在过去 5 年里一直得到所有利益相关者的充分好评，并被他们列为投资候选对象。我们认为，在与利益相关者沟通的过程中保持一致性和稳定性对这些企业来说非常重要，为此我们放弃了一组美国上市企业（64 家）。另外，我们选择性地研究了在过去 5 年里有 4 年达标（尤其是在最近 4 年里达标）的一些企业。

其次，我们对入围企业进行了更多的定性筛选。最先考察的是"使命"。如果一家企业有一个明确、真实且超越利润最大化的使命，那它在这方面的得分会较高。如果这样的使命真实存在但没有得到明确阐述，或者这样的使命得到了明确阐述但没有被清楚地表现出来，那企业的得分会较低。按照这一标准，那些没有明确阐述更高使命及没有表现出有这样使命的企业都将被排除在外。

我们用类似的方法考察了企业的领导层。如果企业有一位以使命为导向、服务意识强且薪酬合理的首席执行官，那它的得分会较高。按照这一标准，那些领导者独裁且薪酬过高的企业被排除在外。此外，我们努力寻找证据来证明候选企业拥有植根于信任、关怀和真诚的文化。那些拥有过度竞争、基于恐惧而非合作文化的企业都将被排除在外。

采用这种定量指标和定性指标相结合的方法，我们得到了一组美国上市企业名单（28 家），并认为这些企业属于美好企业。

当然，一个重要的告诫适用于所有这些企业。正如人无完人，任何企业都不可能完美无缺。这些企业中的每一家都会因为某些方面的缺陷而遭人批评，但综合考虑所有因素之后，我们对选出的这组企业非常有信心，并期待它们强大的关怀文化可使它们能继续以这种方式长久地运营。需要指出的且同样很重要的一点是，我们收集到的关于这些企业利益相关者的数据的时间跨度为2008～2012年，这样足够长的时间跨度使我们能满怀信心地断言：这些企业在未来很可能会继续以这种方式运营。但是，这并不意味着所有这些企业在2008年以前都是以利益相关者为导向的，尽管我们相信它们中的大多数如此。

我们对礼宾顾问有限公司评分体系所选出的美国上市企业采用了案例研究和个人访谈相结合的方式进行定性筛选，但在筛选私营美好企业时，我们不得不完全依靠案例研究，因为我们无法访问类似的私营企业数据库。此外，私营企业的广泛性要比上市企业高得多，这使得从此类企业中挑出一小部分更具挑战性。我们的任务是选出一组体现了美好企业品质的企业，这不代表它们是仅有的此类企业（甚或是最佳的此类企业），我们的名单包含了29家这样的美国企业。在大多数情况下，我们都亲身体验过这些典范性企业，并能证明它们对业务开展方式及处世之道的基本原则有着坚定的践行。

我们利用类似的方法选出了一组非美国企业（15家），其中包括13家上市企业和2家私营企业。我们在这里想要指出的是，来自多个地区的一组多样化企业在共同致力践行这一商业理念。这份名单中包含了来自日本、韩国、印度、丹麦、法国、西班牙、瑞典及墨西哥等国的公司。

表1-2列出了我们筛选出的所有公司。

表1-2　美好企业名单

美国上市企业	美国私营企业	非美国企业
3M	Barry-Wehmiller	宝马（德国）
Adobe	Bon Appetit 管理有限公司[①]	西普拉（Cipla）(印度)
亚马逊	Clif Bar	FabIndia（印度私营企业）
Autodes	Driscoll's	芬莎（FEMSA）(墨西哥)
波士顿啤酒公司	GSD&M 创意城市	金雅拓（Gemalto）(法国)
车美仕（CarMax）	Honest Tea[①]	本田（日本）
Chipotle	IDEO	宜家（瑞典私营企业）

（续）

美国上市企业	美国私营企业	非美国企业
丘博保险集团（Chubb）	州际电池公司（Interstate Batteries）	Inditex（西班牙）
Cognizant	乔丹家具①	马恒达公司（Mahindra & Mahindra）(印度)
高露洁	L.L.Bean	Marico（印度）
开市客	Method	诺和诺德（Novo Nordisk）(丹麦)
联邦快递	Millennium Oncology①	浦项制铁（POSCO）(韩国)
谷歌	新百伦（New Balance）	塔塔咨询服务有限公司（TCS）(印度)
哈雷戴维森	巴塔哥尼亚（Patagonia）	丰田（日本）
IBM	prAna	联合利华（英国）
J. M. Smucker	REI	
万豪国际集团	赛仕软件公司（SAS Institute）	
万事达环球公司（MasterCard Worldwide）	庄臣（SC Johnson）	
诺德斯特龙	Stonyfield Yogurt①	
Panera	TDIndustries	
高通	货柜商店	
斯伦贝谢	The Motley Fool	
西南航空	添柏岚①	
星巴克	TOMS	
普信集团	乔之店①	
UPS	联合广场酒店集团（Union Square Hospitality Group）	
迪士尼	USAA	
全食超市	韦格曼斯食品超市	
	戈尔公司	

①这些企业是其他企业的独立子公司，基本上以私营企业的形式运营。

　　指出"所有这些企业处在美好企业进化进程的不同时间节点上"这一点非常重要。其中一些企业从一开始就走在这条道路上（有几家企业甚至在 100 多年前就在这样做了），其他企业则是在最近才发现这种业务开展方式并正在有意识地努力。另外，这些企业中有 1/3 在成立之初是走在这条道路上的，但在成为上市企业后的一段时间内迷失了方向，然后在某个节点上找回了它们的根和灵魂，并再次成为美好企业或成为觉醒的公司（Conscious Company）。

本书提供了其中许多企业的实践案例。附录 A 提供了表 1-2 所列所有企业的简要介绍。

如表 1-3 所示，在从过去 3 年到 15 年的所有时间段内，美好企业的表现都明显优于标普 500 指数企业。在过去 10 年和 15 年里，它们还大大超过了《从优秀到卓越》所选出的企业。

表 1-3　财务表现对比

累计财务表现	15 年（%）	10 年（%）	5 年（%）	3 年（%）
美国的美好企业	1 681.11	409.66	151.34	83.37
美国以外的美好企业	1 180.17	512.04	153.83	47.00
《从优秀到卓越》中的企业	262.91	175.80	158.45	221.81
标普 500 指数企业	117.64	107.03	60.87	57.00

美好企业看重情感合约

在职业生涯早期，沃尔夫开过一家公司，该公司通过强制性会员制业主协会来管理与社区的关系。有一天，一个令人不安的事实摆在我们面前：我们最精通技术的社区管理人员并不总能像技术能力不那么突出的管理人员那样成功续签管理合约。我们对协会各理事会成员进行了调查，希望找到破解这一难题的方法。调查小组得出的结论令人吃惊：我们与每个理事会都有一份法律合约和一份情感合约。调查小组告诉我们："你可能完全忠于法律合约，但如果你没有满足情感合约，各理事会就不可能续签；如果你满足了情感合约，各理事会就会在法律合约上对你放宽一些。"

从客户和员工到供应商、合作伙伴、股东和社区，企业的所有利益相关者都通过这两个合约与企业发生联系。

- **法律合约。** 这类合约通常是显性的，并基于根据法律体系以及企业与其代理以书面、口头交流和行动等方式所建立的量化绩效标准。

- **情感合约。** 这类合约通常是隐性的或不予言表的，并基于利益相关者以期望形式建立的定性绩效标准，这些期望反映了他们的伦理道德观和对体验的需求——他们想要体验到什么以及他们不想体验到什么。

曾为麻省理工学院斯隆管理学院教授的埃德加·沙因（Edgar H. Schein）在撰文谈及显性法律合约和隐性情感合约（他将其称为"心理合约"）时指出，"除非心理合约的条款能被所有人直接理解，否则建立长期关系是不可能的，短期内出现摩擦的可能性反而很大。"[10]

企业倒闭的原因之一很有可能就是其违反了情感合约。当情感合约遭到严重破坏时：客户会停止购买企业产品；工人生产率会下降；供应商反应会变迟钝；合作伙伴会退出；股东会抛售股份；社区会撤回支持。

许多企业花了很多钱保护自己免受各类利益相关者的法律挑战，而明显没有意识到索赔的根本原因可能是自己违反了情感合约。人们不会去起诉他们对其有感情的人或组织，或者像凯文·罗伯茨所说的，人们不会去控告他们"热爱"的人或组织。

巨型割草机及吹雪机生产商托罗公司（Toro）发现，更好地履行情感合约有助于减少人身伤害诉讼。该公司领导层曾认为，考虑到公司产品特征，受到人身伤害起诉无法避免。但在 20 世纪 90 年代中期，托罗公司摒弃了这一信条，公司代表开始与受伤的客户私下接触，他们向客户道歉并表达了公司的同情；同时提出，如果不能立即就解决方案达成一致，那仲裁也比诉诸法庭好，而且可省去诸多麻烦。另外，托罗公司启用了没有攻击性的助理律师、经验丰富的和解顾问以及熟悉托罗公司早期案例解决偏好的调解人员。托罗公司估计，自从 1994 年采用非攻击性的、情感敏感的方法避免诉讼以来，一直到 2005 年中期，它已经节省了 1 亿美元的诉讼费用。后来，托罗公司没有因为人身伤害案件上过法庭，对一家生产危险设备（每个周末这些设备都会被无数粗心的人使用）的公司来说，这项纪录真的很了不起。[11]

阿穆尔乳品公司（Amul Dairy Products）是印度最知名的企业之一，广受客户喜爱，这家企业懂得履行它与客户之间的"无言合约"。印度全国乳制品联合会主席瓦吉斯·库林（Varghese Kurien）在阿穆尔乳品公司50周年庆典上致辞时说："阿穆尔乳品公司之所以成为一个成功企业，是因为这50年来他们一直看重与客户的合约。如果他们没有做到这一点的话，那阿穆尔乳品公司就早已和成千上万的其他企业一样，被扔进历史的垃圾堆了。"

美好企业懂得，它们的业务运营方式是由明确表达的法律合约和情感合约共同决定的。它们知道，就像一桩婚姻中的双方那样，忽视与客户的情感合约意味着客户忠诚的终结。

美好企业的经营哲学

美好企业拥有视野广阔的世界观，它们不是用狭隘、局限的眼光看待世界的，而是认为这个世界具有无限的积极可能性。它们深信，涨潮能把所有船只抬高。面对竞争威胁，它们不是去减价、压低成本和裁员，而是去创造更多的价值。

美好企业沐浴在永恒智慧的光辉中，它们在艰难世界中体现的"柔软"，不是因为它们软弱或缺乏勇气，而是源于其领导者对自我、心理成熟以及高尚灵魂的理解。美好企业在坚持自己的原则方面是坚定不移的，它们的领导者有勇气在捍卫自身信念方面采取果断行动，如亚马逊的杰夫·贝佐斯（Jeff Bezos）、开市客的吉姆·辛内加尔、赛仕软件公司的吉姆·古德奈特（Jim Goodnight）、谷歌的谢尔盖·布林（Sergey Brin）及拉里·佩奇（Larry Page）、乔丹家具的巴里（Barry）及艾略特·塔特尔曼（Eliot Tatelman）、新百伦的吉姆（Jim）及安妮·戴维斯（Anne Davis）、西南航空的赫布·凯莱赫、添柏岚的杰弗里·斯沃茨、全食超市的约翰·麦基及沃尔特·罗布（Walter Robb）、货柜商店的基普·廷德尔、Panera的罗恩·谢赫（Ron Shaich）、Barry-Wehmiller

的鲍勃·查普曼（Bob Chapman）、联合广场酒店集团的丹尼·迈耶（Danny Meyer）、西普拉的尤西夫·哈米德（Yusuf Hamied）、戈尔公司的泰瑞·凯莉（Terri Kelly）——这份名单还在不断扩充。尽管一些华尔街分析师条件反射式地认为这些美好企业领导者所倡导的"人性化资本主义"威胁到了股东利益，但这些领导者还是建立了非凡的、具有行业变革能力的企业。所有利益相关者都能在其中创造价值并能从价值增值中获益的商业模式带来竞争优势，这种事实与许多分析师的看法大相径庭。那些分析师从根本上来说是短视的，他们倾向于将股东以外的所有利益相关者视为价值的净吸收者，而不是一个更广泛和更深层的资源集合体，而这一资源集合体可用于创造一家企业无法通过其他方式（在这些方式中，利益相关者只是被视为实现股东利益最大化这个终极目标的工具而已）创造的更大价值。

要为在 21 世纪开展业务做好充分准备的话，企业高管（尤其是那些行业领先企业的高管）需要好好问自己一个有关存在性的终极问题："我们在这里是为了什么？"他们应思考这样一些非传统的（商业）命题："我们在这里不仅仅是为投资者创造财富；我们企业的文化不允许我们的思想、机构和环境腐败；按照资本主义的准则，我们无法证明那些引诱、诱惑和误导客户做出可能伤及其自身的行为是正当的；按照任何法律条文，我们都无权让员工丧失人性或者通过不合理的要求压榨供应商。"正如美好企业所做的，各种类型和规模的企业都应该有意识地围绕"我们在这里是为了帮助他人提高生活满足感，是为了传播快乐和健康，是为了得到提升和教育，是为了帮助员工和客户发挥他们与生俱来的潜能"这种观念塑造它们的文化。让企业（或其他公共机构）的领导者接受"去听去看，去打开眼界和思维，去帮助人们专注最重要的事情"这样的要求真的太过分了吗？我们言语中所表达出来的这些看法，也是所有真正卓越的企业及其领导层的看法。

如果用一个特征来描述美好企业的话，那就是它们拥有"以人为本"的灵魂。正是在这样的灵魂的深处，涌动着它们为所有利益相关者提供非凡服务的决心。这些卓越（按我们所定义的"卓越"）的企业充满了为社区、社会、环境、客户、员工服务的快乐；它们的领导者意识到了"大多数处于温饱水平以上的人必须为他人服务"的内在需求；它们的领导者和员工有勇气打破那些在资本主义理论中被神化的"传统"；面对往往考虑不周且烦琐的监管流程以及肆无忌惮的竞争对手，它们正在取得长期的成功（实际上是繁荣）；面对巨大的短期压力，它们仍在坚守自己信奉的人本主义。我们应该为这些企业的成功感到高兴，并将它们对伙伴的关怀和无限的乐观主义精神传播得更远、更广，而这也是我们写作本书的目的。

注释

1. Ronald W. Clement, "The lessons from stakeholder theory for U.S. business leaders", *Business Horizons*, (2005) 48, pp. 255–264.

2. http://www.saatchikevin.com/workingit/myra_stark_report2002.html, 2002.

3. James A. Autry, *Love and Profit: The Art of Caring Leadership*, Avon Books, New York, 1991, back matter.

4. Daniel H. Pink, *A Whole New Mind: Moving from the Information Age to the Conceptual Age*, Riverhead Books, 2005, pg. 51.

5. 同上。

6. http://www.thefreedictionary.com/love.

7. Autry *op cit*, pg. 19.

8. Tim Sanders, *Love Is the Killer App: How to Win Business and Influence Friends*, Crown Business, 2002.

9. Kevin Roberts, *Lovemarks: The Future Beyond Brands*, PowerHouse Books, New York, 2004, pg. 49.

10. Edgar H. Schein, *Organizational Psychology*, Englewood Cliffs, NJ, Prentice Hall.

11. Ashby Jones, "House Calls", *Corporate Counsel*, Oct. 1, 2004.

大量客户、员工、投资者、供应商及其他利益相关者对整个商业环境感到担忧——发生在安然（Enron）、泰科（Tyco）、世界通信（WorldCom）、阿德尔菲亚电缆（Adelphia Cable）以及其他市值高达数十亿美元的企业的丑闻，令人们对这些企业高管造成的闹剧忍无可忍。

卡尔文·柯立芝（Calvin Coolidge）总统在 20 世纪 20 年代发表过一份题为《美国的事业就是商业》的声明。如果这是真的（我们不太确定情况是否真是这样；我们宁愿说国家和人民的福祉是美国的事业，而商业只是促进这一事业非常重要的工具），那么公众对商业最新的看法就值得高度关注。商业机构从未像现在这样如此不受待见，正如《纽约时报》所指出的："绝大多数公众认为，高管们一心想要毁掉商业环境、做假账并中饱私囊。"[1]

这一新的严酷现实得到了多项民意调查的证实，企业做再多投机取巧的公关活动都无法掩盖。

- 盖洛普咨询公司（Gallop）发现：美国人对大企业的信心稳步下滑，有信心的人数比例从 1975 年的 34% 一路降到了 2009 年的历史低点（16%），2011 年反弹到 19%。[2]

- 哈里斯公司（Harris）2011 年的一项民意调查发现：高达 88% 的美国人认为大企业对政府的影响太大。[3]

- 捷孚凯北美定制研究公司（GFK Custom Research North America）2011 年的一项调查发现：有 64% 的受访者表示，与几年前相比，他们现在更难相信企业了；有 55% 的受访者表示，企业在未来更难赢得他们的信任。[4]

- 根据美国扬克洛维奇监测公司 2011 年的报告：79% 的受访者认为，"企业过于关注利润，而对公共责任重视不足"；67% 的受访者认为，"如果机会出现，大多数企业在认为自己无法脱颖而出时会利用公众"。[5] 这家企业曾在 2004 年请美国人按 0～10 分评价他们对大企业的信任值（评分越高表示越信任），结果只有 4% 的受访者给出了 9 分或 10 分。[6]

人们很容易把高管层的"道德破产"归咎于少数几个晋升到企业最高职位的"坏家伙"。但是，我们必须跳出高管层视角来全面探究这个问题。高管层的道德沦丧通常反映出企业文化中的道德贫瘠，在这样的企业文化中，金钱胜过一切。董事会（以及投资者）应更密切地关注企业文化，温斯顿·丘吉尔（Winston Churchill）说过一句话："我们塑造了文化，然后文化重塑了我们。"[7] 企业文化是人们了解企业高管灵魂的一扇窗。

无论好坏，主流文化的道德特征都会影响高管的行为。人们在生活中的行为一般会反映出他们的生活文化：不管我们谈论的是一位有时尚意识的青少年，还是一位开兰博基尼的《财富》500 强公司的首席执行官，都是如此。深植于美国文化中的贪婪和激烈竞争思想鼓励人们为了自己的野心而不惜破坏规则，不仅如此，这种思想还创造出了苹果公司员工所称的"现实扭曲场"（围绕强势和富有魅力的领导者产生）——这是拒绝承认现实、拒绝对个人行为后果负责的表现。[8]

就像政客们常说的，我们也许不能就道德规范立法，但是，围绕"如何塑造我们的文化""如何进一步利用这种文化（就像丘吉尔所说的）来重塑我们当中的更多人以及我们与之有联系的那些企业（可能被重塑得更好）"等问题进行思考，对我们所有人都是有益的。我们也许会问自己：我们的文化重视正确的东西吗？我们是以足够高的标准来要求企业吗？我们是否对一些社会最强势机构的越轨行为有着悲观预期并将这些行为视作意料之中的事情？创造一种鼓励更多高管在个人野心与社会需求之间取得平衡并最终使两者协调一致的文化环境需要什么？

对这些问题的回答将在这场资本主义的社会转型（与人口老龄化所带来的社会成熟并行的一个事件）中逐步揭晓。

商业的自我实现

白宫前演讲稿撰写人及数家报纸的获奖编辑约翰·佩里（John Perry）认为：滚滚而来并席卷我们的变革浪潮，在对科学、技术、医疗、教育、艺术、宗教、经济、人口结构、社会制度、政府以及世界各地的私营机构和公共机构（注意，这份名单并不完整）进行重大调整。佩里还说，他认为我们正处于全社会的道德复兴进程中。

> 最引人注目的是，基本信念和价值体系都正在重新调整。总的来说，这些调整中的大部分是好的。不论你接受与否，这个世界实际上正变得更美好，而这种变化在现代历史之前的任何时期都是不可能发生的。[9]

尽管每天都有头条新闻提醒我们关注各种机构中的严重闹剧，但有证据表明，当代文学作品正在推动道德复兴。牧师华理克（Rick Warren）的《标杆人生》(*The Purpose Driven Life*) 是一本关于更高人生使命而不是沉溺于世俗自我的书，其精装本销量超过了 3200 万册，并被翻译成 50 多种语言，成为有史以来最畅销的非小说类图书之一。[10] 这本书的成功表明，人们比以往任何时候更渴望拥有持久的生活意义。这是"超越时代"的一个关键特征。

最新的"道德主题"类商业图书有：米哈里·契克森米哈（Mihaly Csikszentmihalyi）的《优秀企业：领导力、流程及意义形成》(*Good Business: Leadership, Flow and the Making of Meaning*)、威廉·格雷德（William Greider）的《资本主义的灵魂：通往道德经济的开放式道路》(*The Soul of Capitalism: Opening Paths to a Moral Economy*)、理查德·巴雷特（Richard Barrett）的《解

放企业灵魂：建立有远见的组织》（*Liberating the Corporate Soul: Building a Visionary Organization*）以及马克·贝尼奥夫（Marc Benioff）和卡伦·索斯威克（Karen Southwick）的《富有同情心的资本主义：企业如何使行善成为经营盈利不可或缺的一部分》（*Compassionate Capitalism: How Corporations Can Make Doing Good an Integral Part of Doing Well*）。贝尼奥夫和索斯威克思考了这样一个问题：如果每家企业都捐出 1% 的销售额、1% 的员工时间和 1% 的股份来改善其运营所在社区，这个世界将变得怎样美好？[11]

物质主义价值观对人们生活需求的影响日渐式微（这是人口老龄化的必然结果），但现有商业模式还没有完全适应这一点。这种转变是前所未有的，并将在很大程度上改变供需关系。

精神分析学家艾里希·弗洛姆（Eric Fromm）认为，我们正在从"拥有型"（Having）社会向"存在型"（Being）社会过渡。"拥有型"社会沉迷于以自我为中心和物质享乐主义，而"存在型"社会以他人为中心并拥护崇高的道德价值观。[12]

整整一个世纪以来，消费经济一直基于物质享乐主义的"拥有观"。但现在，人们越来越渴望拥有一种无法从物质性的东西中获得的意义感，这使得"拥有观"逐渐消散。也许消费者仍需要某种特定的产品，但许多人更希望在得到产品的同时获得一种高端体验，这种体验与他们更为成熟的"存在观"有关。例如，尽管克罗格超市（Keoger）的鸡蛋便宜很多，但购物者还是乐意花更多的钱去全食超市购买，只因他们对购买放养母鸡下的蛋感觉很好，他们认为自己这样做得对。

很显然，物质欲望并没有从社会中消失，物质享乐主义价值观和行为仍是社会中的客观存在。特别是年轻人，他们总是有着强烈的物质欲，总是希望通过所获得的"物质性东西"来炫耀他们的身份，证明他们的成就和潜力。但是，随着人们对积累"物质性东西"的兴奋感逐渐消退，主流文化越来越反映出具有较高心理成熟度的"存在观"。

消费者对"物质性东西"兴趣的减弱给消费者型企业带来了不容低估的重

要影响。在美国一些年龄跨度为 5 岁的人群中，"中年前成人"（最大的持"拥有观"的群体）的数量正在萎缩，而其他群体的增长极其缓慢。在美国以外的各发达国家，"中年前成人"群体也在萎缩。没有哪家消费者型企业可以忽视"拥有观"消退对消费者行为产生的影响。要发展壮大，企业越来越需要了解"存在型"客户与"拥有型"客户之间的区别。向"存在型"转变不仅改变了人们所购买的产品，而且改变了这些产品的美学及功能设计方式。此外，它改变了企业向市场展示产品的方式：更多提供充满意义的客户体验，更少提供会被丢弃的小赠品。

心理学家埃里克·埃里克森的"传承关怀"（Generativity）一词与弗洛姆所说的"存在观"密切相关。"传承关怀"是帮助下一代取得自身成功的一种倾向，在一个人心灵中出现的传承关怀精神可缓和"自我"这一物质欲源泉的涌动，使精神能量能够被重新安排来帮助满足他人的需要。更高的成熟度可以使个体向以他人为中心转变，而美好企业是这种转变的集体表征。

现在的中年人（我们在这里将"中年"定义为 40～60 岁，因为如果按人均寿命 80 岁来算的话，这个年龄段正好处在中间位置）形成了一个关键性群体，这个群体正在将传承关怀的精神转变为社会最强大的力量之一。这个群体主要由进入中年的婴儿潮一代人构成，他们正在重塑社会的道德基础，很少有企业不受他们的影响。传承关怀正在商业中产生越来越大的影响，这种影响甚至比埃里克森设想的还要广泛。在商业中，更为人所知的是"可持续性"，布伦特兰委员会（Bruntland Commission）将"可持续性"定义为"当代人在不损害后代满足自身需求能力的情况下满足他们自己的需求"。[13]

"传承关怀"倾向的出现标志着一个人向美国心理学家亚伯拉罕·马斯洛所称的"自我实现"迈出了第一步。马斯洛认为，"自我实现"是心理成熟的最高层次，[14] 是人类发展的终极目标，其与"通过超越'社会自我'（主宰人生的前半段）来发现'真实自我'"有关。尽管并非所有人都能达到完全的自我实现（马斯洛说很少有人达到），但大多数人在形成一种专注于"存在"的世界观时还是可以走得足够远的。"自我实现"的人具有以下一些关键心理特征。[15]

- 对现实有卓越感知（**更真实，更少受理想化的影响**）。

- 对自我、他人及自然的接受度更高。

- 以问题为中心的意识增强（**不再同等地看待自我，对成为英雄不感兴趣**）。

- 好奇心更强，情感反应更丰富。

- 对他人的认同感增加。

- 拥有更民主的品格结构（**真正意义上的平等、公平**）。

- 创造力得到极大提升。

- 价值体系发生变化（**价值观不再受物质享乐主义、自恋的左右，而是受到"以他人为中心"思想的影响**）。

我们认为，人们对企业社会意识的期望越来越高反映出传承关怀对世界各地的影响越来越大。现在，许多欧洲国家要求企业发布"三重底线"（即企业在关心员工、保护地球和盈利方面的表现）年度报告。在美国，愿意这样做的企业越来越多。治理与问责研究所（Governance & Accountability Institute）的数据表明，现在约有53%的标普500指数企业发布企业社会责任年度报告。[16]在不久的将来，来自法律或投资者及社会的压力将迫使所有上市企业发布类似报告。

但就目前而言，企业社会责任问题仍然受到传统的影响。1970年，诺贝尔经济学奖得主米尔顿·弗里德曼在《纽约时报杂志》（*The New York Times Magazine*）上发表了一篇著名的文章，声称"企业只有一种社会责任，那就是利用其资源从事旨在增加利润的活动，只要它遵守游戏规则"。[17]目前，许多人仍然深受弗里德曼这篇文章的影响。不过，《麦肯锡季刊》（*McKinsey Quarterly*）最近的一项全球调查表明：认为"企业的角色不仅仅是对股东履行义务"的高管高达80%，而赞成弗里德曼那句名言的受访者却不到17%。就连魅力十足、长期坚定拥护"股东主导世界观"的通用电气前总裁杰克·韦尔奇（Jack Welch）也提出了一种更微妙的观点："从表面上看，'股东价值'是世界上最愚蠢的想法。股东价值是结果，而不是战略。你的员工、客户和产品才是你的主要依靠。"[18]

尽管一燕不成春，但韦尔奇的这番话预示着资本主义意识形态将发生自亚当·斯密撰写《国富论》以来的最大变化。商业正变得更为人性化，这超出了上一代观察人士的认知。曾为哈佛大学商业学者的艾拉·杰克逊（Ira Jackson）认为，我们正处在一个"全新的商业阶段"（他称之为"觉醒商业"）的起点。[19] 史密斯 & 霍肯园艺用品公司联合创始人保罗·霍肯（Paul Hawken）认为，我们正在经历向自然资本主义过渡的重大转变。这种资本主义基于环境完整性和人们的需求，而不是基于人为的企业需求（可狭义地定义为"利润最大化"）。在本书第 1 版出版后，本书两位作者（拉金德拉·西索迪亚和戴维·沃尔夫）参与发起了一项名为"觉醒商业"的全球活动。[20]

中年时期是个人超越时期，即超越物质世界、追求更深层次的个人生活意义而不是更多"物质"的时期。丹尼尔·平克在为"雅虎趋势调查"撰文时指出："繁荣解放了美国人，但他们并没有就此满足，他们正慢慢将生活重心从物质转到有意义的事情上。正如诺贝尔经济学奖得主罗伯特·威廉·福格尔（Robert William Fogel）所写的，繁荣'使得对自我实现的追求由一小部分人扩展至几乎所有人成了可能'。"[21]

这种自我实现的"中年倾向"对人类历史而言并非新事物。古印度吠陀文献可以追溯至数千年前，其中提到了人应该在人生的某个时期打破与世界的联系，使其上升至更高的存在水平。为此，人必须淹没"自我"，使自己能更好地去关注其他方面——家庭、社区和物种。尽管中年人的价值观在数千年里并没有改变，但体验这些价值观的成年人人数比例发生了巨大的变化，中老年人现在成了文化塑造的主力。现在是历史上第一次，大多数成年人处在了"自我实现需求开始显著影响自身行为"这样一个阶段。

自我实现对主流文化的影响日益增强，这正在重塑企业开展业务的方式。

实际上可以说，我们正在经历资本主义自我实现的起始阶段。越来越多的企业在淹没其"企业自我"，然后像它应该做的那样，更为密切地关注与利益相关者（客户、员工、供应商、股东及整个社会）有关的其他方面。

接替杰克·韦尔奇担任通用电气首席执行官的杰夫·伊梅尔特（Jeff Immelt）表示，通用在努力经营盈利的同时，在加速朝"行善"的方向发展。2004年底，伊梅尔特告诉公司的200名高管：要保持领先地位，通用电气需做四件事。这四件事当中有三件（强化执行力、保持增长和雇用优秀人才）是意料之中的事且值得称道，但最应受重视的一件事是拥有美德。这是一个重大转变，当通用电气这样说的时候，业界的其他企业在听。伊梅尔特说得很简练："现今，企业要成为一家卓越企业，必须先成为一家好企业。"他做了如下阐述。

> 人们来通用电气工作的原因是，他们想做一些比自身更重要的事情。人们想努力工作、升职、得到股票期权，但他们也想为一家与众不同的企业、一家正在世界各地做着伟大事业的企业工作。好的领导者对此会给予回应。我们生活的这个时代属于相信自己但又专注于他人需求的人。世界变了，今天，无论规模大小，企业都不受人尊重；今天，富人和穷人之间的鸿沟比以往任何时候都大。员工利用我们的平台成为好公民是我们的责任。因为这不仅是件好事，而且是一家企业迫切需要做的事。[22]

股东与利益相关者

如我们在本书序言中所说，弗吉尼亚大学商学院教授爱德华·弗里曼被认为是全面阐述利益相关者关系管理（SRM）商业模式的第一人。在其开创性著作《战略管理：利益相关者方法》中，弗里曼指出：当所有利益相关者都得到良好服务时，股东就会得到最佳回报。弗里曼将"利益相关者"定义为"可能或已经受到企业使命实现影响的任何群体或个人"。他对米尔顿·弗里德曼"股东至上"的观点不屑一顾,反而倾向于将股东视为相互依存的利益相关者群体中的一员。

美好企业的一个重要核心价值是:为所有利益相关者服务,而不是厚此薄彼。这一独一无二的特征使得这些企业能够超越大多数(也许是所有)直接竞争对手。在了解到吉姆·柯林斯在管理类畅销书《从优秀到卓越》中列出的企业在过去 10~20 年里给股东的回报大幅落后于美好企业(详见第 6 章"投资者:从美好企业获得回报")之后,我们觉得这一点更值得重视。

柯林斯在《从优秀到卓越》中声称:就成为一家经久不衰的卓越企业而言,不存在特定"正确的"核心价值观。这一观点也许曾是正确的,但现在肯定不是正确的了。柯林斯写道:"一家企业无须对其客户有热情(如索尼),无须尊重个体(如迪士尼),无须承担品质责任(如沃尔玛)或社会责任(如福特),就可以成为经久不衰的卓越企业。"[23]

在我们看来,"股东与利益相关者之争"表现出一种错误的二元论。从本书列举的典范企业所取得的出色财务表现来判断,我们认为,为股东创造长远价值的最佳方式是有意识地为所有利益相关者创造价值。以开市客为例,这家企业给员工提供的薪酬比其零售业同行高很多,而且有不错的福利。尽管它比直接竞争者支付的钱多很多,但它的**每名员工所创造的销售额和利润也高得多**。凭借更高的效率和极低的员工流动率,开市客取得了类似炼金术的效果。薪酬优厚、快乐感更强的开市客员工有着很高的工作积极性和工作效率。此外,开市客员工对企业的忠诚度比零售业的普遍水平高,这些受到高度激励的员工无疑是该企业进一步提高生产率的活水源头。

与其他美好企业一样,开市客设计了一种商业模式。通过这种模式,开市客能为员工提供不错的报酬,能为投资者赚取丰厚的利润,能使客户和供应商拥有很高的满意度,并能使它所希望进驻的每个社区普遍热情地欢迎它。

然而,有许多华尔街分析师认为,开市客是在罪恶地盗取投资者的钱去补贴不配得到高薪且养尊处优的员工。对于一心想从传统数字视角来考察一家企业的分析师来说,理解利益相关者关系管理商业模式的价值创造潜力很困难。

德意志银行证券公司的比尔·德雷尔（Bill Dreher）说道："从投资者的角度来看，开市客的福利过于慷慨。上市企业首先要关注股东利益，开市客的经营模式就好像它是一家私营企业。"[24]

在我们看来，德雷尔明显是被误导了，对管理方式类似于开明私营企业的那些上市企业的投资往往被证明是伟大的投资。看看开市客前首席执行官吉姆·辛内加尔在"开市客为什么对员工'过于慷慨'"这一点上是怎么说的吧。

为你的员工提供不错的薪酬不仅是一种正确的做法，而且有利于业务开展。归根结底，你的付出会得到回报。[25]

辛内加尔继续说道："支付最低工资是错误的，这样做没有支付适当的红利，会使员工不快乐，会促使他们换工作。而且，这样做会使管理人员把所有时间花在招聘替代员工而不是经营业务上。我们宁愿让员工来管理业务，当员工快乐时，他们就是你最好的形象代言人。如果我们把精力放在业务上并紧盯目标，那股价上涨自然就是水到渠成的事。"[26]事实证明了这一点，开市客一直是股票市场上的明星。

问题在于，许多财务分析师对所有不同于传统商业模式的东西都感到不安。他们依靠大量"规范化"数据来判断企业经营情况，当一家企业在某个方面的花费超出正常水平很多时（如开市客在工资方面的支出），分析师往往会忽略这种支出所带来的补偿性收益。开市客的高工资以及"尊重与赋权"文化，使它能够降低招募和培训成本，改善与客户的关系，从而使客户的人均消费额和忠诚度都得到了提高。

美好企业成功的最大"秘诀"之一在于它们成为各类利益相关者群体首选业务合作伙伴的方式。例如，因为嫌弃开市客仓储式零售店的"贫乏"形象，Titleist 和 Cuisinart 等优质产品生产商最初拒绝了它；但是今天，在当开市客吸引了大量富裕消费者后，这些企业又渴望能在开市客销售它们的产品。最出色的员工都在争取加入美好企业。例如，UPS 拥有一份多年积累的高素质司机候选名单；巴塔哥尼亚每年新增的岗位只有 100 个，但每年收到的求职简历有约 1 万份。大多数美好企业很少花大价钱做广告，当客户走进一家美好企业时，他们看不到麦迪逊大道风格的广告宣传。有时，美好企业的问题不在于获得客户，而在于不断跟上客户的需求。许多社区往往急切地想吸引美好企业入驻，例如，家族型连锁超市韦格曼斯每月都会收到数百封客户来信，恳求韦格曼斯在他们的社区开一家分店。

业界巨头通用电气和沃尔玛最近似乎对 SRM 商业模式兴趣盎然，可以说"潮流正在转变"。各类利益相关者群体中的成员对他们投资的企业、生产所购买产品的企业、工作其中的企业，以及获得公共授权、准许经营的企业越来越有信心，这使得许多企业倾向于采用 SRM 商业模式。我们认为，这种模式的采用不会是一种注定昙花一现的管理时尚，而会是一种持久的趋势。这一趋势的形成得益于发生在美国高管当中的道德革命，得益于人口结构变化使得大部分人的价值观转向，得益于商业领袖对"这最终是一个超越利己主义问题"的理解。

那么，企业的盈利目标在哪里呢？对所有其他利益相关者来说，将股东置于远高于他们的位置，也许是一家企业能够给他们带来的最糟糕的处境。本书所列典范企业的经历表明，当股东的利益与所有其他利益相关者群体的利益保持一致时，股东可能获益更多。我们这样说时，并没有将短线客和其他高流转投机者包含在内，因为他们仅仅是为了赚取短期价值，并没有投资于长期价值创造。实际上，短期投资在很多方面表现出了矛盾性，所有真正的投资都是长期投资。在 SRM 经济生态圈中，只有创造长期价值的利益相关者才对企业具有长远意义。

美好企业中的情商管理

自霍华德·加德纳（Howard Gardner）于 1983 年出版具有里程碑意义的《智能的结构》（*Frames of Mind: The Theory of Multiple Intelligences*）以来，人们对了解导致各种努力或多或少取得成功的特定类型智慧一直怀有浓厚的兴趣。

1990年，彼得·萨洛维（Peter Salovey）和约翰·迈耶发表了一篇题为《情商》的文章，该文讨论了"一个人意识到自身情感和他人情感、区分这些情感并利用其引导个人思维及行为的能力"。[27]这篇文章后来被《纽约时报》前记者丹尼尔·戈尔曼（Daniel Goleman）推广并引入主流文化中。戈尔曼1995年的著作《情商：为什么情商比智商更重要》（*Emotional Intelligence: Why It Can Matter More Than IQ*）成了全球畅销书，他之后于1998年出版了《情商3：影响你一生的工作情商》（*Working with Emotional Intelligence*）。[28]

戈尔曼将情商（EI）定义为"认识自身情感及他人情感、激励自己、管理好自身情感及人际关系中的情感的能力"。它包括自我意识、自我调节（对情感的自我控制与自我管理）、社会意识（同理心）及社会技能（关系管理）等组成部分。[29]戈尔曼认为，尽管自我意识是情商的最重要方面，但其在商业环境中通常被忽略了。[30]戈尔曼和许多学者还发现，个体管理自身情感的能力与其积极影响他人情感的能力之间存在密切联系。

情商对于在管理、商业和生活方面取得长期成功至关重要。本书提到的所有美好企业都可以被称为高情商企业，这不仅体现在它们的高级管理团队方面，而且体现在它们的整个组织结构方面，并反映在员工之间，以及员工与客户、业务合作伙伴、整个社会的交往中。这并非巧合。

研究人员发现，作为实现积极和可持续战略变革所必需的领导力的先决条件，情商间接产生了竞争优势。[31]情商越来越被视为工作团队及组织（而不仅仅是个人）应有的一项能力。这一"系统观"认为，个体为提高组织情商贡献了能量，但是组织情商也是"组织系统自身职能、结构及能量的动态输出"；反过来，拥有较高情商的组织会对组织内的个体施加强大的影响，促使他们表现出类似的特征。[32]

情商对工作场所的重要性可通过了解其缺失所导致的后果来理解——低落的士气、令人恐惧或冷漠的气氛、激烈的冲突以及很大的压力，这些因素显然会影响业务效率。这样的工作环境不可避免地会促使那些感到"受欺负、被恐吓、遭剥削"的员工出走（尽管代价高昂），甚至提起诉讼。[33]

大多数努力营造一种严格理性的工作环境，并没有关注情感问题。但是，就像不可能将情感从人类活动的任何领域中抹掉一样，将情感从工作场所抹掉也不可能。[34] 在 21 世纪，我们不能再把企业组织仅仅视为"理性机器"，相反，必须将它们视为"动态且越来越不可预测的有机体"。这种观点要求管理者摆脱传统层级指挥与控制思维的束缚，并采用依赖"互动、相互依存及创新流程"的扁平、灵活的结构。[35]

在 2002 年出版的《情商 4：决定你人生高度的领导情商》(*Primal Leadership: Realizing the Power of Emotional Intelligence*)一书中，戈尔曼与其合著者介绍了一项针对 3871 名高管及其直接下属的研究。该研究表明，领导风格对于团队氛围和务实的盈利目标至关重要。"工作场所的情感体验会影响盈利结果，也就是说，员工付出多少、愿意付出多少、花了多少心思等都会反映在资产负债表上。通过研究，我们得出了下面这条经验法则：领导风格决定了约 70% 的情感氛围，而情感氛围决定了约 20%（有时甚至是 30%）的业务表现。"[36] 有鉴于此，《哈佛商业评论》2005 年报道的一项研究结果尤其令人担忧——基于 10 万份情商测量结果，研究人员发现："情商随一线主管的升职而上升，在中层经理一级达到峰值，然后随着层级提高逐渐降低，并令人担忧地在首席执行官这一级降到最低。"[37]

寻找变革的意愿

将企业改造成一种更为宏伟的使命承载工具的潮流似乎势不可挡，未能认识到这一点的企业会遇到大麻烦。利益相关者越来越多地要求企业加强社会意识管理，如果企业没有做到这一点，那客户会拒绝掏钱购买其产品，最优秀的员工会另谋高就，供应商会转而支持尊重它们的公司，社区会使将股东利益置于所有其他利益相关者利益之上的企业吃尽苦头。而且，金融市场会限制这些企业的资本流动并提高其融资成本。

不幸的是，今天的大多数企业因为被过时的"心智框架"（Mental Frame）

束缚而仍在沿袭过去的运营规则。认知科学家乔治·莱考夫（George Lakoff）认为，我们的行为受到了心智框架的约束，而心智框架塑造了我们看世界的方式。[38] 心智框架是我们感知世界的基准，它为我们的生活提供了稳定性。但是，心智框架使我们倾向于条件反射式地将与我们的认识相符的事物当作事实来接受，而盲目地将与我们的认识不相符的任何事物当作错误的予以否认。这种"确认偏见"可用下面的简短声明来表达：

信念跟着需要走。

你向你的配偶、朋友、同事或其他人提及一个客观可验证的事实，而他们立即予以否认，这种情况多久会出现一次？在大多数情况下，人们和企业都相信他们认为有必要相信的东西。

我们在保持心理平衡方面的需要使得我们有必要去维持我们的心智框架或世界观。于是，我们通过选择并组织所接收到的信息来维持这些世界观的完整性。这就是为什么对我们信仰体系的维护往往凌驾于改变我们信仰的现实需要之上。乔治·莱考夫对此做出了如下解释。

> 神经科学告诉我们，我们所拥有的每个概念（形成我们思维方式的长期概念）都在大脑突触中被具体化了。概念不是只听某人描述一个事实就可改变的。我们也许接收到了很多事实，但要让我们理解这些事实，它们就必须与已经存在于我们大脑突触中的东西相吻合。否则，我们对这些事实的处理就会是从左耳朵进直接从右耳朵出。我们并不是将它们作为事实来听或接受的，或者说它们令我们感到困惑：为什么会有人这么说呢？然后，我们就会给这些事实贴上"不可理喻""疯狂"或"愚蠢"等标签。[39]

爱因斯坦有句名言："一个问题不可能用导致它出现的意识来解决。"[40] 在过去两个世纪里，主导企业的意识植根于"理性在与人有关的事务中优先于情感（私人事务除外）"这样的经典观念，即把利益相关者（包括股东）当作冷冰冰的统计数据实体看待。

　　美好企业不断证明以上观念从一开始就错了。在商业分析、规划和运营中，右脑情感与左脑理性同样重要。最近的研究有力地表明：与纯理性相比，情感具有优势。在绝大多数情况下，表现出众的员工不是那些智商最高的高管，而是那些情商最高的人。在《情商 3：影响你一生的工作情商》一书中，丹尼尔·戈尔曼提供了来自 500 多家组织的研究数据，这些数据都表明：自信、自我意识、自我控制、承诺及诚信是产生更多成功员工和更多成功企业的促进因素。[41]

　　美好企业对利益相关者的情感所具有的价值，是经典的经济学与管理学理论无法解释的。没有任何思想体系能用任何方式来计算企业与其利益相关者互爱的价值，计算此类价值对财务回报的影响超出了这些思想体系的范畴。如果某些和品牌一样无形的事物的经济价值可用绝对货币量来衡量，那为什么企业向其利益相关者投入的爱不在此列呢？这表明，应在经济学与管理学理论中给予"关怀"突出的地位。

　　经典资本主义在设计上是冷酷无情的，传统的管理学理论也是如此。这种冷酷无情源于勒内·笛卡尔在约 400 年前阐述的科学探究方法，这种方法忽略了情感在求真中的价值，认为情感是理性的对立面。哲学家将这一点铭记在心，并以此奠定了经济学及资本主义的基础。在《国富论》一书中，亚当·斯密发表了著名的观点：市场结果是由一只无形之手塑造的，而操纵这只手的则是按其自身利益行事的人所做出的理性决策——这只无形之手是无情的。但在其早期的《道德情操论》(*The Theory of Moral Sentiments*) 这本书中，亚当·斯密谈到了关于"人类需要关怀"的一些感人且富有洞察力的看法。这种需要和追求个人自身利益的强烈欲望是人的两大基本动力。对大多数人来说，当被迫做出这类选择时，对关怀的需要往往会优先于对自身利益的追求（所有父母都会承认这一点）。过去两个世纪里的一个巨大悲剧就是：我们仅仅基于这两个支柱中的其中一个构建了资本主义的知识基础，从而不可避免地引起了要求提高待遇的被剥削工人的强烈抵制。

　　当听到对"促进企业与其利益相关者之间的情感关系"的讨论时，一些人也许会皱眉蹙眼。但是，当代神经科学将为任何想要证明在商业中"放下身段"会带来巨大回报的人提供强有力的证据。[42] 任何类型的忠诚最终都将更多地取决于一个人的感觉，而不是一个人的想法。这种观点得到了一项研究的支持，该研究利用大脑扫描追踪了人们对品牌的心理反应。研究人员发现：与其他专有名词相比，"品牌"对主导情感的大脑右侧区域的吸引力更大。[43] 该发现与神经学家安东尼奥·达马西奥（Antonio Damasio）关于"我们是通过情感而非理性来确定我们与任何事物的相关性"的发现 [44] 一起，为本书的中心前提提供了实质性支持：

企业对利益相关者表示友善，这是有史以来商业企业运用的最具决定性的竞争差异手段之一。

假设 A 和 B 两家企业都施行了良好的管理，我们认为，如果 A 企业的利益相关者比 B 企业的利益相关者更认为自己对该企业具有情感的话，那么从长远来看，A 企业的发展将超过 B 企业；A 企业的收益很可能高于 B 企业；客户会掏更多的钱来购买 A 企业的产品，因为他们对该企业及其产品充满热爱。户外服装及装备生产商巴塔哥尼亚发现了这一点。巴塔哥尼亚是一家深受客户喜爱的企业，它的客户要支付平均超过其竞争对手价格 20% 或以上的溢价，这有助于它实现接近 50% 的毛利润率。[45]

在我们的意识中，情感并不是虚无缥缈的，它们是具体的生理状态，是身体状态变化引起的关联性的试金石。肾上腺素的流动、心跳、血压、皮肤电反射、呼吸、分泌唾液以及其他身体状态方面的变化都会产生情感。事情越重要，情感反应就越强烈。在没有情感反应来使我们从内心和认知上与某事物建立联系的情况下，我们可能不会对该事物有任何的亲和力。当然，我们也就无法对这样的事物产生情感。

不能以积极的方式唤起客户情感回应的品牌或企业将不会使客户产生真正的忠诚，对员工来说同样如此。员工与企业的关系并不像许多管理者所认为的那样，是基于薪酬和福利等左脑定量问题的，而更多的是基于认可与欣赏等右脑定性问题的。当然，高薪水和慷慨的股票期权给予可能会使员工留在薪资名单上（只要能稳住股价），但缺乏认可与欣赏的话，员工就不会与企业建立情感上的联系。没有情感上的联系，员工也就不会对企业倾尽全力；他们就不会有参与感、被激励感、合作积极性、创造力、快乐感或满足感；他们就会很少去关心客户的福利，并会向任何愿意听的人抱怨企业的不好。

随着弗雷德里克·赖克哈尔德（Frederick Reichheld）的《忠诚效应：增长、利润与持久价值背后的隐形力量》（*The Loyalty Effect: The Hidden Force Behind Growth, Profits and Lasting Values*）在 1996 年出版，与客户、员工和股东忠诚度有关的主题开始引起关注。[46] 但在该书中，赖克哈尔德没有讨论情感在培养利益相关者忠诚度方面的作用。情感一直是有待商业学者、企业高管、经济学家和华尔街承认的"客厅中的大象"。丹尼尔·戈尔曼在让商界意识到这头大象的存在方面取得了重大进展。

反思爱因斯坦那句与解决旧意识所产生的问题有关的名言，将使企业成功进入新商业境界的新意识是：所有现实都与个体有关，并充满了有关爱的情感。有人认为，"客观性"是科学的一种过度做作。还有人认为，在"超越时代"，只有"主观性"才能赢得利益相关者的忠诚和情感。我们需要找到将"主观性"和"客观性"结合起来的正确方法。

注释

1. Claudia H. Deutsch, "New Surveys Show That Big Business Has a P. R. Problem", *The New York Times*, December 9, 2005.
2. Jeffrey M. Jones, "Americans Most Confident in Military, Least in Congress", GALLUP News Service, 2011. http://www.gallup.com/poll/148163/Americans-Confident-Military-Least-Congress.aspx.
3. Regina Corso, "Big Companies, PACs, Banks, Financial Institutions and Lobbyists Seen by Strong Majorities as Having Too Much Power and Influence on DC", The Harris Poll #65, Harris Interactive, 2011. http://www.harrisinteractive.com/NewsRoom/HarrisPolls/tabid/447/ctl/ReadCustom%20Default/mid/1508/ArticleId/790/Default.aspx.
4. GfK Custom Research North America, "State of Distrust—New Survey Indicates Corporate Trust Waning Among Influential Americans", GfK 2011 Corporate Trust Survey, 2011.
5. The Futures Company, Tom Morley, email to author, "State of the Consumer", 2011 U.S.

Yankelovich Monitor, 2011.

6. Craig Wood, "2004 Yankelovich State of Consumer Trust: Rebuilding the Bonds of Trust", Yankelovich, Inc., 2004.

7. 在讨论重建被德国闪电战严重破坏的下议院时，温斯顿·丘吉尔拒绝了大规模重建这类"神圣场所"的提议，他认为应在一个宜于密切关系发展的方式下重建下议院，以促进面对面辩论的民主进程。这位伟人说："人塑造建筑物，然后建筑物塑造人。"

8. 请参阅沃尔特·艾萨克森（Walter Isaacson）的著作《史蒂夫·乔布斯传》，了解苹果公司对此的描述和举例。

9. John L. Perry, "What Matters Most", http://www.newsmax.com/archives/articles/2003/6/18/155248.shtml, Jun. 18, 2003.

10. Rick Warren, *The Purpose Driven Life: What on Earth Am I Here For?* Zondervan Publishing, 2002.

11. Mihaly Csikszentmihalyi, *Good Business: Leadership, Flow and the Making of Meaning,* Penguin Group, 2004; William Greider, *The Soul of Capitalism: Opening Paths to a Moral Economy*, Simon & Schuster, 2004; Richard Barrett, *Liberating the Corporate Soul: Building a Visionary Organization*, Butterworth-Heinemann, 1998; and Marc Benioff and Karen Southwick, *Compassionate Capitalism: How Corporations Can Make Doing Good an Integral Part of Doing Well*, Career Press, 2004.

12. Erich Fromm, *To Have or To Be?* Bantam Books, 1981.

13. 以其主席、挪威人格罗·哈兰德·布伦特兰（Gro Harland Bruntland）的名字命名的布伦特兰委员会由来自 22 个国家的代表组成，该委员会推广了"可持续性"一词，并于 1987 年在提交给联合国大会的最终报告《我们共同的未来》（*Our Common Future*）中给出了"可持续性"的定义。

14. 与人们的普遍认识相反，马斯洛并没有创造"自我实现"（*self-actualization*）一词或者创立"自我实现"理论。他是在会见神经学家科特·戈德斯坦（Kurt Goldstein）之后才使用"自我实现"这个词及相关概念的。戈德斯坦在其著作《有机体论》（*The Organism*）（1934 年）中介绍了该词及相关概念。对第一次世界大战中脑外损伤士兵的研究形成了戈德斯坦"自我实现"理论的基础。他指出，许多士兵（大多数在 20 岁上下）已经形成了他们的世界观，戈德斯坦和其他人通常把这些世界观与 60 岁及以上的老年人联系在一起。戈德斯坦认为，脑外损伤加速了这些士兵发展潜力。

15. Abraham H. Maslow, *Toward a Psychology of Being*, Van Nostrand Reinhold, 1968. p. 26. Explanations in italics added by authors.

16. http://www.ga-institute.com/nc/issue-master-system/news-details/article/number-of-companies-in-sp-500R-and-fortune-500-Rreporting-on-sustainability-more-than-doubles-1.html.

17. Milton Friedman, " The Social Responsibility of Business is to Increase it Profits " , *New York Times Magazine*, September 13, 1970.

18. Guerrera, Francesco, " Welch rues short-term profit ' obsession '" , *Financial Times*, March 12, 2009.

19. Joel Bakan, *The Corporation, the Pathological Pursuit of Profit and Power*, Free Press, New York, 2004, pg. 31.

20. See John Mackey and Rajendra Sisodia, *Conscious Capitalism: Liberating the Heroic Spirit of Business,* Harvard Business Review Publishing, 2013.

21. Daniel Pink, " Will Search for Meaning Be Big Business?" , Oct. 17, 2005, http://finance. yahoo.com/columnist/article/trenddesk/1228.

22. Marc Gunther, "Money and Morals at GE" , *Fortune,* November 1, 2004.

23. Jim Collins, *Good to Great,* HarperCollins, New York, 2001, pg. 195.

24. Ann Zimmerman, " Costco's Dilemma: Be Kind to Its Workers, or Wall Street?" , *The Wall Street Journal,* March 26, 2004.

25. Stanley Holmes and Wendy Zellner, " The Costco Way " , *Business Week,* April 12, 2004, pp. 76–77.

26. Michelle Conlin, " At Costco, Good Jobs and Good Wages" , *Business Week Online,* May 31, 2004.

27. Peter Salovey and John D. Mayer (1990), " Emotional Intelligence " , *Imagination, Cognition and Personality,* Volume 9, Issue 3, pp. 185–211; Daniel J. Svyantek and M. Afzalur Rahim (2002), " Links Between Emotional Intelligence and Behavior in Organizations: Findings From Empirical Studies " , *International Journal of Organizational Analysis,* Volume 10, Issue 4, pp. 299–301.

28. Howard Gardner (1983), *Frames of Mind: The Theory of Multiple Intelligences,* Basic Books; Daniel Goleman (1995), *Emotional Intelligence: Why It Can Matter More Than IQ,* Bantam; Daniel Goleman (1998), *Working with Emotional Intelligence,* Bantam.

29. Cliona Diggins (2004), " Emotional Intelligence: The Key to Effective Performance " , *Human Resource Management International Digest,* Volume 12, Issue 1, pp. 33.

30. Stephen Bernhut (2002), " Primal Leadership, with Daniel Goleman " , *Ivey Business Journal,* May/June, Volume 66, Issue 5, pp. 14–15.

31. Ranjit Voola, Jamie Carlson, and Andrew West (2004), " Emotional Intelligence and Competitive Advantage: Examining the Relationship from a Resource-Based View" , *Strategic Change,* Mar/Apr, Volume 13, Issue 2, pp. 83–93.

32. Susan P. Gantt and Yvonne M. Agazarian (2004), "Systems-Centered Emotional Intelligence: Beyond Individual Systems to Organizational Systems " , *Organizational Analysis,* Volume

12, Issue 2, pp. 147–169.

33. Mike Bagshaw (2000), "Emotional Intelligence—Training People to be Affective so They Can be Effective", *Industrial and Commercial Training,* Volume 32, Issue 2, pg. 61.

34. L. Melita Prati, Ceasar Douglas, Gerald R. Ferris, Anthony P.Ammeter, and M. Ronald Buckley (2003), "Emotional Intelligence, Leadership Effectiveness, and Team Outcomes", *International Journal of Organizational Analysis,* Volume 11, Issue 1, pp. 21–40.

35. Prati et al, *op. cit.*

36. Stephen Bernhut (2002), "Primal Leadership, with Daniel Goleman", *Ivey Business Journal,* May/June, Volume 66, Issue 5, pp. 14–15.

37. http://hbr.org/2005/12/heartless-bosses/ar/1.

38. 同上，pg. 59.

39. 同上，pg. 59.

40. 这是个常识性概念（要归功于爱因斯坦），我们的描述稍有改动。不过，我们不能确定其确切的原文，更不用说它首次出现在何处了。但这关系不大，知道它是一种重要且有用的智慧就行。

41. Daniel Goleman, *Working with Emotional Intelligence,* Bantam Books, 1998.

42. 本书作者戴维·沃尔夫所著的《服务永恒市场》（麦格劳－希尔出版公司，1990 年）是第一本将神经科学与营销联系起来的商业图书。自该书出版，脑科学成为市场营销思想中的主角。脑科学与市场营销的结合通常被称为神经营销（*neuromarketing*）。到目前为止，全球的所有消费品牌很可能都已经开始从脑科学角度来看待消费者，热点领域是情感。

43. Possidonia F. D. Gontijo, Janice Rayman, Shi Zhang, and Eran Zaidel, *Brain and Language,* Vol. 82, Issue 3, Sep. 2002, pp. 327–343.

44. 认知科学中的理性与情感之间的界线在不断淡化，这门智力科学考察的是诸如推理、规划、解决问题、抽象思考、理解思想和语言以及学习等心理能力。大脑皮质层区域情感能力缺乏的人，其大脑推理过程会存在很大缺陷。理性使我们能把感性阅读及其所引起的情感转化为抽象概念，这些概念随后可被我们称之为"思考"的过程从精神上加以操纵。然而，有明显的迹象表明，这种操纵的结果必须由情感来"评判"，并且只有在情感确定结果"感觉"正确时，这些结果才会被吸收进一个人的世界观和信仰体系。

45. Forest Reinhardt, Ramon Casadesus-Masanell, and Debbie Freier, *Patagonia,* Harvard Business School Case 703035.

46. Frederick F. Reichheld, *The Loyalty Effect: The Hidden Force Behind Growth, Profits, and Lasting Value,* Harvard Business School Press, 1996.

第3章 | FIRMS OF
应对无序 | ENDEARMENT

1993年4月的某一天，伦敦国家剧院正在上演《阿卡迪亚》，汤姆·斯托帕德这部戏剧中的人物瓦伦丁当着观众的面首次喊出了"未来一片混乱"。20年后，这一预言果真在商业世界中得到了应验。在接踵而至的多种技术革命、广泛的全球化、客户偏好的量子变化以及快速发展的价值体系的推动下，几乎所有主要行业都面临着巨大的变化和新的挑战。

西方人习惯于用武力应对无序：迎上去，征服它，将它控制住，并不惜一切代价恢复秩序。呃，你要怎么控制风呢，朋友？

两个多世纪以来，商业运营一直受到"牛顿科学"的影响。"牛顿科学"的发展回应了人类对充分理解自然力的不懈渴望：即便无法征服和控制这些自然力，对它们加以利用也是好的。企业管理者看待市场的方式与此大致相同，不过，传统的征服和控制思想正在失去影响力。宝洁公司董事长兼首席执行官雷富礼（A. G. Lafley）承认了这一点，他说道："我们需要重塑对消费者的营销模式。我们需要一种新模式，不过这种模式目前还不存在，**还没有哪家公司实施了这样一种模式**。"[1]

我们离这种新的营销模式也许没有雷富礼想的那么遥远，本书介绍的美好企业就拥有可靠的市场营销模式。在很大程度上，这些模式几乎不依赖传统营销，例如：星巴克和谷歌已是非常有价值的全球品牌，但它们几乎没做过广告；新百伦的营销支出占销售额之比远低于其他大型运动鞋公司；总部位于波士顿的乔丹家具，其每平方英尺销售空间的总收入是美国平均水平的5倍左右，但它花在营销方面的钱却不到家具零售商平均水平的1/3。

当企业不能再像过去那样控制市场时，它们就会遇到无所不在的经营挑战。互联网和其他先进信息技术的发展使大众拥有了巨大的力量，从而能够有效制衡企业对他们的思维和钱包进行控制的企图。这改变了营销和管理规则，并赋予了新的组织架构以生命。

美好企业以不同的方式反映了自然生态系统的流动性结构特征，它们没有采用受"牛顿科学"启发并长期居于组织理论核心的层级思维控制模式，而是利用控制"复杂适应性系统"（即为了应对持续变化的需求及环境改变而不断重塑的实体网络）的自然法则超越了这一传统。

"复杂适应性系统"是生物学家用来描述自组织系统的一个术语。与蚁群和生态系统一样，互联网也是自组织系统：没人去管理它，但它神奇地运转着。现在，越来越多的企业开始接受自组织理念，但这并不意味着这些企业没有行政指导和领导，而是这些企业高层的领导方式要比下指令更具有催化性和启发性。确保事务正常运作的领导权被下放到了更低层级，这种领导权的实现通常不是靠哪个单独的个体，而是依赖整个团队。通用电气在北卡罗来纳州达勒姆市的喷气式引擎工厂就是这样一个地方：没有厂长，普通工人管理着从工艺改进和工作计划安排到加班预算等一切事务。[2]令我们这些经常乘坐飞机的人高兴的是：在这个无人领导的工厂里，产出的次品比传统工厂要少。那些毫无实际操作经验的管理者再也不能决定这家工厂的车间事务了。

《连线》（*Wired*）杂志创始主编凯文·凯利（Kevin Kelly）在其多彩的《失控：全人类的最终命运和结局》（*Out of Control: The New Biology of Machines, Social Systems and the Economic World*）一书中预测：自组织系统会取代僵化的公司层级制。随着信息技术对人类文化体系的网络化重塑，凯利说的这种情况最终将出现。[3]凯利认为"失控"就是"自由控制"，就是个人从阻碍其充分发挥潜能的组织约束中得到解放，就是个人自由地超越困扰其内在自我的烦人的日常生活。

为了发挥人的"超越能量"，美好企业的领导者会像遭遇强风暴的熟练舵手那样，有意或无意地协调他们的组织。不过，他们拒绝传统的"命令与控制式"商业模式；当大自然在召唤时，他们不会跑到管理人员休息室，和身份相同的人喝咖啡闲聊；公司高管职位（如果空缺的话）向所有人（包括收发室的员工）开放；在花公司的钱使客户带着满意离开这方面，各层级员工都获得了广泛的授权。众所周知，西南航空的空乘人员可以送给感觉受到委屈的乘客一张免费机票。在 L.L.Bean，如果一名客户想将一件厚呢短大衣退回，L.L.Bean 的员工可以给她换件新的。美好企业的领导层深知：拥有非凡自信的员工会有非凡的超越表现，受到高度重视的员工的表现通常远远胜过竞争对手的员工（仍在传统的"命令与控制"模式下流汗工作）。

在自然生态系统中，各系统参与者之间的关系最终要归于平衡。没有平衡，一个生态系统就无力支撑它的利益相关者发展，整个系统最终会土崩瓦解。

与将这个或那个利益相关者群体视为最重要的利益相关者群体的做法不同，美好企业关心的是它运营所在的整个经济生态系统的福祉。一个经济生态系统如果不健康的话，会使所有利益相关者的利益面临风险。美好企业并不专注于它自身的利益或任何单一利益相关者群体的利益，相反，它考虑的是以整个生态系统为中心的整体利益。全食超市的利益相关者整体观（在它的"相互依存宣言"中有描述）就体现了这一点。

在撰写《商业生态学》（*The Ecology of Commerce*）一书几年之后，史密斯 & 霍肯园艺用品公司的联合创始人保罗·霍肯又与人合著了《自然资本主义》（*Natural Capitalism*）（1999 年）。《自然资本主义》是企业运营方式应发生划时代变革的宣言，该书呼吁企业在使世界变得更美好的过程中发挥更大的作用。自然资本主义是一种"利用企业能力来解决世界最深层的环境及社会问题"的机制。[4]

当然，这并不是米尔顿·弗里德曼所说的资本主义模式。

《第五项修炼》（*The Fifth Discipline*）的作者彼得·圣吉（Peter Senge）说道："如果说亚当·斯密的《国富论》是第一次工业革命的圣经，那《自然资本主义》很可能成为下一次工业革命的圣经。"[5] 不管圣吉的话是不是先知先觉，《自然资本主义》一书只是众多迹象之一——这些迹象表明，企业将在解决过去主要由政府解决的问题方面发挥越来越大的作用。

霍肯与其合著者写道："我们认为，这个世界处在商业环境发生根本变化的临界点上。那些忽视自然资本主义信息的企业无疑是在自掘坟墓。"宝马、巴塔哥尼亚和星巴克等美好企业已给我们指明方向：宝马是企业可持续发展方面的全球引领者，它在解决社会问题方面超越了自身的直接利益，例如它提出了预防青少年暴力犯罪的计划；巴塔哥尼亚自征了约占销售额 1% 或利润 10%（以数额较大的一项为准）的"地球税"；为了帮助维持小型家庭农场的生存，星巴克推出了"咖啡豆购买计划"。

信息沟通面临的挑战

约翰尼斯·古登堡（Johannes Gutenberg）在 1450 年左右发明活字印刷术之后，信息传递的民主化进程便开始了。然而，在随后的五个半世纪里，流向公众的信息仍然受到信息发起者的控制。就像教会曾经做过的那样，政府往往在允许大众接触哪些信息方面有着极为严格的规定；同样，企业制定了严格控制沟通的政策。法律顾问们在这方面发挥了很大的作用，他们将欧里庇得斯（Euripides）约在 2500 年前所写戏剧《俄瑞斯特斯》（*Orestes*）中的名言"多言惹祸"发挥到了极致。但是，互联网的出现使企业的这种信息霸权土崩瓦解，信息权力的天平现在倾向了大众，这就改变了企业与其利益相关者（尤其是客户）之间的沟通规则。

现在的市场已经不再是由商业企业控制的独角戏了，而是由对话主导。人们前所未有地谈论着自己为哪家企业工作、购买哪家企业的产品以及投资哪家企业，这种现象迫使企业不得不提升运营的"透明度"。但正如美好企业认识到的那样，提升"透明度"对致力善待利益相关者、体贴人的企业来说并不是问题。"透明度"可帮助客户、员工及其他利益相关者建立起对企业的信任，被证明是一种激励员工的有效力量。

尽管是一家私营企业，但运动鞋生产商新百伦仍与员工分享生产及财务数据，它这样做的目的是想让员工对自己的产出以及他们和企业所面临的竞争挑战有清晰的认知。看到对比结果后，员工会在心中确定他们要追赶的绩效标杆，而鼓舞人心的领导者激励着他们不断提高产出水平。新百伦董事长吉姆·戴维斯（Jim Davis）认为，新百伦美国工厂的生产效率之所以是其签约的海外运动鞋生产工厂的 10 倍，信息开放是一个主要原因。我们将在第 4 章"员工：从资源到能量源"中对此详细描述。

在 2013 年 10 月 31 日之前还是私营企业的货柜商店也与员工分享了详细的财务数据，这使员工与管理层和管理目标之间的联系得到强化；同时，这表明管理层充分信任员工，否则就不会与他们分享被大多数私营企业视为最高机密的数据。

"透明度"还能减少企业在面临外部威胁时的脆弱性。强生公司在处理 1982 年的那场危机时深刻认识到了这一点。那一年，有人将氰化物塞入了强生芝加哥地区商店货架上的泰诺（Tylenol）药瓶。这场危机始于伊利诺伊州埃尔克格罗夫村 12 岁小女孩玛丽·凯勒曼（Mary Kellerman）的神秘死亡。在接下来的两天里，又有 6 人（其中 3 人来自同一个家庭）神秘死亡。很快，人们发现罪魁祸首是泰诺。在铺天盖地的媒体报道之下，一个可怕的地方事件竟然演变成了一个全国性的恐慌事件——泰诺品牌面临着被扔进历史垃圾堆的巨大耻辱。广告专家杰瑞·德拉·费米纳（Jerry Della Femina）声称："也许会有哪个广告人认为自己能解决这个问题。如果你们找到了这个人，那么我想雇用他，因为我想请他帮我把水变成葡萄酒。"[6]

强生公司首席执行官詹姆斯·伯克（James Burke）与费米纳的看法一致：这个问题太棘手了，靠广告不可能解决。于是，伯克决定走"透明度"路线，不对媒体隐瞒任何东西——包括迈克·华莱士（Mike Wallace）及其《60 分钟》节目摄制组在内的媒体都受邀参加了为处理此次危机而举行的一场没有事先布置的会议，会议及稍后的新闻发布会在黄金时间段举行。沃尔特·克朗凯特（Walter Cronkite）的晚间新闻是强生公司的一个主要"阵地"，因为民意调查显示，克朗凯特是美国最值得信赖的人。伯克认为，克朗凯特的观众会相信他报道的强生公司公开的会议及新闻发布会呈现的事件描述。这一危机处理故事中的其余部分已成为历史，而泰诺品牌得救了。在更抽象为防篡改包装并恢复上架销售后，泰诺甚至获得了更多的市场份额。

伯克的做法似乎增加了强生公司的脆弱性——可能确实是这样，但是，伯克的做法同时降低了强生公司所面临的风险，风险并没有随着脆弱性的增加而必然地上升。事实上，像"泰诺事件"呈现的一样，脆弱性增加反而有可能降低风险。

著名的《互联网的本质》（*The Cluetrain Manifesto*）一书谈到了"市场即对话"。[7] 大多数人认为这是互联网主流化的结果，但是在互联网成为主流之前，伯克就通过与媒体和市场的对话很好地解决了"泰诺问题"。实际上，互联网使对话的可选性降低了。可惜，并非所有企业都掌握了有效对话的关键原则，我们将之总结为四项原则。

原则一：在开展业务前建立一种积极的关系（或加强现有关系）

强生公司通过邀请媒体深入探访企业内部，使一种原本可能产生的敌对关系转变为一种积极发展的关系。这种积极关系先在媒体上并最终在市场上产生了积极的结果。

通过善待利益相关者，美好企业赢得了非凡的忠诚度，这意味着一切都会有积极的结果：客户买得更多，员工工作更富有成效和创造性，供应商反应更迅速，社区更热情，股东对他们的投资更满意。

原则二：愿意展示出自己的脆弱

此原则亦可称为透明性原则。毫无疑问，许多企业的法务部门并不喜欢这一原则。但是，这一原则对于通过与利益相关者的对话来取得最佳结果至关重要。当对话一方退缩时，另一方通常也会这样做。表明会承担战略风险有助于建立和维持信任，对愿景和使命的描述通常是为了建立信任，但其中有多少表明了企业愿意展示自己的脆弱呢？

美好企业的领导者以极大的热情实践着这一原则。例如，通过召开"畅所欲言会议""*waigaya*",本田将企业管理中的脆弱性以一种仪式化的方式呈现。在这类会议上,为了促使问题得到解决,员工的级别被暂时放到了一边。"*waigaya*"允许员工质疑上司制定的任何政策、程序或做出的任何决定。全食超市、哈雷戴维森、L.L.Bean 以及大多数其他美好企业也拥有它们各自版本的"*waigaya*"。

原则三:培养相互的同理心,利益相关者会因此对企业的同理心给予同等回馈

在《全新思维》一书中,丹尼尔·平克将同理感列为他所称的"概念时代"(与"超越时代"并行)的"六感"之一。与所有客户都渴望得到理解一样,所有员工、供应商和业务合作伙伴同样渴望得到理解,这种渴望源于人们对彼此关系的期待。那些没有从同理心角度去理解利益相关者期待的企业,其利益相关者的忠诚度不可避免地会很低。

当在商业环境中听到"同理心"一词时,一些企业的"左脑型"合作者也许会不屑一顾。即使是这样,这些人仍然会很欣赏忠诚所带来的经济价值。实际上,忠诚不过是情感的另一种说法而已,而同理心能产生情感。就像给西红柿施肥一样,向客户、员工及其他利益相关者表达同理心会使利益相关者与企业之间的关系发展、开花并结果。

对"与客户建立有同理心的关系的价值是什么"的讨论非常多(尤其是在销售培训方面),但是,对"鼓励客户与企业建立有同理心的关系的价值是什么"的讨论非常少。关于"客户与企业有同理心的关系所能产生的价值",为军人及其家庭提供服务的保险业巨头 USAA 有故事可以分享。出于对战争给军人家庭造成的困难的同理心理解,在第一次海湾战争后,USAA 决定做些事情:它退回了那些前往海湾地区的投保人在回家之前的这段时期所交的保费。但是,约有 2500 名投保人将 USAA 的退款寄回了 USAA。与退款一起寄回的还有他们简短的感谢信,他们说"谢谢",并表示为了帮助 USAA 维持良好的财务状况还是选择将 USAA 的退款寄回。

33 年前,当全食超市联合创始人约翰·麦基刚开始从事天然食品业务时,一场暴雨引发的洪水淹没了他在得克萨斯州奥斯汀市的第一家商店，他觉得他的梦想变成了梦魇。当他在回想残忍的"上帝之手"是如何摧毁他的事业时，很多客户从四面八方赶来，帮他重建商店。麦基对客户的同理之情得到了客户对他处境的同理回应。

我们被大量复杂和混乱的事物淹没，这种复杂和混乱既体现在商业上，又体现在日常生活上。企业可以帮助客户及员工找回简单和有序，而与他们建立同理心的联系有助于实现这一目标。乔之店明白这一点。乔之店的门店比较小（约 1 万平方英尺），并且只能容纳约 2000 种（一般超市平均可容纳 3 万种）商品。但乔之店的老主顾们既不贪念别的超市的规模，也不贪念别的超市提供的过于丰富的选择。实际上，有人开玩笑地说，在乔之店可以呼吸到新鲜空气。借助这种老套的唐浩式（Don Ho-type）幽默，乔之店为客户提供了在复杂和混乱中喘息的机会。

原则四：进行真正的互惠对话

互惠对话有助于建立良好且持久的友谊。一个人发表看法，另一个人对听到的内容做出回应——双方都可时而向对方表达想法，以表明不仅有人在听他（或她）讲，而且其在对方那里产生了影响。客户和员工可能会从发牢骚中获得某种满足，而如果他们知道有人不仅在听他们说，而且因为他们的话而被影响，那么他们就会得到更大的满足。

美体小铺（The Body Shop）起初并不依靠传统的市场研究，但是，安妮塔·罗迪克（Anita Roddick）坚持通过各分店的意见箱来倾听客户的抱怨。在将客户的这些抱怨收集起来并进行仔细分类的同时，工作人员会给每位留言的客户写针对其个人的回复。通过这种方式，罗迪克和她的员工践行了有效对话的第四项原则。

❖❖❖

是的，我们正在经历前所未有的商业世界的剧变，这种剧变在我们周围埋下了混乱的种子。但是，如果一家企业的领导者不仅拥有高水平的管理能力，而且能以有超越性的愿景（我们在美好企业中看到这种愿景普遍存在）不断激励员工、客户、供应商、股东及企业运营所在社区，那么这家企业的未来就会一片光明。

注释

1. Jack Neff, "P&G chief: We Need New Model—Now", *Advertising Age,* Nov. 15, 2004.

2. Charles Fishman, "How Teamwork Took Flight", *Fast Company,* Oct. 1999, pg. 188.

3. Kevin Kelly, *Out of Control: The New Biology of Machines, Social Systems, and the Economic World,* Addison-Wesley Publishing, 1994, pg. 28.

4. Paul Hawken, Amory Lovins, and L. Hunter Lovins, *Natural Capitalism,* Back Bay Books division of Little, Brown and Company, Boston, 1999, Preface, pg. ix.

5.《自然资本主义》封底评论。

6. Jerry Knight, "Tylenol's Maker Shows How to Respond to Crisis", *The Washington Post,* October 11, 1982.

7. Rick Levine, Christopher Locke, Doc Searls, and Dave Weinberger, *The Cluetrain Manifesto: The End of Business As Usual,* Perseus Books, 2000.

韦格曼斯食品超市连续 16 年被《财富》杂志评为"100 个最佳工作地"，其中连续 11 年跻身前 10 名，并在 2004 年获得第一。对一个在以利润微薄、工资低且员工流动率高而出名的行业中经营的企业来说，能有如此大的成就真是令人赞叹不已。这家企业培养了非凡的客户忠诚度。哥伦比亚广播公司《财富观察》栏目的一名撰稿人问道："它是世界上最好的企业吗？我不知道这家企业还能如何变得更好。他们的顾客十分忠诚，并会告诉你，他们觉得韦格曼斯就是'自己家的店'。演员亚历克·鲍德温（Alec Baldwin）告诉大卫·莱特曼（David Letterman），他母亲拒绝离开纽约州北部，因为洛杉矶没有韦格曼斯。"[1]

韦格曼斯的理念是"优秀的人朝共同的目标努力，就能够完成他们计划去做的任何事情"。在竞争激烈的超市行业中，韦格曼斯因注重客户体验使自己与众不同：销售 6 万种不同的产品，这比一般超市多出 2 万种；许多门店有玩耍区，这样父母可以不带着小孩购物；100～200 个座位的超市咖啡屋可以为顾客提供各种美食。[2]

大多数零售商有意雇用能被轻易替代的低技能员工，以在接受（甚或欢迎）较高员工流动率的同时保持低工资。然而，美好企业的想法与此相反。它们提供的确凿证据表明，高工资和高福利实际上能降低与员工相关的成本。这种看似矛盾的结果可以通过降低员工招募成本和培训成本及提高生产率来实现。

并不是只有韦格曼斯一家企业相信"如果照顾好员工，那员工就会更好地服务客户"。与其他美好企业相比，韦格曼斯的特别之处在于其传播这一理念的广度。这家家族经营企业支付的工资比行业平均水平高很多，此外，它为员工提供了负担得起的健康保险以及一项401（k）计划。根据该计划，这家企业将员工的缴税金额按50美分为1美元计算，以达到所允许的税收限制点。

在韦格曼斯，兼职员工的表现通常也非常出色。高中生收银员和装袋工可以在4年里获得高达6000美元的奖学金。[3] 在过去27年里，韦格曼斯为25 000多名全职员工和兼职员工支付了8100万美元的大学奖学金。

这家市值近60亿美元的企业为所有员工提供了广泛的培训。其首席执行官丹尼·韦格曼（Danny Wegman）说道，知识渊博的员工"是我们的竞争对手所不具有的，也是我们的顾客不可能在其他地方遇到的"。[4] 他们不仅仅通过阅读或参加当地课程获得各方面的知识，而且"许多部门主管远赴海外，在法国的糕点店工作；或者去乡村旅行，学习制作奶酪"。[5]

韦格曼斯人事副总裁凯伦·谢德斯（Karen Shadders）说道："如果我们照顾好员工，他们就会照顾好顾客。如果员工不能照顾好他们的家庭，他们就无心工作。重点是解放员工，使他们更富有成效。我们的工资和福利不低于竞争对手，这有助于我们吸引更高水平的员工。"她又说："优秀的员工确保了更高的生产率，而这又会转化为更好的最终盈利结果。"[6]

韦格曼斯对员工非常信任，若员工觉得有必要，他可以自由采取行动（无须请示经理），以确保顾客在离开门店时感到十分满意。有一次，在得知一位顾客的烤箱放不下其所买的火鸡后，韦格曼斯的一名员工就在店里为她做好了这只感恩节火鸡。还有一次，一位韦格曼斯的厨师去顾客家里，帮助她为客人做出了一顿丰盛的晚餐。在厨师到达前，这位顾客已经把厨房弄得一团糟了。[7]

韦格曼斯的经验表明，员工的忠诚度与企业对员工的信任有着直接的联系。它每年的全职员工自愿流动率仅有6%，而这个行业的兼职员工年平均流动率超过了100%，全职员工的年平均流动率也有20%之多。

这家企业几乎只从内部提拔管理人员，一半以上的门店经理是从少年时期就开始在韦格曼斯工作的。这家企业主要是从现有门店中挑选优秀员工来为新店配备员工，并在开设新店前对所有员工进行广泛的培训。这家企业仅为弗吉尼亚州杜勒斯市的一间新店培训员工就花费了 500 万美元。2014 年到马萨诸塞州伯灵顿市的一家新店任职的一名经理说，在为这家企业服务的 27 年里，他参加了 87 门不同的训练课程。[8]

韦格曼斯的直接劳动力成本约为销售额的 15%～17%，明显高于一般超市的 12%。当然，如果韦格曼斯是一家上市企业，那它肯定会因所支付的工资超出大多数竞争对手所支付的 25% 而遭到一些分析师的严厉批评。然而，研究证明，超市行业的年营业额成本占其年利润的比例要超过 40%。[9]难怪其联合创始人沃尔特·韦格曼（Walter Wegman）的儿子、公司前总裁罗伯特·韦格曼（Robert Wegman）说："我的付出从未超过我的所得。"

韦格曼斯支付的工资比其大多数竞争对手要高，那么它从中获得了什么呢？毫无疑问，答案与大多数食品杂货行业分析师所认为的大相径庭。韦格曼斯的营业利润是其他大型食品杂货店的两倍，其每平方英尺的销售额比行业正常水平高出 50%。

在谈到员工的重要性时，罗伯特·韦格曼说道："当我探访我们的门店时，顾客拉住我说，'韦格曼先生，你有一家很不错的店，但你的员工更棒'。"[10]考虑一下在广告和其他营销成本方面节省下来的钱，我们就知道为什么要联系实际情况对员工薪酬做出评价：员工薪酬并不是独立存在并变化的。员工要么从企业的各个方面受益，要么从各个方面加重企业的负担。他们这样或那样表现的程度主要取决于企业文化以及企业领导层如何看待他们对企业的价值。

美好企业将意义融入员工工作

曾经有一段时间，工作对大多数人而言只是挣钱的手段。那时工作一般都是苦差事，而且工作环境也往往是非人道的。随着时间的推移，尽管工作环境得到了巨大的改善，但工作本身对绝大多数人来说仍是无聊、重复和单调的。

盖洛普咨询公司在调查员工敬业度方面是同类企业中的佼佼者。它的调查结果表明，一般企业的境况相当惨淡：在 2000～2012 年的 13 年间，美国企业的平均员工敬业度只有 26%～30%；被描述为"怠业"（换句话说，极不快乐甚至对企业怀有敌意）的员工比例高达 16%～20%。这一现状令人震惊，同时指出了人类的潜力正在被极大地、可悲地浪费。这种现状，无疑要归咎于企业领导者，因为他们中的大多数没能创造出一种使人们发挥潜能并真正茁壮成长的环境。

在"超越时代"，人们更多地从其工作中寻找薪酬之外的东西；他们渴望货币收入的同时渴望"精神收入"。因为互联网的出现，人们的教育水平得到提升，也越来越意识到当下面临更多的生活选择和可能性。人们越来越多地渴望能让他们全身心投入的工作，渴望能满足他们情感和社会需求的工作，渴望有意义的工作——简而言之，人们渴望他们的工作能产生心理回报。发生在"超越时代"早期的文化转变，其象征是人们渴望将他们的工作看成一种"呼唤"，一种他们生来就要去做并能够满足更高层次需求的事情。这在很大程度上使得美好企业的商业模式具有了鼓舞人心的特征。美好企业的员工感受到了一种呼唤，呼唤他们帮助客户拥有更美好的生活，呼唤他们力所能及地改变社会和我们生活的这个星球，并使一切变得更好。

员工为其所在社区乃至整个世界服务是在做正确的事情，因此，美好企业的领导者对这样的行为是予以引导、鼓励、奖励、认可并称赞的。企业履行社会责任的最佳方式并不是向慈善团体捐款，而是使企业的每名员工都致力于"盈利目标"之外有意义的追求。在美好企业中，人们通常会看到高管、管理人员及一线员工肩并肩工作，他们通过共享服务与所有利益相关者群体中的其他群体建立了不可动摇的联系。这培养了企业内部的合作与支持感，使员工相互帮助以取得成功，而不是将彼此视为前进中的对手。

巴塔哥尼亚制订了一项环境实习计划，根据该计划，员工一年当中约有两个月的时间担任他们所选环保组织的志愿者，这期间的工资及福利企业全额照发。哈雷戴维森基金会动用了约 50 名员工帮助审核赠款并引导企业赠予。户外用品零售商 REI 也在为社区组织提供支持（2012 年的捐赠为 400 万美元），不过它仅向员工提名的组织赠款。巴塔哥尼亚、哈雷戴维森、REI 等企业开展的所有这些活动并不仅仅是在以另一种方式履行企业社会责任。美好企业的其他组成部分，以及围绕具有明确社会责任的人力资源活动所建立的 SRM 模式，构成了一个战略体系，该体系能削减成本、提高生产率、得到更胜一筹的客户及员工忠诚度，能使这些企业始终如一地超越竞争对手，并带给股东非同一般的回报。

极为诱人的工作环境，以及远超行业平均水平的工资和福利待遇，使美好企业在员工招募方面表现出高度选择性。不过，要考虑的一个有趣问题是：员工招募中的这种高度选择性究竟是这些企业成功的"因"还是"果"？如果招募中的这种敏锐选择性是推动美好企业成功的因素之一，那么员工技能较低的企业将无法复制美好企业的成功。这也表明，美好企业的数量最终将受到劳动力市场中可用高技能员工数量的限制。从另一个角度看，如果这是美好企业存在方式所产生的"果"，那么其他企业实际上就有可能效仿美好企业并取得成功。日产企业（Nissan）在这一点上给我们上了一课，它示范了普通的无经验员工如何成为卓越的高技能贡献者。

密西西比奇迹

日产公司首席执行官卡洛斯·戈恩（Carlos Ghosn）进行了大刀阔斧的改革，使该企业一举摆脱了 20 世纪 90 年代以来的巨额亏损和庞大债务，成为全球利润最丰厚的车企。试想一下，日产公司对其 2003 年 5 月建成的密西西比州埃顿工厂能做些什么？密西西比州是美国最穷和工业化程度最低的州之一，人们认为这里不大可能成为一个价值 20 亿美元的一流工厂所在地。这家工厂不得不依靠大量未经考核且在很大程度上没有经验的劳动力（该州糟糕教育体系的产物）。日产公司提供的工资几乎是该州一般行业的两倍，其在该州全部 82 个县举办招聘会时，一些求职者队伍长达半英里⊖甚或更长。该州州长要求戈恩承诺该新工厂半数以上的员工为非裔美国人，日产公司在 2005 年超过了这一门槛值。这家工厂在某些方面已经达到全球最高的质量等级，它的成功远远超出预期。员工的自豪和喜悦溢于言表，员工大会呈现出欣欣向荣的气氛。在

⊖ 1 英里 = 1609.344 米。

一场新主管的毕业典礼上，有人说："来日产公司工作是我做出的最好决定之一。"还有人说："如果你不懂如何与人建立关系，那么日产公司会教你。"一位眼里噙满泪水的妇女站起来颤抖着说："我都激动得说不出话来了。"

许多怀疑论者认为，将一家高度复杂的汽车工厂设在美国教育和经济最落后的州之一，是缺乏判断力的表现。然而，这些怀疑论者改变了看法——2013年该工厂员工增加到了 5200 人，现在的汽车年产量达 45 万辆。一位著名的前批评者说，日产公司在密西西比州取得的成就是"一个奇迹"。[11]

通过研究，斯坦福教授查尔斯·奥莱利（Charles O'Reilly）认为"普通人"能帮助构建卓越企业并使其取得非凡成就。在《隐形价值：卓越企业如何通过普通人取得非凡成就》（*Hidden Value: How Great Companies Achieve Extraordinary Results with Ordinary People*）一书中，查尔斯教授指出，如果企业创造了一种员工可以在其中获得心理归属感的文化，那么即使员工是普通人也会有较高水平的表现。员工需要感觉到有人倾听和欣赏他们，需要感觉到他们是可以发挥重要作用的。如果这些情况出现了，那他们无疑会表现得与众不同。

大多数美好企业（尤其是那些迎合特定客户生活方式的企业）尝试雇用对企业使命充满激情的员工。例如，巴塔哥尼亚、L.L.Bean 和 REI 都试图只雇用户外运动爱好者，它们认为这样做会加强员工与客户之间的关系；乔之店、韦格曼斯及全食超市都招募美食家；设计公司 IDEO 的员工具有从医学到建筑学的一系列惊人的系统思维背景。

美好企业的高层领导者通常是层层晋升上来的。这对新员工来说是一个巨大的动力，使他们对自己在这个公司的未来拥有充满希望和光明的梦想。车美仕和乔之店都拥有经过明确规划的职业阶梯。在车美仕，新员工可在四种职业轨道（销售、采购、运营、业务）中选择一种，每种轨道都允许员工通过数个层级晋升。在乔之店，新员工一般是从"见习生"开始，然后沿"专家 – 商人 – 大副或二副 – 船长或指挥官"这样的路径晋升。

管理层与工会关系中的合作优势

斯坦福大学教授杰弗里·菲佛（Jeffrey Pfeffer）认为，如果管理层和工会能保持一种友好的关系，那么工会化的企业往往比非工会化的企业表现得更好。当然，如果这种关系变成一种对立关系，情况则刚好相反。工会化最大的直接好处是工资更高，这会吸引更优秀的员工，并因此降低员工流动率。由于员工流动的代价高昂并且有经验的员工生产率更高，高工资往往对净利润并不产生副作用（甚至可能带来积极影响）。当凯撒医疗集团（Kaiser Permanente）与工会展开合作后，其经营效果得到了显著改善——这种合作关系使得员工满意度飙升、客户满意度大幅提高，同时为其节省了 1 亿美元的成本。[12]

美好企业的劳动关系有两种：一种是与工会在管理上进行通力合作（如西南航空和哈雷戴维森）；另一种是通过优越的工作条件以及优厚的薪酬和福利待遇，直接与企业员工建立合作关系，从而使工会几乎没有争取更多其他权益的必要（如全食超市）。

哈雷戴维森的大多数员工是工会会员。当这家企业的前途在 20 世纪 80 年代初受到严重质疑时，工会给予了坚定的支持，并帮助其渡过了难关。此后，该企业管理层就与工会保持了一种非同寻常的开放关系，这种关系使得企业、员工及股东都获益匪浅。

哈雷戴维森管理层的目标与工会的目标相同：致力于保证企业及员工的利益，并在满足各自的需求和目标方面进行平衡。只要有可能，哈雷戴维森都会尝试利用"内包"使工作机会回流美国，以避免裁员。面对表现不佳的会员，工会一直都是严加批评。另外，该企业管理层和工会在改善企业安全环境方面保持着密切的合作。[13]

在西南航空，企业管理层与飞行员工会之间的关系也非常好。双方公开交流意见，并对所涉及的各方都很尊重。[14] 这种相互尊重的关系在"9·11"事件后经受住了真正的考验。其首席执行官赫布·凯莱赫并没有因为这一悲剧而裁员。他说道："我们本可以在不同时间段里短暂裁员，以获取更多的利润，但我一直认为这样做很短视。你需要向你的员工表明你很重视他们，你不会为

了增加一点短期利润而去伤害他们。" [15]

非工会化美好企业的领导者倾向于认为，对工会化感兴趣的苗头是在提醒他们：他们让员工失望了。全食超市创始人兼首席执行官约翰·麦基就是这样想的。由于担心日益上涨的医疗成本及新的着装规定，威斯康星州麦迪逊门店的员工决定投票建立工会（65 票∶54 票），麦基对此迅速做出了回应。他公开承认："全食超市需要改进，尽管它已发展成一家市值高达 32 亿美元的企业，但它对员工及其他利益相关者的关注可能不够。" [16]

麦基回归了企业的座右铭"全食，全人，全球"（Whole Foods，Whole People，Whole Planet）使自己做出改变。他决定探访全部 145 家门店，重建与团队成员的联系，并与他们举行会议。在这些会议之后，麦基决定就"应如何调整员工福利"在全企业范围内进行投票。由于麦迪逊门店发生了"让人警醒的事情"，全食超市决定支付 100% 的医疗保险费。不过全食超市所做的不止于此：它决定向所有全职员工发放"个人健康卡"（金额为 1700 美元的借记卡），用于医疗（含牙科）支出。麦迪逊门店的工会拒绝让该店的会员接受这些福利，因为这项决定没有经过他们同意。2003 年 11 月，该店员工通过投票解散了他们的工会。

建立信任

内部信任程度非常高是美好企业的一个突出特征。信任的建立耗时十分漫长，而要维持信任在任何时候都不会是件轻松的事。请想一想，被认为是全美最佳工作地之一的货柜商店是如何建立并维持企业与员工之间的信任的？很显然，它在这方面做得非常成功。它曾两次（2000 年和 2001 年）被《财富》杂志评为全美最佳工作地榜单中的第一名，另有两次（2002 年和 2003 年）被评为第二名、一次（2004 年）被评为第三名，而且这家企业已经连续 14 年跻身这一令人梦寐以求上榜的榜单了。货柜商店的新员工入职后要接受为期一周（被称为"基础周"）的培训，在这期间，他们需要了解企业的内部运作和理念。这是构建相互信任关系的第一步。该企业前员工关系经理芭芭拉·安德森（Barbara Anderson）表述了以下观点。

> 我们许多的新员工曾在其他企业工作过，这些企业都令他们失望。当他们第一次听说我们的文化时，他们想要相信它，不过表现得很谨慎。虽然"基础周"不能完全解决信任问题（这需要时间），但确实令建立信任的进程加快了。门店经理肯花一整天与新员工待在一起，这件事本身就是非常有力的证明。[17]

尊重个体、保持透明、团队建设和赋能是美好企业用来与员工建立信任的四个关键要素。

尊重个体

在美好企业，所有员工都被看成"完整的人"，而不是缺乏人性的"生产要素"。这些企业对个体的尊重体现在：不管员工的级别如何，管理层都鼓励他们参与企业的决策。可以回顾一下我们前面对美好企业的讨论，例如：REI和哈雷戴维森围绕值得企业去做的慈善事业向员工征求意见；为了让客户带着十足的满意离开，韦格曼斯授权员工自行决策；巴塔哥尼亚和L.L.Bean支持员工为值得去做的事业奉献时间及专业知识。

保持透明

在与所有员工及其他利益相关者共享信息方面，美好企业并不像许多其他类型的企业那样无端恐惧，而是充满信心。甚至新百伦和货柜商店（最近上市了）等私营企业的情况也是如此。这两家企业都向员工公开账目，例如新百伦与员工分享了制造工艺、产量及生产成本等信息，这不仅建立起了其与员工的互信，而且有助于美国的生产员工了解到企业在美国生产鞋子与在海外生产鞋子的成本差异。新百伦管理层认为，这是提高效率并保持竞争力的一种重要做法，可以保护国内就业。

团队建设

美好企业培养了一种强烈的、与众不同的团队参与感，这是其员工流动率很低的一个主要原因。IDEO 是一家总部位于旧金山市的工业设计类企业，它鼓励各个团队不时放一下午假去看一场电影或玩一场球类游戏，因而培养出了一种明显的员工认同感。在谷歌，员工也被称为"谷歌人"，他们有着与众不同的特质。在乔之店，员工在工作时穿着夏威夷衬衫，公司为他们量身定制了船长、大副等独特身份的服装。在乔丹家具，为了将"所有员工都必须共同努力给客户带去快乐，并提供令客户难忘的体验"制度化，企业管理团队创造了"J 之队"的概念，这一概念以客户与员工之间甚至管理层与兼职员工之间的平等为核心。

赋能

为了使客户满意或解决生产问题，美好企业的员工通常都有权（也有义务）动用必要的资源。这无疑会使员工建立起对企业的信任：因为企业信任他们，才会让他们放开手脚去做。例如，IDEO 要求新员工在入职后立即着手管理一个项目。又如，西南航空在早期曾被迫卖掉仅有的四架飞机中的一架，但员工们并没有采用缩减飞行安排的计划（会减少所需人员），而是提出了一个利用剩下的三架飞机维持现有飞行安排的计划。为此，通过让每个人都积极参与进来（飞行员和管理人员帮助处理行李、乘务员简化机舱清理、地勤人员改进饮料补给流程），他们将登机口周转时间缩短到了 10 分钟。再如，乔丹家具的"J 之队"概念使得所有员工都有权去做服务客户所需做的任何事情。该企业管理层将员工视为客户大使，从而使员工在他们的日常行为中表现出一种使命感。"知道自己的表现会直接影响客户体验"能增强员工的自主性，并能使他们在出色的工作中获得满足。

工作的乐趣

美好企业营造了一种有趣且以合作、效率、使命为导向的工作环境，这是吸引、激励和留住员工的关键因素。员工在这样的工作环境中感觉不到压力，他们倾力而为且工作效率很高，他们对待自己的工作既认真又幽默。这种"放松的专注"体验使得他们能最大限度地发挥自己的潜力。

在20世纪70年代末以前，丰田并没有善待过装配线上的员工。记录显示，它的装配线从未停止过。而且，为了在不增加员工数量的情况下提高产量，它还往往取消员工在工作间隙的"休息时间"——员工必须一直工作到当日生产目标完成才有可能停下来休息。对此，前装配线员工镰田聪（Satoshi Kamata）这样描述："丰田不允许缺勤；自杀事件相当频繁；因为长时间保持不自然的身体姿势和移动状态，许多员工的肩膀、手臂和颈部出现了问题。"[18]

幸运的是，丰田看到了暴露出来的问题，并开始意识到所有员工的健康和安全是极为重要的。于是，它把主要精力放在了通过培训和增强安全意识来消除事故及职业病上面。为了改善员工身体的健康程度，它每年都会为员工体检，同时，它发起了一项生活方式改善运动。此外，对心理健康的关注促使丰田为其主管们开设了积极倾听课程，以预防并及早发现员工心理方面的问题。

美好企业的工作环境有趣、灵活且平衡（指工作与个人生活之间的平衡），并为员工提供了创造性的高品质生活福利。

趣味性

为了营造有趣的工作氛围并宣传西南航空，赫布·凯莱赫想了很多办法。例如，与另一家企业的首席执行官掰手腕来决定一条广告语的归属（这个活动吸引了大量媒体报道，1800名西南航空员工身着啦啦队服装亮相成为该活动的一大亮点）；又如，穿上女装或像猫王埃尔维斯·普雷斯利（Elvis Presley）那样打扮。[19] 凯莱赫的喜庆欢乐个性渗入了西南航空的文化当中，并感染了风趣的企业员工。在西南航空，这种文化已经根深蒂固，而为了确保这种文化得到持续的发展，西南航空成立了一个经所有层级和岗位上的员工提名产生的"文化委员会"（由约100名员工组成）。该委员会的职责是"尽一切可能创造、加强并丰富使西南航空成为一家超棒企业（大家庭）的特殊精神和文化。"该文化委员会在西南航空的体系内组织了许多特别的活动，如为答谢员工而举办的宴会，为达成目标而举办的驻地聚会，为表彰员工服务年限长而举办的年度颁奖晚会。

谷歌的 LOGO（这家企业制作了数百个版本的 LOGO 来适应不同场合和环境的需要）充满了趣味和创意。在鼓励员工"跳出思想框架"时，货柜商店用了一句玩笑式的客户定位口号——"把你自己装进货柜"。为了防止出现一家企业发展过程中通常会出现的去人性化和员工无个性特征，该企业成立了一个"乐趣委员会"，专门负责举办加强员工间联系的活动。如伦恩·贝里（Len Berry）在《发现服务之魂》（*Discovering the Soul of Service*）一书中所说的："家庭成员花时间、金钱在一起度过快乐的时光，高度信任的组织同样如此。乐趣是一种很棒的建立信任的工具，因为它传递了关怀。"[20]

几年前，乔丹家具做了一件令所有员工都大感意外的事情：所有门店闭门谢客，企业包了四架大型喷气式客机将整个"J 之队"（当时有 1200 名员工）拉到了百慕大，让所有人度过了"有沙滩、户外烧烤、现场音乐、水中游戏以及舞蹈的开心一天"。[21] 这种奖励强化了"J 之队"的理念。乔丹家具想要感谢员工的辛勤劳动和忠诚，但它不是分别为每名员工提供一次旅行机会，而是让整个企业一起，这样做增强了团队的合作感。员工都很享受这次共同的旅行，因为这是他们所有人共同努力的结果。

IDEO 创始人戴维·凯利认为："玩耍能点燃创新精神"。[22] 在 IDEO，意外的休息是常态；拿其他员工开玩笑或者搞无厘头的小型恶作剧很普遍；员工常常结伴去野外旅行；企业鼓励员工在工作时玩耍，所以你可以看到许多人在室内玩迷你高尔夫或将碰碰球扔在过道上。

平衡性与灵活性

个人生活中的"平衡"是种很微妙的状态，可能会受到许多事情的干扰。如果一家企业允许员工灵活选择如何、何时、何地完成工作的话，那这些员工就能在履行其职业承诺的同时，兼顾他们的个人需求和义务。

美好企业乐于满足员工独特的工作日程安排需求。例如，巴塔哥尼亚和新百伦提供了灵活的工作时间表，比如允许妈妈们在孩子放学后回家陪他们。添柏岚前首席执行官杰弗里·斯沃茨认为："如果高管们不承认他们所管理的员工有工作之外的重要需求，那就是在自欺欺人。"他过去常常定期检查添柏岚的安全日志，看看是否有员工经常在周末来办公室加班。若发现有这一趋势，他会认为其中肯定存在设备或人手不足的问题。"没有什么比让员工身心疲惫更低效的事了。"斯沃茨说。[23]

宜家北美区总裁佩妮莱·施皮尔斯 – 洛佩兹（Pernille Spiers-Lopez）一直在努力保持正常的工作时间，不把工作带回家，并避免在周末出差。她希望自己的员工也这样做。宜家履行了对员工的承诺，并通过挫败感来培养他们。该企业希望所有主管和经理都能担任导师，都能使门店需求与员工需求相匹配。为此，它提供了灵活的工作日程安排、工作分享计划及压缩的工作周。为了评估士气并确定需要解决的问题，宜家定期进行员工调查。

谷歌商业模式及文化的一个独特之处是"20% 的时间"，即它允许员工将 20% 的工作时间用于他们自己选择的独立项目。在这些独立项目中，有一些已经发展为谷歌的重要新产品，如内容广告感知（Ad Sense for Content）、谷歌新闻（Google News）及社交媒体 Orkut。[24] 谷歌几乎没有层级，每个人都身兼数职，如设计了谷歌假日 LOGO 的国际网管花了一周时间将谷歌网站翻译成韩文。西南航空也建立了一种工作边界灵活的文化，正是这种文化最终帮助该企业在运营效率方面超过了竞争对手。在该企业，经理和主管始终与一线员工肩并肩工作。[25]

关于平衡性、灵活性和员工赋能，巴西一家公司的故事令人赞叹。

在 20 世纪 80 年代中期，Semco 是一家总部位于巴西圣保罗濒临倒闭的船舶零配件企业，为商船生产泵和螺旋桨。就像那时巴西的经济一样，该企业在慢慢"下沉"。里卡多·塞姆勒（Ricardo Semler）从他父亲手里接过了这家企业，并启动了一项雄心勃勃的业务多元化计划。他全面掌管了企业，很少授权，并疏远了许多经验丰富的员工。他把自己的行程安排得满满当当，以至于在纽约州北部的一家工厂巡回宣传时倒下了，不得不去波士顿附近的雷希诊所（Lahey Clinic）就诊。那里的医生叫他慢下来，否则他很快会心脏病发作。[26]

里卡多听进去了医生的这个忠告，着手改变企业和他自己——他决定在工作与个人生活之间建立一种平衡，并为员工做同样的事情。

令他惊讶的是，他发现这种新的更温和的方法不仅改善了他和员工的表现，而且改善了 Semco 的表现。当他给员工更多的自由去决定他们自己的发展路径时，员工反而变得更富有成效、忠诚、多才多艺。他取消了前台接待、组织结构甚至中心办公室。Semco 要求员工提出他们自己的工资标准，评价上司的表现并学习如何做好彼此的工作。此外，它向所有员工公开了账目，并制订了一个透明的利润分享计划。

但 Semco 并没有就此止步，而是以一种近乎怪异的方式颠覆了传统：员工可自愿参加所有会议，并被要求强制休假。这家企业告诉员工，如果他们对任何会议不再感兴趣，他们可以而且应该离开。这样，留下来的就是对某个问题真正感兴趣并且与该问题有利害关系的那些人。

那么，所有这些措施给 Semco 带来了怎样的财务表现呢？ 6 年里，它的销售额从 3500 万美元增长到了 2.12 亿美元。与此同时，员工从数百人增加到了3000 人，并且员工流动率仅有前所未闻的 1%。

里卡多写了两本关于他经历的书。[27] 下面这段是他对"员工自己设定工作时间"的看法。

> 我们一直认为，我们是在和有责任感的成年人打交道。当你开始像对待青少年那样对待员工，跟他们说你不能迟到或你不能使用这间浴室之时，也就是你开始把员工变成青少年之时。我们的员工很好地保持了他们生活中的平衡，例如有非常多的员工上班前送他们的小孩去学校，诸如此类。最近的一项统计显示，我们有 27% 的员工周日晚8 点还在工作。所以，他们可能真的很努力。

下面这段是他对"利益相关者观点"的看法。

我认为其他企业正在效仿我们的做法，因为他们的员工和其他利益相关者的不满情绪在蔓延。以航空业为例，我认为，这是迄今为止唯一让所有利益相关者失望的行业：股东没有钱赚；高管纷纷辞职；飞机状况得不到改善；空管员干着全球最糟糕的工作；空乘人员没一点快乐感；飞行员在罢工；航空食品很难吃——你找不出有关航空业的一件好事。所以，传统模式不再有效，而这刺激了人们对其他模式的探寻。[28]

创造性的高品质生活福利

涉及员工生活品质的事情，即使是小事也会产生很大的影响。IDEO 支持员工以表达和促进创造性的方式设计自己的工作空间。它曾同意花 4000 美元购买一个旧飞机机翼，并将其送给一名员工作为办公室的装饰物。当然，一些企业的做法更为传统。例如，添柏岚为员工提供了哺乳室和现场儿童照看服务。谷歌为员工提供了现场医生、免费按摩、游戏室、淋浴、儿童护理补贴、每周 5 天的免费美味午餐、干洗、税务咨询、个人与家庭服务以及商业法律服务等福利。丰田在其位于肯塔基州乔治敦市的生产工厂提供了 24 小时的儿童照看服务，这个面积为 19 000 平方英尺的工厂有 115 名员工（其中包括 90 名教师），并设有教室、家庭作业间、活动空间、床和健康中心。巴塔哥尼亚为员工提供了与其文化相符的"绿色"福利——定期的"健脑课程"，内容包括冲浪、瑜伽、时间管理、法国文化介绍、商务沟通及非暴力反抗等。此外，该企业会为购买混合动力汽车的员工报销 2000 美元。

这样的福利可能产生巨大的影响。巴塔哥尼亚的现场儿童照看服务"使该企业能够将父母的工作场所融合到孩子的日常生活中，从而最大限度地减少父母在工作与照料孩子之间抉择而产生的冲突和焦虑，并提高员工对工作场所的满意度和他们的工作效率"。[29] 在该企业提供补贴的自助餐厅里，父母和孩子一起吃午餐的情况很普遍，而且该餐厅只提供当日新鲜制作的本地健康有机食品。因此，巴塔哥尼亚每年提供的 100 个空缺职位能收到多达 1 万份的求职申请就并不令人感到奇怪了。对那些被聘用的少数幸运儿来说，这家企业提供了一种理想的方式，使他们可以将家庭生活、职业生活和休闲生活融合在一起。

在为员工提供"适当"福利方面，包揽一切显然不是办法。不过，大量研究表明：在如何制订福利计划以使其产生最佳影响方面，有必要为开明的首席执行官们提供指导。[30]

培训和发展是美好企业的头等大事

人的一生应在发展和成长中度过，企业中的员工也不例外。即使是最有经验且素质高的员工也需要继续教育，并从中受益。在专注于通过培训、发展及指导来帮助员工最大限度地发挥潜能方面，美好企业堪称典范。不论员工取得多大的成就或成功，它们总是给予称赞。

长期以来，货柜商店被誉为美国的最佳雇主之一。除了长期在《财富》杂志"最佳工作地"榜单中名列前茅，货柜商店还因为在员工管理战略方面的表现获得过《劳动力》（*Workforce*）杂志颁发的"综合卓越奖"（Award for General Excellence）。其成功的一个主要原因在于致力于培训：零售行业中的企业一般只提供 7 个小时的培训，而货柜商店的新员工仅在第一年就会接受 263 小时的培训，并且往后每年的培训时间都不会低于 160 小时。

大多数美好企业设有它们自己的"大学"以培训员工。在西南航空，新员工需要在该企业的"员工大学"接受数月培训。在丰田，员工通过内容丰富的点对点持续改进及技术转让指导来接受广泛的技术培训。在 UPS，持续进行的培训包括：每年为超过 7.4 万名司机提供 130 万小时的培训课程；每年为员工提供 380 万小时的安全培训（花费约 1.2 亿美元）。UPS 每年的培训费用总计高达 3 亿美元。

1990 年，UPS 推出了"挣钱学习计划"。在短短两年时间里，它就帮助 2 万多名兼职员工进入大学学习。仅在计划实施第一年，UPS 就为兼职员工支付了超过 900 万美元的学费、杂费和书本费。UPS 管理层认为：这有助于培养未来的全职员工，并会为兼职员工将来晋升至全职主管职位提供必要的技能。此外，UPS 计划与 242 所大学合作，请大学允许学生延期缴付学费，这会使这一计划更为实惠并鼓励兼职员工参与。[31] 现在，该企业所有在职员工都有资格获得高达 2 万美元的大学助学金。

在 IDEO，项目导师承担了人力资源部门的职能，他们帮助新员工参加必要的培训课程，使这些员工为自己的第一个项目做好准备并适应工作环境。

回忆一下我们前面对情商在组织中的重要性的讨论。在挑选和培训员工的过程中，没有比情商更重要的了。拥有较高情商的员工在选择为之工作的企业时会非常谨慎，他们希望所选择的企业能反映他们自身的价值观，并能与他们产生情感上的共鸣。对这样的员工来说，更重要的是要使工作成为他们自身的有意义延伸，而不只是一种谋生手段。[32] 拥有较高情商的员工和工作团队可以带来许多好处，如更低的压力水平、更高的工作满意度和组织承诺实现度、更强的创造力、更低的员工流动率和更高的生产率。[33]

美好企业十分重视认可与表彰

大多数美好企业都有浓厚的表彰文化氛围。西南航空前首席运营官兼总裁科琳·巴雷特（Colleen Barrett）（他曾是赫布·凯莱赫的法律秘书及负责帮助维护企业文化的总裁）说："我们一点都不紧张。我们表彰一切。这就像是男生联谊会和女生联谊会，就像是团聚。我们是在开派对！"[34]

谷歌既善于给员工授权，又善于对员工在帮助企业实现目标方面所发挥的重要作用予以表彰。该企业为致力于优秀项目的员工提供的奖励高达数百万美元。其最近两次的"创始人奖"（奖品为价值 1200 万美元的限制性股票）分别颁给了各由十余名员工组成的两个团队。该企业联合创始人谢尔盖·布林说："在我们这里，有些员工做了很了不起的事情。我希望有一种机制可以奖励他们。"[35]

鲍勃·查普曼创造了一个非凡的商业成功故事。他管理着一家名为 Barry-

Wehmiller 的市值达 15 亿美元的大型企业集团，该集团拥有数十家独立经营的生产企业。查普曼实施了一种他称为"真正的人本主义领导"的经营理念，并通过这种理念创造了一种充满关怀与表彰氛围的非凡的分享文化。该集团使用了"塑造卓越员工是我们的事业""我们以触及员工生活的方式来衡量成功"等表述。正如鲍勃所说："企业通过为员工提供一种文化环境，使他们能够在其中认识到自身天赋，能够在其中培养和应用自身才能，并因自己在追求群体共同的、鼓舞人心的愿景过程中所做出的贡献而由衷满足，那企业就有机会对我们的社会产生最强大的积极影响。"在该集团的表彰文化中，有很大一部分是根据同行的认可进行表彰。员工经常被他们的同行提名，由同行组成的委员会负责审核每一项提名并对被提名者进行采访。这种表彰并不用花很多钱，一种典型的奖励就是可以使用公司专用车辆一周。这些车在该集团运营所在社区中早已家喻户晓，并总能引起极大的关注和获奖者的自豪。此外，表彰仪式会邀请获奖者的家庭成员参加。Barry-Wehmiller 对建立这种文化的重视是它能成功挽救并发展众多被并购企业的主要原因之一。[36]

美好企业如何看待兼职员工

近年来，兼职员工数量在不断增加。根据美国劳工统计局的数据，每周工作时间不到 35 小时的员工占劳动力的比例在 2013 年约为 20%，而 1996 年这一比例是 18%。随着婴儿潮一代人越来越多地选择在退休后从事兼职工作，这一比例很可能继续攀升。

相对而言，很少有企业为兼职员工提供福利。2000 年，享受到医疗保健福利的大中型企业的兼职员工仅有 13%，享受到退休补助的兼职员工也仅有 12%。但是，美好企业的情况往往与此相反，它们中的大多数为兼职员工提供了可谓慷慨的福利。在某些情况下，它们甚至还为每周工作时间低至 15 小时的那些兼职员工提供福利。在韦格曼斯，员工如果每周工作 17.5 小时，就有资格享受免费健康保险和利润分享退休计划补助。此外，韦格曼斯特意尝试雇用单身母亲作为兼职员工，并认为这种做法可以带来"双赢"：公司在困难时期招到了员工，而单身母亲则得到了她们最需要的健康保险。在 UPS，加入了工会的兼职员工可享受免费健康保险和大学学费资助，这有益地改变了无数员工及其家庭的生活。在丈夫因受伤而无法继续工作后，UPS 兼职员工克莉丝汀·维雷利（Christine Virelli）一开始是担任包裹分拣员。她 9 年级就辍学了，那时已经 16 年没有工作了，是 UPS 资助她拿到了同等学力文凭，然后又供她上大学。维雷利说："我不可能离开 UPS，他们为我做了这么多，我无法想象不为他们工作。我希望有一天能进入 UPS 的人力资源部门。UPS 帮我改变了我的生活，我还在成长，我的主要目标就是自己能在 UPS 这个大家庭中不断成长。"[37]

建立企业高层与基层之间的联系

与传统企业不同的是，美好企业的一线员工常常有机会与高层领导直接互动。事实上，很难找到在这些企业工作过一段时间而没有与企业高层领导直接接触过的员工——在小企业，这种情况就很普遍。

美好企业之所以努力加强这种联系，有两个原因。首先，这种联系既能使首席执行官充满活力，又能激励员工。其次，美好企业的领导者知道，他们不是公司所有战略智慧的源头——如果被问到，各层级的员工都有可能提出令企业受益巨大的绝妙想法。

在 REI，高层管理团队一年当中要探访各家门店数次。之所以这样做，一是为了向员工颁奖并听取建议，二是为了与较低层级的员工分享所有重大决策。每一年，这家企业都会根据员工的提名，向非营利组织提供超过 400 万美元的捐赠。在 L.L.Bean，企业制订了鼓励员工反馈的"畅所欲言"计划，并将这种反馈输入了质量提升计划中。在开市客，企业会定期组织员工感恩日活动，管理层会在这些日子里拜访在岗员工。在哈雷戴维森，企业发明了一种被称为"自由与栅栏"的做法，这种做法鼓励员工冒险挑战组织内部业已形成的想法和理念。此外，该企业还采取了"门户开放"政策，使所有员工都能接触到包括首席执行官在内的公司各层级领导。

在宝马，企业鼓励员工就其所做工作的必要性提出质疑。这家企业的信任文化允许员工这样做，他们不用担心因此丢掉工作——不但不会解雇他们，企业还会培训他们去担任公司的其他职务。前面曾提及，本田会召开一种被称为"*waigaya*"的会议，在这种非正式会议中，为了解决手头的问题，与会者可将级别暂时搁置。所有员工都能发起"*waigaya*"，如果被叫到，高管们必须参加。正是在一次"*waigaya*"上，本田确定了其最初的摩托车广告宣传活动主题——"你在本田遇到了最棒的员工"。高级管理人员倾向于采取更为保守的方法，而低级别的员工能通过"*waigaya*"说服他们。[38]

未来的人力资源部门

人力资源部门对于美好企业的生存至关重要。最重要的是，这些企业在招募、管理、开发、激励人才方面堪称典范，它们知道如何让员工在内心产生共鸣。

在与员工打交道的过程中，美好企业所遵循的创新主义及人本主义做法反映出它们对当今员工在工作生活中的追求有着深刻理解。长期以来，很少有企业看到员工的个人需求与其工作表现之间的联系。在过去，员工通常被视为与资本、技术及战争物资类似的资源，这也就是传统的人力部门为什么会在20世纪下半叶变身为"人力资源部门"的原因。但是现在，"人力资源"一词受到了越来越多的抨击。就像客户一直被物化为消费者一样，长期以来，员工也一直被物化为服务于企业目标的资源或资产。不过，现在一切正在改变，而美好企业在这一改变过程中发挥了引领作用。

有一种更好的看待员工的方式：员工不是企业资源，而是能量源。[39]一种资源就像一块煤，一旦使用，它就会耗损、枯竭和消失。而能量源就像太阳，实际上是用之不竭的，并且能持续产生能量、光和热。在这个世界上，最强大的创造能量来源莫过于充满活力、被赋权的人。美好企业有意识地创造了给员工赋能和赋权的环境，并尽最大努力为员工的个人激情和企业的崇高目标提供服务。

许多企业已经将人力资源部改称为员工部（People Department），这体现了新的思维方式。西南航空的员工部是这样说的："我们认识到员工是我们的竞争优势所在，我们提供资源和服务帮助员工做好成为赢家的准备并支持企业的发展和盈利，同时保留企业的价值观和特殊文化。"[40]

过去的人力资源部门有点像一家企业的后台，主要处理工资和人事编制。不过这种情况正在迅速改变，因为许多企业已经将福利计划与工资管理等基本职能外包出去了。这使得人力资源部门能够专注于员工敬业度、绩效和留用率等更具战略性的问题，因为这些问题有可能直接影响企业利润。许多企业开始意识到，雇用、开发和留住合适的员工是竞争优势的重要来源。在保持企业文化并向员工灌输伦理价值观方面，人力资源专业人士可以发挥关键作用。首席执行官现在需要的是让那些值得信赖的人力资源主管担任他们的顾问。现在，越来越多的首席执行官来自人力资源部门。[41]

宜家北美区总裁佩妮莱·施皮尔斯 – 洛佩兹就是这样一位领导者。在担任总裁一职之前，她做了 4 年的人力资源经理。她在宜家建立了一种"平衡工作与家庭，以家庭为重"的文化。2003 年，《职业母亲》（*Working Mother*）杂志给洛佩兹颁发了"家庭捍卫者奖"（Family Champion Award）。宜家为每周工作时间超过 20 小时的员工提供了全面的福利和灵活的工作时间安排。洛佩兹认为，领导力"与我的立场和价值观有关"。管理者必须努力做到真实、开放，并致力于与员工建立双向信任，那些得到信任的员工所做的事情远远超出他们自己的预期。[42]

从本质上来讲，归根结底要像对待客户那样对待员工：尊重并深刻理解他们的需求。乔丹家具的最终目标是在员工中培养"狂热粉丝"，[43] 为此，该企业提供了许多内部发展机会和全面的福利，并将员工视为企业的另一类客户。开市客、赛仕软件公司和丰田都通过调查来了解员工的满意度。UPS 进行了一项"评估员工对员工招聘、留用和激励的看法"调查，以衡量所谓的"雇主选择指数"。

企业做对事情给股东带来的好处

本章要表达的基本信息非常简单，即"出色的员工管理是一项伟大的事业"。即使越来越多的活动变得自动化了，但人力资本对组织绩效的重要性仍在不断增加。许多企业现在重视品牌资产和客户资产，它们也应当重视员工资产。

"低员工流动率"和"高生产率"是反映员工资产状况的两项主要指标。无一例外，所有美好企业的员工流动率都远低于所在行业的标准，并且美好企业员工的工作效率也很高。在员工人均收益方面，美好企业也远超非美好企业竞争对手。例如：乔丹家具的每平方英尺销售额和库存年周转次数分别为950美元和13次，而一般家具店仅有150美元和一两次；丰田的员工人均销售额在全球车企中名列前茅；本田的装配生产率全球第二、发动机生产率全球第一。

在竞争对手将全部生产线迁往低收入国家很长一段时间后，新百伦仍继续在美国和英国生产鞋子。它这么做完全是出于自豪，而不是任何慈善目的。在2002年接受《行业周刊》（*Industry Week*）采访时，新百伦首席执行官吉姆·戴维斯发表了下面的看法。

> 我们的理念是：如果我们的员工不这么投入的话，那我们就不可能做得像现在这么好。正是因为他们，我们才能做得这么好；正是因为他们，我们才能回馈社会。这样的理念使我们能拥有合适的机器，开发新的制造技术，授权员工不断改进生产工艺。[44]

低员工流动率和高生产率彼此相关：随着时间的推移，低员工流动率意味着留下更多经验丰富的员工，而这会转化为更高的生产率。因此，这些企业不但能拥有相对较低的总成本和较强的竞争力，同时能给员工提供优厚的薪酬和慷慨的福利。许多企业认为从物质上、情感上和体验上改善员工的工作条件是股东们的"馈赠"，但美好企业的经验告诉我们：财富之源不在于管理层，而在于拥有美好职业前景的一线员工们。

注释

1. http://www.cbsnews.com/8301-505143_162-45340815/could-this-bethe-best-company-in-the-world/.

2. Overview from www.wegmans.com and http://www.wegmans.com/about/pressRoom/overview_printable.asp.

3. Matthew Swibel, "Largest Private Companies—Nobody's Meal", Forbes, November 24, 2003.

4. Michael A. Prospero, "Moving the Cheese: Wegmans Relies on Smart, Deeply Trained Employees to Create a 'Theater of Food,'" Fast Company, Issue 87 (October 2004), pg. 88.

5. Prospero, *op. cit.*

6. Swibel, *op. cit.*

7. Matthew Boyle & Ellen Florian Kratz, "The Wegmans Way", Fortune, January 24, 2005, pg. 62.

8. http://homenewshere.com/daily_times_chronicle/news/burlington/article_0fcaf680-de78-11e2-b275-0019bb2963f4.html.

9. Study by Coca Cola Retailing Research Council, cited in Boyle & Kratz, *op. cit.*

10. Overview from www.wegmans.com and http://www.wegmans. com/about/pressRoom/press-Releases/FortuneTop100. asp?sd=home&dt=top100.

11. G. Paschal Zachary, "Dream Factory", *Business 2.0,* June 2005, pp. 97–102.

12. Jeffery Pfeffer, "In Praise of Organized Labor", *Business 2.0,* June 2005, pg. 80.

13. Lois Caliri, "Harley-Davidson: Win-Win for Workers", *Central Penn Business Journal,* April 18, 1997.

14. Jody Hoffer Gittell, *The Southwest Airlines Way: Using the Power of Relationships to Achieve High Performance,* McGraw-Hill, 2002, pg. 169.

15. Gittell, *op. cit.*, pg. 243.

16. Michelle Breyer, "Whole Foods Market Woos its Staff", *Knight Ridder Tribune Business News,* June 6, 2003.

17. Leonard L. Berry, *Discovering the Soul of Service,* New York: The Free Press, 1999.

18. S. Kamata, *Employee Welfare Takes a Back Seat at Toyota,* Pantheon Books, 1982.

19. David Field, "Southwest Succession", *Airline Business,* April 2002, Vol. 18 Issue 4, pg. 34.

20. Leonard L. Berry, *Discovering the Soul of Service,* New York: The Free Press, 1999.

21. Arthur Lubow, "Wowing Warren", *Inc. Magazine,* March 2000.

22. "Seriously Silly" (interview with David M. Kelley, CEO and founder of IDEO) *Business Week,* Sept. 13, 1999. pg. 14; Tom Kelley and Jonathan Littman, *The Art of Innovation* (New York: Double Day 2001), pg. 95.

23. Pam Mendels, "When Work Hits Home: Few CEOs Seem to Realize That It Pays to Offer a Balance", *Chief Executive,* March 2005, Vol. 206.

24. SEC 8/13/04, File 333-114984, Accession Number 1193125-4-139655, pg. 28. http://www.secinfo.com/d14D5a.148c8.htm (April 11, 2005).

25. Gittell, *op. cit.,* pg. 157.

26. Brad Weiners, "Ricardo Semler: Set Them Free", *CIO Magazine,* April 1, 2004.

27. *Maverick: The Success Story Behind the World's Most Unusual Workplace* (1993) and *The SevenDay Weekend: Changing the Way Work Works* (Portfolio, 2004).

28. Weiners, *op. cit.*

29. Leslie Goff, "What it's Like to Work at Patagonia", *Computerworld,* November 2, 1999.

30. 可参见：托马斯·达文波特（Thomas Davenport）的《思考生活：如何通过知识型员工提升绩效和成果》（*Thinking for a Living: How to Get Better Performances and Results from Knowledge Workers*）（哈佛商学院出版社，1995 年）。另外，华信惠悦（Watson Wyatt Worldwide）这样的咨询公司已经生产出了与特定情况下的"适当"员工福利有关的大量专业知识。

31. Greg Gunsauley, "UPS Delivers Tuition Aid to Recruit Army of Part-Timers", *Employee Benefit News,* June 1, 2001.

32. Cliona Diggins (2004), "Emotional Intelligence: The Key to Effective Performance", *Human Resource Management International Digest,* Volume 12, Issue 1, pp. 33.

33. Cited in L. Melita Prati, Ceasar Douglas, Gerald R. Ferris, Anthony P. Ammeter, and M. Ronald Buckley (2003), "Emotional Intelligence, Leadership Effectiveness, and Team Outcomes", *International Journal of Organizational Analysis,* Volume 11, Issue 1, pp. 21–40; "lower stress levels": K. S. Rook (1987), "Social Support Versus Companionship: Effects on Life Stress, Loneliness, and Evaluations by Others", *Journal of Personality and Social Psychology,* Volume 52, Issue 6, pp. 1132–1147; "higher job satisfaction": N. Eisenberg R .A. Fabes (1992), "Emotion, Regulation, and the Development Of Social Competence", in M. Clark (Ed.), *Review of Personality and Social Psychology: Emotion and Social Behavior* (Volume 14, pp. 119–150), Newbury Park, CA: Sage Publications; "higher organizational commitment": S.G. Scott and R.A. Bruce (1994). "Determinants of Innovative Behavior: A Path Model of Individual Innovation in the Workplace", *Academy*

of Management Journal, Volume 37, Issue 3, pp. 580–607; "increased creativity": T.P. Moses and A.J. Stahelski (1999), "A Productivity Evaluation of Teamwork at an Aluminum Manufacturing Plant", *Group and Organization Management,* Volume 24, Issue 3, pp. 391–412; "lower turnover and higher productivity": P.E., Tesluk, R.J. Vance, and J.E. Mathieu (1999), "Examining Employee Involvement in the Context of Participative Work Environments", *Group and Organization Management,* Volume 24, Issue 3, pp. 271–299.

34. Andy Serwer, "Southwest Airlines: The Hottest Thing in the Sky", *Fortune,* March 8, 2004, pg. 101.

35. Katie Hafner, "New Incentive for Google Employees: Awards Worth Millions", *The New York Times,* February 1, 2005, Section C, pg. 10.

36. www.trulyhumanleadership.com.

37. Elayne Robertson Demby, "Nothing Partial about These Benefits", *HR Magazine,* August 2003.

38. Henry Mintzberg, Richard T. Pascale, Michael Gould, and Richard P. Rumelt, "The Honda Effect Revisited", *California Management Review,* Volume 38, No. 4, Summer 1996, pg. 88.

39. 这个比喻是由卡利卡特印度管理研究所所长德巴希斯·查特吉（Debashis Chatterjee）提出的。

40. Charles O' Reilly and Jeffrey Pfeffer, "Southwest Airlines (A): Using Human Resources as a Competitive Advantage", *Harvard Business School Case HR-1A,* pg. 7.

41. Kris Maher, "Human-Resources Directors Are Assuming Strategic Roles", *The Wall Street Journal,* June 7, 2003, pg. B8.

42. *Knowledge@Wharton,* "IKEA: Furnishing Good Employee Benefits Along with Dining Room Sets", April 6, 2004.

43. http://www.jordans.com/careers/reviewed on November 15, 2003.

44. Patricia Panchak, "Manufacturing in the U.S. Pays Off", *Industry Week,* December 2002, pp. 18–19.

第 5 章 | FIRMS OF
客户：疗愈与兜售 | ENDEARMENT

留住客户的办法就是让他们高兴：超出他们的预期，倾听他们说什么，给他们想要的。归根结底，使客户一次又一次地回来取决于他们体验到的"惊喜"指数：他们的感受通常要比他们的想法更具黏合力。客户忠诚度就像"爱"：它并非源自理性，而是源自内心。

在众多商学院中，"内心"（Heart）并不是一个能经常听到的词。但最近，象征同理心、爱、养育、关怀、给予的"内心"一词有了巨大变化，并开始在主流商业意识中占有一席之地。现在，以柏拉图的方式谈论办公室里的"爱"，当然没有问题；以相同的基本规则来促进主管与一线员工之间的"爱"，也没有问题；以"爱"的方式来思考客户与企业间的关系，更没有问题。

新的营销范式

尽管我们已经告别了 20 世纪，但如果你看看进入 21 世纪 14 年后仍在进行的大量营销活动，并不会有进入新世纪的感觉——营销仍然严重依赖 20 世纪那种基于引诱、征服和控制客户的范式。20 世纪末有本关于销售的营销图书名为《触发器：你能用来控制潜在客户思维并激励、影响和说服他们的 30 种销售工具》（*Triggers: 30 Sales Tools You Can Use to Control the Mind of Your Prospect to Motivate, Influence and Persuade*）（1999 年），这本书在初次发行后连续畅销了 15 年。该书和许多其他类似的书都表明，大量的营销人员和销售人员仍然深陷如何控制客户思维的泥潭之中。与客户合作以更有效地满足其需求的思想，在很大程度上对他们来说是陌生的。大多数销售培训围绕的仍然是如何控制客户思维。你听说过"市场占有率"这个词吗？该词直接来自20世纪的营销范式，而本书中的美好企业甚至在20世纪结束前就拒绝了这种范式。

在20世纪，营销范式的主要特点就是兜售，即将卖家目标置于消费者真实需求之上的激进促销和销售。即使是麦迪逊大道⊖的魅力、灯光和浮华，也难掩采用这种范式的"蛇油推销术"⊜要素。在所有地方，销售额都用于对经理、销售代理及其他方施加压力，迫使他们不断地卖、卖、卖。但很少有人考虑过这样一个事实：当工作保障与销售额挂钩时，伦理和道德原则就面临着极大的风险——客户成了猎物，营销人员和销售人员成了猎手。我们认为，这种营销及销售范式正走进商业历史的垃圾堆。

是的，总会有一心想要利用客户的个体和企业，但我们还是想谈论未来营销范式中的首要道德品质。名为 The Next Group 的纽约未来派智库的首席执行官兼最重要的预言者梅琳达·戴维斯（Melinda Davis）阐述了一种全新的营销专业观点。

> 实际差异可能并非来自产品本身，而是如何与消费者的需要合作，以给他们提供情感上的疗愈。新的当务之急是：营销人员必须是一个疗愈师。[1]

欢迎来到"超越时代"的营销世界。就像在冬天即将过去的日子里寒冷大地上空回旋的天鹅绒般的雾气预示着新春的暖意，一种充满爱与心灵疗愈的文化正在整个商业生态中传播着。这种文化渗透进了从高管办公室到收发室的所有工作场所。它产生了一种诱人的冲动，让人们想要扭转在20世纪最后25年里达到顶峰的客户利用潮态势。在这个时期，企业获得了前所未有的信息优势（相对于客户）：企业利用信息技术将我们所有人视为无人性的数据集；我们被贴上了各种各样的（刻板）标签，如席位、眼球、生命体和无个性的终端用户；在建模程序（这些程序被认为比我们自己更了解我们）中，我们被简化为几乎

⊖ 美国广告业中心。——译者注
⊜ 指向不知情的公众推销假货。——译者注

没有意志力的刺激反应机制。1990 年，美国公共广播公司（PBS）一部关于直销的纪录片巧妙地捕捉到了这种思维倾向，但它的名字会让你感觉不妙——《我知道你住哪儿》(*We Know Where You Live*)。

爱能化解这种非人性化。这听起来有点太新奇了，也许是吧，停下来想一想：梅雷迪斯公司前总裁、雅虎首席解决方案官、全食超市首席执行官以及全球最大的广告机构之一的首席执行官都在谈论市场中的"爱"，且他们不用担心自己这样做会令人吃惊。也许"爱"确实已经在主流商业思想中占有了一席之地，但在任何情况下，如果没有理解"爱"在美好企业成功中的作用，你就不可能全面理解它们是如何超越强劲的竞争对手的。尽管美好企业的高管们凭借坚定的勇气和专注的决心领导着公司，但他们仍继续在工作场所、市场以及其利益相关者群体所组成的整个生态中去"爱"，并鼓舞别人拥有"爱"的能力。

有趣的是，我们研讨会的与会者对"爱"的观念的理解通常要快于对"治愈者"观念的理解："营销人员兼任疗愈师？你一定是在开玩笑！"但我们并没有开玩笑：爱和心灵疗愈是密不可分的，就像宝石和它们的切割面一样。

新百伦是一家充满"爱"的美好企业，它的营销策略基于让人的身体越来越好的原则。这一点在其营销传播中得到了良好体现。考虑到其历史，新百伦成为"营销应围绕身体疗愈"这种高尚理念的早期实践者之一并不令人感到意外。以下内容摘自新百伦的官方网站。

> 新百伦的故事始于 20 世纪初（1906 年）的马萨诸塞州波士顿市，当时 33 岁的英国移民威廉·J. 莱利（William J. Riley）致力通过制作足弓支架和有疗效的鞋来帮助脚有问题的人改善鞋子的舒适度。
>
> 当吉姆·戴维斯于 1972 年波士顿马拉松赛举行当天买下这家企业时，他就承诺要坚持该企业在舒适、性能及制造方面的创始价值观。当安妮·戴维斯（吉姆的妻子）在 1978 年接管这家企业时，她把重点放在了为新百伦员工和那些在全球各地与新百伦有业务往来的企业建立一种卓越文化。

现在，你知道为什么新百伦要比其他主要运动鞋公司提供更宽一点的鞋了吧。[2] 足部舒适和疗愈性取决于完美适合。新百伦是基于疗愈原则创立的，吉姆与他的妻子兼业务合作伙伴安妮在企业成立之后的一个世纪里仍然坚持着这一原则。疗愈性包含在新百伦的 DNA 中。随着社会的老龄化问题及足部问题变得越来越普遍，新百伦似乎更为专注于这一疗愈营销范式。为了提高足部护理人员和其他提供针对脚部问题服务的专业人员对其合适鞋型与舒适度承诺的认识，这家企业做出了巨大的努力——除了借助其鞋子的功能属性，新百伦还展示了它的疗愈文化。人到中年的婴儿潮一代人对这一点尤为敏感。

中年是面临危机（或至少是新的、不熟悉的挑战）的时候。常年的"中年呼唤"会使人的精神能量由社会实现转移到自我实现，而这会给个人现状带来困扰。社会实现是与获得促进职业和物质成功的社会认可有关的发展过程，它要求我们的内在自我部分要服从于外部世界其他人的要求和期望。然而，当我们接近中年时，情况会发生变化。我们会体验到"感知自己，实现新平衡"（Connect With Yourself. Achieve New Balance）这一新百伦口号中所蕴含的某种需求。将精神能量更多地向内在自我转移的重要性体现在丹尼尔·莱文森（Daniel Levinson）等人在《人生四季》（The Seasons of a Man's Life）中的描述，盖尔·希伊（Gail Sheehy）在其著名的畅销书《走廊》（Passages）中谈到的对中年生活的见解主要源于这些作者的研究。莱文森做了如下描述。

> 在中年转型期，当一个人回顾自己的生活并考虑如何赋予它更大的意义时，他就必须以一种新的方式来认识毁灭与创造是生活中的两个基本方面。对自己死亡的认识越深，他就越会意识到毁灭是一个普遍的过程。知道自己离死亡并不遥远，他就会渴望为自己和后代确认未来的生活模样，就想要更有创造力。这种创造力"冲动"并不只是想"制造"些什么，而是想孕育形成某种东西并赋予其生命。因此，毁灭与创造极性的两端在中年生活中都会被强化。[3]

当谈到如何"了解你自己"时，阿比盖尔·特拉福德（Abigail Trafford）在

《我的时间：充分利用你的余生》（*My Time: Making the Most of the Rest of Your Life*）一书中表达的一个普遍中年主题是"现在轮到我了"或"这是我的时间"。[4] 然而，这并不是更大自我吸收意义上的"我的时间"，而是具有莱文森在描述中年生活的核心发展任务时所谈到的意义，他认为这些任务基于创造而不是消费。

在中年，只要我们超越了努力满足基本生存、安全和社会归属需求的阶段，我们 DNA 中古老的人格发展催化剂就会推动我们迈向更高水平的心理成熟。正如马斯洛所说，这是自我实现开始出现的时候，自我实现是一个降低外部世界对我们世界观及行为影响的发展过程，我们开始将更多的注意力转向内在自我。用荣格的话来讲，我们开始消除青少年和成年早期时所需要的那种自我意识和自命不凡的社会角色。[5]

在美好企业新百伦的波士顿总部（与马斯洛的布兰代斯校区相距不远），其总裁吉姆·戴维斯就自我实现需求以及这些需求对人们下半生行为的影响发表了非常直观的看法。新百伦和耐克（Nike）各自所提倡的营销价值观的比较（见图 5-1），清晰地展示了吉姆的见解。注意，耐克所提倡的价值观完全合法，并且在以年轻人为主导且强烈偏向男性价值观的文化中很可能取得巨大成功。值得注意的是，在一种中年人价值观逐渐占主导且女性价值观崛起的文化中，新百伦所提倡的价值观越来越合时宜。

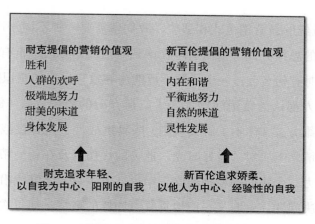

图 5-1　耐克与新百伦提倡的营销价值观比较

在新百伦的一则广告中，一名男子在沿着山边的道路奔跑，同时俯瞰着波光粼粼的大海。该广告标题是"重点不在于两点之间的最短距离"。耐克可能会采用一则视觉上类似但强调优越表现和胜利的广告。在新百伦的广告画面中，往往就是一个人对着自己或者展示人与自然，从来不会出现耐克广告中常见的明示或暗示的那种较量。

当还是斗志昂扬的年轻人或刚成年时，我们拼命追求名和利的成功，我们花了很多的精力尝试在爱情、工作和娱乐上超过我们的竞争对手。但当中年来临时，我们的人性倾向于把我们的精力转向其他追求。新百伦的营销反映了这一点，它的广告中没有一点运动鞋营销通常所强调的阳刚。新百伦的广告反映出，一个人的价值不是用其相对他人的优越感而是用其对真实自我的忠诚来衡量的。

因此，当人们开始意识到他们不能再像以前那样努力奔跑和玩耍时，当他们开始琢磨为什么"事情"不再像以前那样使他们感到满足时，当他们开始追问诸如"这就是一切吗"以及"我生活的意义是什么呢"这样的问题时，他们会发现新百伦早以其令人欣慰的自我发现和新远景信息存在于那儿了。

一种新意识

要与 21 世纪的新营销范式相适应，我们就需要一种不同于产生自 20 世纪兜售营销范式的思维方式。爱因斯坦在谈到"当旧的方法不再有效时，改变意识的重要性"时有句名言：一个问题不可能用导致它出现的意识来解决。

几乎所有人都认为营销问题太多了。摒弃旧的思维方式（你了解其规则）而采用新的思维方式（你不了解其规则）颇具挑战性，这种挑战既体现在智力上，又体现在情感上。对"美好时光"逝去的忧伤以及在新的精神领域感到失落所产生的压力，令我们的精神不安。结果，大多数人会继续沿用导致问题产生的意识来解决问题，一遍又一遍地重复着同样的事情，却每次都期待有不同的结果。到现在为止，我们难道没有听说过"一遍又一遍地重复同样的事情却期待有不同的结果"就是精神错乱吗？

　　美好企业令人羡慕的成功来自鼓舞人心的领导层，他们的工作意识与没有"爱"的竞争对手相比有很大的不同。耐克创始人菲尔·奈特（Phil Knight）本身是一位鼓舞人心的领导者，但他的经营意识与新百伦的吉姆·戴维斯截然不同。耐克是从竞争的角度看待运动鞋市场的，因此他们认为花数千万美元的营销费用请著名运动员代言产品，再花数千万美元来宣传这些代言是值得的。想一想，阿迪达斯（adidas）以 1.60 亿美元签下足球巨星大卫·贝克汉姆（David Beckham），诞生了史上金额最大的代言合同。在以 1 亿美元签下老虎伍兹（Tiger Woods）后，耐克以 9000 万美元签下篮球新秀勒布朗·詹姆斯（LeBron James），即在创造了史上最大一笔高尔夫代言交易之后又创造了史上最大一笔运动鞋代言交易。

　　新百伦看待运动鞋市场的意识角度与耐克不同。首先，它把自己看成一家运动鞋生产商，其 30% 的库存都是由位于美国的自家工厂生产的。吉姆·戴维斯将包括耐克在内的最强劲竞争对手视为运动鞋营销公司——它们不生产运动鞋，而是外包了所有运动鞋的生产。

　　新百伦营销的基础是运动鞋的适合度和性能。不过，一些人之所以购买新百伦运动鞋是因为他们希望对新百伦（尽可能）抵制外包的做法表示支持。我们并不是要对外包进行道德上的评判，只是注意到了这样的现象：一些客户经常光顾与他们有着共同价值观的公司和品牌。

　　新百伦最强劲的竞争对手们最看重款式，而新百伦则认为款式是次要的。耐克和其他企业主要是从社会自我（融入、影响他人以及竞争）角度看待客户，而新百伦则是从内在自我（平衡且有意义的生活）角度看待客户。新百伦这种客户观并不依赖昂贵的代言和铺天盖地的广告表达。[6] 它将大量资金留给了研究以及对零售合作伙伴的关怀和供给（新百伦在这方面表现出色）。此外，它的做法有助于削减美国制造业运营中的高工资成本，在实现这一目标方面，新百伦美国员工的卓越生产率发挥了很大作用。

　　你可能会问："新百伦的非传统运动鞋市场观点到底有多成功？"可以说，

非常成功。在阿迪达斯和锐步（Reebok）合并之前，新百伦在美国运动鞋市场的排名从1990年的第12位跃升到了2001年的第2位。难能可贵的是，它的这些成绩是在运动鞋市场因为年轻人以及年轻的成人群体减少而逐渐萎缩的情况下取得的。在20世纪90年代的美国，18~34岁人群中的潜在运动鞋用户减少了近900万人，导致耐克、锐步和阿迪达斯在美国运动鞋市场上遭遇了销量和市场份额的双双下滑。而在同一时期，新百伦的运动鞋销量和市场份额却逆势大幅增长：在1990~2005年期间的年销售额平均增长约为25%；2013年，营收接近20亿美元，且占全球市场份额6%，仅次于耐克、阿迪达斯和彪马（Puma），与锐步相当。作为一家美好企业，新百伦确实获得了丰厚的回报。

联合利华的多芬（Dove）品牌护肤品营销人员拥有一种新的意识，他们的营销方式与传统的个人护理产品营销方式有着根本的不同——他们接受了"营销人员即心灵疗愈师"这样的理念。这种意识已经从以理想化的方式感知美转向了以现实生活中的方式看待美。这种转变得益于一项调查（针对女性）该调查显示：只有2%的受访者认为自己漂亮；不到13%的受访者对他们的体重"非常满意"；仅有13%的受访者对自己的美貌"非常满意"。多芬的营销人员认为，这其中蕴含着之前未被发现的机会。

他们开始思考：青春期女性对自己身体有所缺陷的这种看法究竟缘何而起？这种看法所产生的自卑感和困扰，使得无数女孩没有在生活中发挥出她们的潜能。因此，联合利华成立了"多芬自尊基金"，该基金成了年轻女孩的代言人，帮助她们改变对自己的态度。相较于传统的个人护理产品营销，该基金是以一种更为广泛的对美的定义去鼓励她们。

绝大多数年轻、中年和老年女性并不认同一些广告中对青春美的感性描述。多芬的营销人员从中嗅到了机会，他们在全球范围内发起了一项声势浩大的"重新定义美"的活动，并为此建立了一个专门介绍"真实美"的网站。该网站"分享女性的真实美，同时启发她们的美"，并承诺"通过旨在传递激励和培养自信的文章来帮助女性展示自己的真实美"。多芬的一则广告中出现了三幅有年长女性的画面，每幅画面旁配有一个关键问题。

● 单调还是华丽？

● 满脸皱纹还是精神饱满？

● 缺陷还是完美？

多芬的心灵疗愈表达之所以有力，在于它和客户之间建立的同理心联系。有人也许会问："这管用吗？"是的，没错，非常管用。在这项活动的策源地欧洲，结果出乎所有人的预料。例如，活动开展后，多芬紧肤水 2004 年在西欧的销量是预期的两倍多，特别是在英国，多芬紧肤水的销量从 2003 年的 28 万瓶猛增到了 2004 年上半年的 230 万瓶。2013 年，多芬又发起了一项名为"多芬真实美素描"的创新活动（由一位艺术家根据女性自己及他人的描述分别绘制女性的面部），该项活动的宗旨是"促使女性意识到自己的美，并承认自己的美"。根据女性自我描述绘制出的面部总是缺少吸引力，并且与实际情况不太相符。在不到一个月的时间里，这项活动就收到了多达 43 亿条公众感言。

毫无疑问，心灵疗愈是美好企业企业文化的一个显著特征，它正在取代操控成为营销之魂。

这不是什么新鲜事：用心的员工带来忠诚的客户

几乎所有商界人士都懂得本节标题所包含的道理，但又有多少企业将之完全付诸实践了呢？然而，美好企业做到了。它们知道，卓越的客户关怀始于雇用拥有较高能力去关心其工作和客户的员工。它们知道，十分满意的员工会带来十分满意的客户。它们着眼长远，提供了比竞争对手更高的员工工资和福利，而这往往能降低与员工相关的成本，并改善客户的体验。它们还知道，着眼长远会降低营销成本，会提高客单价。所有这些似乎都有悖常理，但一个又一个案例表明：尽管美好企业的人工成本更高，但它们每一美元的收入所消耗的劳动成本和营销成本实际上更低。那些精于算计的人很难明白，高工资和高福利究竟是如何产生这样令人满意的结果的。

逐行审视成本并将每个成本项都看成独立变量的做法，不可避免地会模糊薪酬与生产率、收入与利润之间的关键联系。

商业中的一切都息息相关：企业是经济生态系统的参与者，这个系统中的所有参与者都彼此关联并相互依存，一个参与者群体的行为可能会对其他参与者群体的幸福感和行为产生影响。考虑到这一点，我们就有必要全面看待工资和福利。我们认为：低工资和低福利不可避免地会导致较低的员工敬业度和较高的员工流动率，而这会使生产率降低并增加招募和培训成本。最后，同样很重要的一点是，这还会导致客单价减少，并推高客户流动率。[7]

我们认为，"员工敬业度越高，其表现就会越优秀"这一点是显而易见的。作为人类能量的一种体现形式，企业越来越渴望以更崇高的目标来展示自己。如果一个企业的领导者能帮助建立有利于这一切发生的环境，那这个企业的优异财务表现自然会水到渠成。

肯耐珂萨公司（Kenexa）研究院在 2008 年发现：员工敬业度居前 25% 的企业拥有的净收益是最后 25% 公司的两倍；在 5 年时间里，前者的股东回报率增长了 6 倍。[8] 稻睿咨询公司（Towers Perrin）在 2011 年的一项研究也发现，员工敬业度较高的企业的净利润一般高出行业平均水平 6%。

凯文·克鲁斯（Kevin Kruse）将这一影响链称为"敬业度利润链"，与吉姆·赫斯克特（Jim Heskett）和厄尔·萨塞（Earl Sasser）提到的经典的"服务利润链"类似。

> 敬业的员工会带来更好的服务、产品品质及更高的生产率，这进一步会带来更高的客户满意度，从而带来更高的销量（来自更多的重复业务和引荐），这意味着更高的盈利水平，而所有这些最终会带来更高的股东回报率（股价）。[9]

道格·康纳特在 2000 年成为金宝汤业公司（Campbell's Soup）的首席执行官时发现这家公司的员工敬业度非常低。于是，他把提升员工敬业度当作头等大事来抓，并取得了巨大成功。到 2009 年，金宝汤业敬业员工与不敬业员工的人数之比达到了 23 : 1，并且其股价表现大大好于市场平均水平。

　　美好企业会有针对性地寻找对其存在目的真正感兴趣（或甚至有些狂热）的员工。例如，巴塔哥尼亚的市场重点是攀岩爱好者，它需要的是对攀岩的"泥袋文化"满怀热情的员工；L.L.Bean 将市场重点放在了户外活动上，因此，它寻找的是对自然充满激情的员工；同在户外行业中的 REI 对重建人与自然的关系极为关注，它寻求的员工无疑是远足和露营爱好者。

　　正如我们前面提到的，全食超市的经营理念可用其座右铭"全食，全人，全球"来概括。他们需要的不只是活生生的人，更需要秉承这条座右铭的精神去热情生活的狂热"美食家"。他们知道，这种热情不仅仅会使顾客拥有美好的购物体验，而且会使每一美元的员工成本带来更大的收益。

　　员工的热情是全食超市和其他美好企业超越竞争对手的一个主要因素。人们经常光顾美好企业，部分因为他们在那里所体验到的乐趣。我们朋友当中有个美食家，他把自己的购物时间分别花在了乔之店（为了基本需要和乐趣）、全食超市（为了健康和乐趣）和韦格曼斯食品超市（为了乐趣，没错，就是为了乐趣）。他认为韦格曼斯食品超市是美食家的天堂！

　　在本书前面的章节中，我们讨论了情商对员工和高级管理人员的重要性。除了给组织内部带来好处，情商对于与客户打交道同样至关重要。例如，专业销售人员需要通过销售产生直接利润，需要让客户满意并提升他们的终身忠诚度，需要为企业保持长期经济活力贡献力量，而企业对这些销售人员的要求却往往相互冲突且模棱两可。研究表明，销售人员处理和完成所有这些优先事项的能力在很大程度上取决于他们的情商水平。[10] 美好企业的员工情商水平普遍很高，尤其是那些定期与客户打交道的员工。

不建立信任会怎样

　　无数企业的愿景和使命宣言都将与客户建立信任作为主要目标，这就给一家企业为什么开展业务带来了非生产性影响。我们认为，与客户建立信任不应该成为一个主要的业务目标，更准确地说，信任的建立应该是持续满足或超出客户预期的结果。换言之，信任是衡量一家企业客户服务水平的标准。如果从更广泛的意义上来讲，信任是衡量企业服务所有利益相关者水平的标准。

L.L.Bean 前首席财务官李·苏拉切（Lee Surace）并不是一位普通的首席"账房先生"。他在工作中有一种深深的使命感，这种使命感与赚钱无关——他思考的不是如何建立信任的问题，而是怎样去帮助 L.L.Bean 的所有利益相关者。他以近乎祭司般的谦卑和敬畏对待自己的工作。

> 对我来说，这份工作不完全是为了钱。我有种感觉，我真的在改善人们的生活。当意识到我不仅对我的员工负有社会责任，而且对我的供应商、客户和我所在的社区负有社会责任时，我就会认识到这份工作与我要为一家企业赚多少钱无关了。[11]

L.L. 比恩（L.L.Bean）是一位充满激情的户外运动爱好者，他曾被《华尔街日报》评为"20 世纪十大企业家"之一。L.L. 比恩在约一个世纪前定义的企业文化被完整延续至今，有个故事证实了"无限制退换担保"是这种文化的一部分。几年前，一位客户退回了其在 20 世纪 60 年代于 L.L.Bean 购买的一件破旧大衣，并得到了一件新大衣作为补偿。这就足以说明 L.L.Bean 的担保没有时间限制。这家市值高达 15 亿美元的户外装备与服装企业知道，它的这种无限制退换担保对客户的潜台词就是"我们信任你"。结果，客户的反应同样是"我们信任你"，这体现出他们对这家企业的忠诚度非常高。

开市客也是一家深受客户信任的美好企业。但是，该企业创始人、前首席执行官吉姆·辛内加尔起初并没有花很多时间去思考如何与客户建立信任的问题。他更注重的是，在平常表述开市客的核心价值观时保持一致性（第 8 章"社会：终极利益相关者"会谈到这些核心价值观）。

辛内加尔关心客户的热情是从将任何品牌（包括该企业自有品牌 Kirkland）的产品加价幅度限制为 14%～15% 开始的。几年前，开市客的 Kirkland 品牌 35mm 胶卷开始热销。随着销量持续增长，供应商不断降低批发价向开市客供货，这使得该胶卷的利润率上涨超过了开市客 15% 的利润率限制。该企业管理层担心，降低价格以遵循利润率在 15% 以内的限制可能有损品牌形象。开市客采取的办法是，降低每卷胶卷的价格但增加每盒内胶卷的数量，这样就保持了每盒胶卷的价格基本不变。

开市客的客户可以无收据、无理由、无时间限制（除电脑有 6 个月的宽限期）退货，这一点与 L.L.Bean 和其他一些美好企业的做法极为类似。开市客信任客户，而客户同样信任开市客，信任在双方关系中总是最有力的。无数企业希望客户信任它们，但它们并不信任客户，而美好企业懂得，培育和信任客户能带来巨大回报。是的，偶尔也会有客户滥用这种制度，但美好企业不会因为少数人的过错而牺牲大多数人的利益。

开市客是在与员工打交道的过程中开始信任利益相关者的。辛内加尔举了个例子让员工明白：开市客的高管并没有利用员工、客户、供应商或他们能够利用的任何其他人来谋取个人利益。以 2010 年为例：在美国收入排名前 350 位的企业中，首席执行官的平均总薪酬（包括股票期权）约为 1200 万美元；尽管开市客在 2010 年的收入高达 710 亿美元且利润可观，但辛内加尔当年的总收入只有 54 万美元（35 万美元工资加 19 万美元奖金）。与大企业的大多数其他高管相比，辛内加尔领取的薪酬只能算是小钱，这足以说明问题。

辛内加尔坚定地认为，"赚取可观的利润而不是牟取暴利"以及"增加对开市客现有 17.5 万名员工的投入"更具有商业意义。"我不认为让员工赚到足以供他们买房或为家庭实施一个健康计划的钱有什么不对。"他说。[12]

美好企业是有灵魂的

哈维·哈特曼（Harvey Hartman）对"灵魂"颇有研究，不过这里所讲的"灵魂"不是指音乐灵魂或食物灵魂，而是指企业及其文化灵魂。大多数人认为，人类灵魂最能将我们与其他动物区分开。哈特曼则认为，企业灵魂最能将企业区分开。哈特曼是哈特曼集团的创始人兼首席执行官，该集团是一家位于华盛顿州贝尔维尤市的有灵魂的市场研究企业。哈特曼认为，企业灵魂对企业的生存和发展越来越重要。"这是我们由工业纪元理性时代向后现代灵魂时代转变的结果。"他说。

当被问及他将一家企业称为"有灵魂的"是什么意思时，哈特曼回答道："我的意思是，这家企业拥有一种真实的产品来源描述，并且这种描述捍卫了产品所体现的非物质属性和道德价值观。"这是"超越时代"的又一个时代精神例子，而这种时代精神正在推动资本主义的社会转型。

人们不会去沃尔玛体验有灵魂的购物，但他们会为有灵魂的购物体验涌向全食超市，涌向提供丰富服务的维格曼斯食品超市，涌向乔丹家具（现在归沃伦·巴菲特的伯克希尔 – 哈撒韦公司所有），他们在这些地方可体验到充满乐趣且有灵魂的购物。人们还会特意去坐西南航空的航班，因为航班上的逗乐小丑脸上永远挂着微笑，而这能够帮助他们缓解飞行途中的疲惫，是一种与众不同的灵魂体验。

灵魂是美好企业的标志，是"超越时代"文化的一个独特组成部分，其既反映出人们对精神性兴趣的高涨，又反映出社会的老龄化。人们渴望在日常生活中拥有更多有灵魂的体验，这种渴望正在削弱社会上的物质主义气息。消费者之所以越来越注重"产品和服务的原始功能特征"之外的东西，就是为了获得"提升生活满意度"的体验。在《体验经济》[⊖]（*The Experience Economy*）这本商业类畅销书中，约瑟夫·派恩和詹姆斯·吉尔摩（Jim Gilmore）详细描述了这一点。

当然，对于那些在选择购物地时把价格作为主要参考标准的客户来说，沃尔玛等"价值型"零售商仍有吸引力。但是，在类似于哈特曼所称的"灵魂时代"以及平克所称的"概念时代"的"超越时代"中，越来越多的消费者不把价格作为选择购物地时的主要参考标准。到目前为止，大多数了解全食超市的人可能听说过"到全食超市购物就意味着'把钱花光'"这句玩笑式的感叹。不过，还是有数百万人在那里购物，这些人接受了这样一个事实：无论是生

⊖ 本书已由机械工业出版社出版。

产有机食品还是使用自由放养的动物生产肉类和奶制品，其成本都要更高。因此，全食超市的购物者乐意花 3.49 美元买一打自由放养的鸡下的大个 A 类鸡蛋，即使他们能在西夫韦超市（Safeway）花更少的钱买到"普通"鸡蛋。

因此，"高价格，高灵魂"实际上是一种可行的商业策略。但是"低价格，高灵魂"行得通吗？除了开市客，西南航空、丰田、宜家、乔之店、乔丹家具——所有这些企业都在提供高价值、低价格的产品与服务。

开市客及其他美好企业的生存与繁荣之道在于商业模式，这种商业模式激发了客户之间、员工之间以及其他利益相关者之间"爱"的感觉——"爱"这种无法言喻的情感将我们与他人、市场中的品牌和企业，以及与我们所喜爱的企业的员工紧紧联系在一起。我们乐于谈论企业的知识产权价值，那为什么不在评估企业的投资价值时将其情感特征也考虑在内呢？

注释

1. Bill Breen, "Desire: Connecting with What Consumers Want", *Fast Company*, Feb. 2003, pg. 86.
2. 在最近一次芝加哥马拉松比赛中，参赛者使用了 140 种不同尺码和宽度的 991 型跑鞋。
3. Daniel J. Levinson, et al., *The Seasons of a Man's Life*, Ballantine Books, 1978, p. 223.
4. Abigail Trafford, *My Time: Making the Most of the Rest of Your Life*, Basic Books, 2003.
5. *Persona*，"面具"的拉丁文。
6. 近年来，新百伦开始签约棒球运动员代言，部分是受到来自耐克的新营销主管的影响。这家企业这样做是为了吸引更年轻的客户。我们认为，这种做法十分错误，因为新百伦在老年人市场中的地位非常稳固。不过，传统智慧可以找到一种方法在最具前瞻性的企业中证明自己。
7. 弗雷德里克·赖克哈尔德（Frederick Reichheld），《忠诚效应：增长、利润与持久价值背后的隐形力量》（*The Loyalty Effect: The Hidden Force Behind Growth, Profits and Lasting Values*），哈佛商学院出版社，1996 年。这本开创性的著作考察了客户、员工和股东的忠诚度并量化了这三者之间的联系，同时指出客户、员工和股东流动率较低的企业拥有较高的股东回报率。
8. http://www.kenexa.com/getattachment/8c36e336-3935-4406-8b7b-777f1afaa57d/The-Impact-of-Employee-Engagement.aspx.

9. http://www.openforum.com/articles/how-employee-engagementleads-to-higher-stock-prices.

10. Elizabeth J. Rozell, Charles E. Pettijohn and R. Stephen Parker (2004), " Customer-Oriented Selling: Exploring the Roles of Emotional Intelligence and Organizational Commitment ", *Psychology & Marketing,* June, Volume 21, Issue 6, pg. 405. 11. Eduardo Araiza and Pablo Cardona, " L.L.Bean Latin America ", *International Graduate School of Management,* Case #ISE088.

12. Jim Hightower, " A Corporation That Breaks the Greed Mold ", *Working for Change,* http://www.workingforchange.com/article.cfm?itemid=16603, July 17, 2005.

克里斯是一位经验丰富的投资经理人，供职于全美最大的金融机构之一。因为一些显而易见的原因，我们无法提供关于他及这家机构的更具体信息。2005 年秋天，在一场讨论建立一只美好企业投资基金的会议上，克里斯说他观察全食超市已经有一段时间了。"每当收到季度财报时，我都对自己说，'它的市盈率不可能再高了'，但数字一直在增长。"在这场会议召开那年，全食超市的股价已累计上涨了 70%。谁会想到，一家经营着较低利润率业务的企业能有如此抢眼的表现？克里斯承认，他曾对这种现象百思不得其解，但当他了解到美好企业的商业模式时，全食超市出色的财务表现状况背后的原因就变得清晰多了。

回顾一下前面的讨论，我们提到的美好企业在多个时间期的财务表现都非常出色。请记住，我们在为本书挑选美好企业时，是基于它们对所有利益相关者利益的专注，我们认为这种专注预示着它们未来的成功。只有当它们成功时，我们才会去对它们过去的财务表现进行详细分析。正如前面所说，我们从直觉上预判它们会有不错的表现，但其实际表现大大出乎我们的意料。

在第 1 章中，我们简要概述了这些美好企业所取得的骄人财务表现。此外，我们将它们的表现与标普 500 指数所代表的整个股市的表现以及吉姆·柯林斯所谓的"从优秀到卓越"企业的表现进行了比较。

在本章中，我们将进一步详细介绍美好企业的财务表现。不过，在深入探讨那些数字之前，我们想先讨论与利益相关者之一的投资者有关的几个问题。

全食超市为股东创造财富的方式

在截至 2013 年 9 月 30 日的 20 年里，作为 SRM 商业模式的生动范例，全食超市为投资者创造的累计回报率高达 2270%。这家企业的经营理念体现在其张贴于每一家门店的"相互依存宣言"中，反映了它与利益相关者的相互联结，部分内容如下。

全食超市是优质食品行业中充满活力的领导者。我们是一家使命驱动的企业，致力为食品零售商制定卓越标准。我们正在构建一种渗透到公司方方面面的高标准商业模式。在全食超市，品质是一种精神状态。

我们的"全食，全人，全球"座右铭突出地表明，我们的愿景远不止成为一家食品零售商。我们成功实现愿景取决于客户的满意度、团队成员的卓越性和幸福感、资本投资的回报率、环境状况的改善以及当地或更大型社区的支持。

我们向各类利益相关者（对我们企业的成功感兴趣并从中受益的各方）灌输清晰的相互依存感的能力，取决于我们在更频繁、更开放和更富有同理心的沟通方面所做出的努力。更有效的沟通意味着更充分的理解和更多的信任。

该"相互依存宣言"还做了如下表述。

我们的目标是使所有利益相关者满意并满足我们的标准。全食超市领导层最重要的职责之一是，确保不同利益相关者的利益、愿望和需求保持平衡。我们认识到这是一个动态的过程，需要所有利益相关者的参与和沟通，需要富有同理心的倾听、认真的思考和诚实的行事。我们必须对所有冲突进行调解，并找到双赢的解决方案。对我们企业的长期成功来说，建立并培育利益相关者社区至关重要。

全食超市的经历生动有趣地说明了股市对外部事件的过度反应——在将股价推至不合理的高位并拥有不可持续的市盈率后，2008年金融危机的爆发使市场转向了另一个极端：全食超市的股价从约70美元的高点开始一路狂跌至7美元。而其同店销售额增长也一直在放缓，甚至出现了小幅负增长的趋势。但正如该企业首席执行官约翰·麦基所言，这仍然是那家价值被认为10倍于之前的企业，它拒绝向华尔街摇尾乞怜，而是坚守自己的宗旨和管理理念。很快，这家企业的股价又开始了历史性上涨——在写作本书时，已达到约112美元（拆股调整后）。

谁是今天的投资者

持有股票和债券曾是富人和特权阶层的专利，不过情况已经变了。美联储的《消费者金融状况调查》显示，持有股票的美国家庭比例从1983年的19%上升到了1989年的32%、1995年的41%和2001年的51.9%。[1]（实际上，该百分比在2010年下降到了46.9%。）甚至更为重要的是，投资者已经成了一股主要的政治力量。2004年美国大选的民意调查显示，有70%的选民持有股票。[2]

虽然股权分享成为主流有助于推动企业透明度的提高，但也会带来其他影响。许多个人投资者在其投资决策中融入了自己的道德价值观，他们赞成对世界产生积极影响的可持续和负责任的投资理念。第一肯定金融网络有限责任公司（First Affirmative Financial Network，LLC）总裁史蒂文·舒茨（Steven J. Schueth）在该公司网站展示了以下观点。

> 对社会责任投资感兴趣的投资者，其动机往往可分为互补的两类。有些人希望以更贴近并反映其个人价值观及社会优先事项的方式来发挥其资金的作用，另一些人则希望以支持并鼓励改善整个社会生活品质的方式来发挥其资金的作用。后者更在乎能用他们的资金做些

什么，以推动建立一个更具经济公平性和可持续性并且对所有人都有利的世界。他们往往对社会变革战略更感兴趣，而这些社会变革战略是美国社会责任投资不可或缺的一部分。[3]

美国首屈一指的管理大师，已故的彼得·德鲁克（Peter Drucker）在 20 年前写道："作为主要所有者和借贷者的养老基金的崛起反映了经济史上最惊人的转变。"[4] 德鲁克又说道：

> 一切表明，包括养老基金在内的机构投资者控制了这个国家大型（及许多中型）企业近 40% 的普通股。规模最大且成长最快的基金（即那些公共雇员基金）不再满足于作为被动投资者。[5]

在反思德鲁克的观点及半数以上的美国家庭持有股票这一事实时，弗雷德里克·赖克哈尔德关于投资者如何增加和减少股票价值的深刻见解便浮现在我们脑海中。赖克哈尔德指责短线交易者和其他短期投机者通过给高管施加压力，使之以长期代价做出短视决策，从而破坏股票价值。他建议企业制定吸引养老基金和美国主流家庭等长期投资者关注的战略，并用令人信服的指标展示了长期投资者是如何为企业增值的——这是美好企业商业模式中所有利益相关者的一个关键特征。从客户到社区，美好企业管理层都是像赖克哈尔德那样看待价值创造的：所有主要利益相关者都创造了价值并从价值收益中获益，通过使所有利益相关者参与，企业能利用更广泛和更深层的资源来创造更大的价值。

美好企业是沃伦·巴菲特的投资对象。当被问及他愿意持有一项投资多久时，巴菲特常说"永远"。[6] 在伯克希尔 - 哈撒韦公司 1992 年的年报中，巴菲特谈及了他对客户流失的看法。

> 我们相信，我们公司的股票换手率要远低于任何其他被广泛持有的公司的。交易摩擦成本（对许多公司所有者来说是笔不小的"税收"）在伯克希尔 - 哈撒韦公司几乎不存在。[7]

　　我们对赖克哈尔德和巴菲特的观点做了充分了解。前者认真研究了股票流失与股东价值侵蚀之间的关系；后者成为世界第二富有的男人，这部分是因为他对这种关系及长期价值创造动力的理解并据此进行投资。那么，为什么没有更多公司持有类似观点呢？是不是董事会仅仅为了短期收益而奖励高管，从而刺激他们做出破坏价值的短期决策呢？

以禅宗视角看待"获利"

　　本书自始至终在强调这样一种观点（在这个新时代，越来越多的人接受了这种观点）：企业的成功不在于对财务状况的痴迷，而在于对企业如何为所有利益相关者创造价值的关注。通过帮助利益相关者解决问题，使他们更好地发挥自身潜力并提高生活品质，美好企业做到了这一点。为了实现这种间接的逐利方法，英国著名经济学家约翰·凯伊（John Kay）提醒我们，最好以间接方式去追求大多数目标。[8]如果想学习杂技，你会被告知："专注于'抛'，不用担心'接'的问题。"[9]诀窍在于，如果你掌握了"抛"，"接"就是水到渠成的事，即变得微不足道了。这给企业带来的启示就是：应遵循非常有灵性的原则；应专注于始终如一地采取正确行动，而不是由预先确定的目标或佛陀所说的"期望的结果"来驱动。一个企业如果痴迷于所期望的结果，就很可能采取"错误"行动，而这些行动最终会不可避免地产生方方面面的不良后果。

　　这一间接追逐目标原则体现在以下的禅宗式悖论中：越是一门心思想赚钱，赚的钱往往反而越少。换言之，大多数利润驱动型企业通常并不是最赚钱的，大多数很赚钱的企业其主要精力并不在赚钱上。正如彼得·德鲁克所说："不要用利润去解释企业行为和决策，而应将其视为对企业行为和决策有效性的检验。"[10]回顾第 5 章所引述的 L.L.Bean 前首席财务官李·苏拉切的话："对我来说，这份工作不完全是为了钱。我有种感觉，我真的在改善人们的生活。"很难想象这些话是从一个首席财务官口里说出来的，当然，美好企业的首席财务官是例外。

全球领先的咨询公司麦肯锡的研究清楚地表明了放眼长远、不刻意追逐利润所产生的效果——就好像一个杂耍球几乎总会神奇地落到杂耍者手里一样。在 2005 年的一期《麦肯锡季刊》上，理查德·多布斯（Richard Dobbs）研究了企业短期表现与其长期健康之间的关系：健康的企业会随着时间的推移保持卓越的表现。除拥有稳健的战略、维护良好的资产以及创新的产品和服务，这些企业还在客户、监管机构、政府和其他利益相关者中拥有良好的声誉，并具有吸引、留住和培养高绩效员工的能力。[11]

遗憾的是（对投资者而言尤其如此），有太多的企业未能意识到寻求获得超常短期收益很可能损害它们的长期健康发展。这和为了赢得比赛而服用类固醇和其他提高成绩的药物却承受了致命性长期后果的精英运动员有些类似。企业当然能通过裁员、降低服务水平、削减员工福利及其他类似措施来提升短期收益，但是类似的措施会使未来绩效不佳的可能性大增。当然，在宣布大规模裁员后，一家企业的股价上涨这种情况很常见，而这可能会促使交易升温并为短期投机者带来收益，但长期投资者应将此情况视为这家企业未来健康堪忧的一种警讯。

以下是麦肯锡对追逐利润的看法。

> "股东价值"这种论调有点儿自相矛盾，会阻碍企业将股东价值最大化。"企业就是企业"这种轻率的说法可能导致管理者将精力过分集中在改善企业的短期绩效上，而忽视重要的长期机会和问题，如社会压力、客户信任以及对创新和其他增长前景的投资。[12]

太多的管理者非常容易受到短期压力的影响。美国国家经济研究局（National Bureau of Economic Research）的一项研究发现：如果一项投资可能造成季度盈利目标无法完成，那即使这项投资能提供可观的回报，大多数管理者也不会实施。令人震惊的是，超过 80% 的高管会因为同样的原因削减研发支出，即使他们真的认为这样做会损害企业的长远利益。[13] 而且，许多企业的董事会因为高管这样想而向他们提供现金和股票期权奖励。

有影响力的股票分析师向企业施加季度成长率压力是一种众所周知的现象。好消息是，尽管许多分析师确实对管理层施加了实现短期绩效的压力，但整个股票市场还是对产生长期价值的行为给予了回报。

企业必须将管理者薪酬与企业短期绩效脱钩，并与指示企业长期健康的多维指标更密切地联系起来。[14]

加强投资者、员工与客户之间的联结

企业可用一种能提高公司稳定性并使各利益相关者群体的利益协调一致的方式将企业投资者、员工和客户联结在一起（见图6-1）。例如，大多数经营良好的企业（当然包括美好企业）鼓励员工成为企业的客户，并可享受相当大的公司产品及服务的折扣。在许多情况下（尤其是时尚生活产品行业），企业发现它们最优秀的雇员往往来自最忠诚和最苛

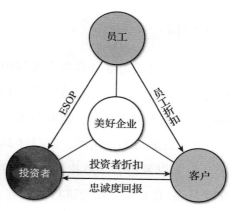

图 6-1　混合关系

刻的客户。这类公司中的大多数还制订了"员工持股计划"（ESOP）。与简单地奖励员工股票期权（在本质上可能是短期的）不同的是，美好企业鼓励员工购买并长期持有企业股票。

客户与投资者之间可能存在的联结更不寻常，并在某些方面更令人感兴趣。一方面，企业可通过使其投资者成为客户来鼓励混合关系。事实上，它们应考虑给长期投资者提供类似员工所获得的折扣。另一方面，一些企业已经开始通过给最佳客户奖励股票来尝试新型的"忠诚度计划"。例如，对每年在其旗下酒店住宿三晚或更长时间的客户，詹姆逊酒店（Jameson Inns）会按照每晚房费的10%奖励其企业股票。[15]当波士顿啤酒公司于1995年上市时，其首席执行官吉姆·科赫（Jim Koch）希望将企业客户放在优先地位，而不是偏向专

业投资者：客户可以每股 15 美元的价格购买该企业股票，而公开募股的价格为每股 20 美元。

以这种方式将利益相关者联结在一起的好处显而易见：与企业有多重关系的利益相关者对企业而言可能更为重要，并且他们更可能在企业遇到困难时与企业一道共度时艰。利益相关者不仅应建立彼此间的联结，而且应与企业建立直接联结。企业应毫不犹豫地将所有利益相关者（不仅仅是这里提到的三类）代表直接纳入其长期战略规划进程中。

股东回报

是什么使美好企业在投资者眼中与众不同？是什么使美好企业的股价长期超过"从优秀到卓越"企业？[16] 我们发现，在通常情况下，美好企业拥有更高的股东回报率和市盈率，但其所承担的风险并不会比整个股市高。

为了比较股东回报率，我们对 28 家美国上市美好企业、11 家"从优秀到卓越"企业以及标普 500 指数的 3 年期、5 年期、10 年期、15 年期（截至 2013 年 9 月 30 日）历史股价进行了研究。这些时间期限跨越了一系列市场环境变化，如互联网热潮的兴起、技术泡沫的破灭、缓慢的复苏以及 2008～2009 年的全球金融危机。

以下是我们计算回报率的方法。

- 根据从彭博终端获得的 1998 年 10 月 1 日～2013 年 9 月 30 日的收盘价和股息计算季度持有期回报率。

- 根据累计持有期回报率计算总回报率，以计入再投资股息。

- 对从彭博终端获得的 1998 年 10 月 1 日～2013 年 9 月 30 日数据进行线性股价回归处理，计算贝塔系数。

- 对于在此期间上市的企业，当其股价数据可用时会被列入计算。也就是说，没有股价数据不会造成该企业的回报率为0%，因为这会拉低整体的回报率。

表 6-1 和表 6-2 表明，美好企业的股价表现在所有时间跨度内都令标普500 指数企业相形见绌。在较长的时间跨度内，美好企业的表现也优于"从优秀到卓越"企业。

表 6-1　累计回报率对比

累计表现	15 年（%）	10 年（%）	5 年（%）	3 年（%）
美国的美好企业	1 681.11	409.66	151.34	83.37
美国以外的美好企业	1 180.17	512.04	153.83	47.00
"从优秀到卓越"企业	262.91	175.80	158.45	221.81
标普 500 指数企业	117.64	107.03	60.87	57.00

表 6-2　按年计算的回报率对比

按年计算的表现	15 年（%）	10 年（%）	5 年（%）	3 年（%）
美国的美好企业	21.17	17.69	20.24	22.40
美国以外的美好企业	18.53	19.86	20.48	13.70
"从优秀到卓越"企业	8.97	10.68	20.91	47.64
标普 500 指数企业	5.32	7.55	9.98	16.22

市盈率和贝塔系数

可用市盈率来衡量股票是否估值过高、估值过低或估值合理。从传统上来讲，市盈率低于其历史或行业均值的股票可被认为估值过低。然而，在本研究中，我们想尝试证明一种不同的理论——从传统市盈率估值角度来看的话，美好企业的成长远远超越了它们自身，并获得了更高的市盈率。更高的市盈率表明，企业有效地平衡了其主要利益相关者的利益，并为未来的持续增长做好了准备（部分地造成了做法更为传统的利润驱动型竞争对手的损失）。我们预期，只要继续以这种方式运营，美好企业的市盈率会继续超过其所在行业和整个市场（标普 500 指数企业）的水平。

　　贝塔系数是衡量股票风险或波动性的指标。我们发现，美国美好企业的贝塔系数为 1.02，表明其比标普 500 指数的风险略高（见表 6-3）。不过，贝塔系数更低并不一定就更好。在不产生更多额外风险的情况下，为投资者提供超出市场的回报——这正是美好企业通常的做法，其风险调整后的回报率要远高于整个市场（见表 6-4）。

表 6-3　关键比率

比　　　率	市盈率	贝塔系数
美国的美好企业	26.15	1.02
"从优秀到卓越" 企业	17.20	0.91
美国以外的美好企业	23.57	0.81

注：数据统计截至 2013 年 10 月 4 日。

表 6-4　美国美好企业的回报率

公　　　司	15 年（%）	10 年（%）	5 年（%）	3 年（%）
3M	222	72	74	37
Adobe Systems	1 096	164	32	99
亚马逊	1 580	546	330	99
Autodesk	526	383	23	29
波士顿啤酒公司	3 268	1 434	414	265
车美仕	629	284	172	43
Chipotle	—	674	673	149
丘博保险集团	182	174	62	56
Cognizant	16 239	801	260	27
高露洁	244	111	57	53
开市客	388	271	77	78
联邦快递	411	77	45	34
谷歌	—	576	119	67
哈雷戴维森	333	33	71	125
IBM	188	109	58	37
J. M. Smucker	359	148	88	72
万豪国际集团	277	109	72	24

（续）

公　　司	15 年（%）	10 年（%）	5 年（%）	3 年（%）
万事达环球公司	1302	1 302	279	200
诺德斯特龙	353	351	94	50
Panera	5 103	287	211	79
高通	2 147	223	56	49
斯伦贝谢	287	264	13	43
西南航空	62	−18	0	11
星巴克	1602	435	418	200
普信集团	388	247	33	43
UPS	55	43	44	36
迪士尼	157	224	110	95
全食超市	1 011	324	484	215

结论

　　我们对传统的狭隘商业观不抱任何幻想，这种商业观将利润最大化作为唯一目标的做法很快会过时。我们相信，以这种过时商业观为指导的企业会越来越少，并且更看重与所有利益相关者的生活和社区建立密切联系的企业会越来越将这种商业观视为一个不利因素。这种注重利益相关者的经营理念得到了越来越多客户、员工、供应商及其他利益相关者的青睐。美好企业证明了：通过投资拥有人本主义文化的企业，股东会获得更大的长期收益。当然，良好的管理和充足的资本仍然至关重要。不过，考虑到这些条件的存在性，当投资者投资美好企业时，他们将在风险较低的情况下获得可观的收益。

注释

1. http://www.federalreserve.gov/pubs/oss/oss2/scfindex.html.
2. Matthew Continetti, "I, Eliot", *The Weekly Standard*, March 7, 2005, Vol. 10, Issue 23, pp. 24–30.

3. http://www.firstaffirmative.com/news/sriArticle.html, as of Nov. 11, 2005.

4. Peter F. Drucker, *Managing the Future: The 1990s and Beyond,* Truman Talley Books, 1992, pg. 237.

5. 同上，pg. 235.

6. Frederick Reichheld, *The Loyalty Effect: The Hidden Force Behind Growth, Profits, and Lasting Value,* Harvard Business School Press, 1996.

7. 1992 *Annual Report,* Berkshire-Hathaway, Inc., pg. 20.

8. John Kay, "The Role of Business in Society", February 3, 1998 (www.johnkay.com).

9. Michael J. Gelb, *Lessons From the Art of Juggling: How to Achieve Your Full Potential in Business, Learning, and Life,* Harmony, 1994.

10. Peter F. Drucker, *Management: Tasks, Responsibilities, Practices,* Harper & Row, 1974.

11. Dobbs, *op. cit.*

12. Richard Dobbs, Keith Leslie, and Lenny T. Mendonca, "Building the Healthy Corporation", *The McKinsey Quarterly,* 2005 Special Edition: Value and Performance.

13. John R. Graham, Campbell R. Harvey, and Shivaram Rajgopal, "The Economic Implications of Corporate Financial Reporting", *NBER Working Paper* Number 10550, January 11, 2005.

14. Dobbs, Leslie, and Mendonca, *op. cit.*

15. *Business Week,* Upfront, August 8, 2005, pg. 12 (also see www.jamesoninns.com).

16. Jim Collins, *Good to Great.* New York: HarperCollins, 2001.

第7章 | FIRMS OF
合作伙伴：精妙的和谐关系 | ENDEARMENT

　　墨西哥恰帕斯州的咖啡种植户无不以黑色幽默的方式说，他们的咖啡是未来的买卖——因为情况永远都是"来年"会变好。在这样一个"来年"到来之前，欧文·波伦茨（Erwin Pohlenz）辛苦劳作、担惊受怕了很多年。1998年，他的1250英亩[⊖]咖啡种植园——圣特雷萨（Santa Teresa）在一场暴雨中损失了整整一面山坡的咖啡树。同年，强盗闯入了他的家，企图勒索10万美元。这让波伦茨觉得自己成了现代约伯[⊖]。连续数年的酷热使他的咖啡种植遭受了严重破坏，而在一场钻蛀虫害席卷了整个种植园后，圣特雷萨的咖啡产量直线下降。随后，全球的咖啡豆价格暴跌。还会有什么更糟的事情发生吗？这个问题使波伦茨每天都会从睡梦中惊醒。有可能出现的一件麻烦事是，人们喜爱的咖啡口味可能会变，而这事还真就发生了——需求转向了比圣特雷萨现有咖啡质量更好的特级咖啡。于是，由波伦茨的德国移民父亲埃内斯托（Ernesto）在半个多世纪前创立的这家种植园似乎难逃破产的命运。

　　就在这时，波伦茨开始转运了，大宗商品交易商墨西哥农业联合公司（AMSA）终于出手挽救他的种植园。AMSA属于全球最大的大宗商品交易集团之一，是该集团设立在墨西哥的分公司。AMSA的咖啡主管爱德华多·泰迪·埃斯特维（Eduardo Teddy Esteve）了解到，圣特雷萨种植园有着得天独厚的高海拔和理想的阿拉比卡咖啡蒙多诺渥品种——这是日渐增加的咖啡买家开始需要的特级咖啡的关键因素。但是，当埃斯特维派技术人员前去考察时，他们发现圣特雷萨的运营存在诸多质量问题：未将绿色未成熟果实从成熟的果实中分离，在研磨

　　⊖　1英亩≈4046.86平方米。
　　⊖　圣经人物。——译者注

过程中没有筛选出劣质"漂浮物"。另外，圣特雷萨咖啡豆的发酵也超过了必要的时间，存在脱水和丧失香精油的风险。波伦茨认真思考了 AMSA 的改进建议后，解决了加工问题，并与 ASMA 成功签订了下一年的咖啡买卖合同。

在接下来的四年里，AMSA 的管理人员在质量升级方面对圣特雷萨的运营进行了指导，并将其销售目标瞄准了在咖啡市场上独占鳌头的招牌客户——星巴克。2001 年，星巴克从圣特雷萨购买了一个批次的样品。一年后，星巴克与圣特雷萨签订了收购该种植园所有一级咖啡的合同，收购价要比当地市场价高出 30%。2003 年，波伦茨签下了一份为期三年的合同，价格比当时恰帕斯州的平均价格高出了 76% 之多。波伦茨表示："我们曾深陷危机，是星巴克将我们从倒闭的边缘拉了回来。"

不过，圣特雷萨的转型才刚刚开始。2003 年，来自"雨林联盟"（Rainforest Alliance）和"保护国际组织"（Conservation International）的环保人士参观了圣特雷萨种植园。这些人深受所见所闻的鼓舞，他们向圣特雷萨建议：请考虑成为星巴克新的激励采购计划——"C.A.F.E.（咖啡与咖啡种植户权益）实践"的试点种植园。

"C.A.F.E 实践"计划是由星巴克与第三方评估认证公司——科学认证系统（SCS）合作制订的，其目的是评估、认可并奖励高品质、可持续种植咖啡的种植户，并推动开展可产生社会效益和环境效益的活动。遵循"C.A.F.E. 实践"指南取得进展的种植户会得到成为优选供应商的奖励分，或者可以在获得"优选供应商"称号后保留该称号。在 2003 年与供应商的一次会议上，埃斯特维列举了这项计划可能带来的财务及社会效益。波伦茨说："关于这一点，我们'建立一个大自然、种植户和工人在其中共同受益的种植园'的愿景已经成形。"

波伦茨开始更多地关注工人生活及工作的舒适度和福利。他建了一个混凝土屏障，以阻止雨水和臭气难闻的垃圾顺山而下冲进工人的宿舍；他安装了生物可降解厕所；他还用烧柴的烤炉建了两个露天厨房，这样工人做饭时就不必再使用篝火。

波伦茨意识到还需要做得更多。需要改进的地方，部分是由新的管理愿景推动的，部分是由与星巴克的合同所规定的（即每销售 1 磅咖啡就拿出 10 美分进行社会和环境改造）。另外，圣特雷萨在" C.A.F.E. 实践"计划下获得的"优选供应商"荣誉也是推动因素之一——每一项改进都可以为获得"优选供应商"称号加分。波伦茨清楚，他不能躺在过去的成绩上睡大觉，他说道："我认为，星巴克对圣特雷萨成长为一家长期供应商还没有足够的信心，但不能等它来救我们，我们必须自己救自己。如果我们按照最佳的实践做法生产出了高品质的咖啡，那星巴克就会给我们一个公平的价格。这样的话，我们就能长期生存下去。"

AMSA 向其种植户提供了符合星巴克" C.A.F.E. 实践"计划可持续性标准的各种服务，这些服务在圣特雷萨从处于灾难边缘到成为运营模范的过程中发挥了非常重要的作用。此类协助有悖于像 AMSA 这样的中间商的传统形象（如掠夺种植户、以极低的价格攫取利润）。但正如圣特雷萨与星巴克的成功合作所证明的，"做正确的事情的确会带来长远的回报，这意味着要扩展我们企业自身的视野，并承担起对种植园的环境和社会责任。"AMSA 的商务总监埃里克·庞康说道。实际上，当像星巴克这样的买家对高品质咖啡的需求在未来几年里会不断增长时，AMSA 和其他交易商的未来都取决于寻找和培育更多能带着积极的社会和环境良知来提供产品的种植户。庞康确信，"圣特雷萨的故事并不是一个孤立的个案"。

我们在研究中听到了很多的故事，但就说明"企业是经济生态系统中的参与者"这一点而言，没有哪个故事能和波伦茨家族咖啡种植园的痛苦经历相比。星巴克是一家"以人为本"型而非"数字驱动"型的商业公司，它对于其经济生态圈内的人和组织都有着深远的影响。星巴克鼓励咖啡种植国的政府官员、大宗商品交易商、种植园经营者、农业工人及其他各方超越眼前的自我服务目标，为星巴克影响范围内的所有人创造更美好的生活贡献力量。

星巴克率先在解决其自身经济生态圈内的社会和环境问题方面发挥了领导力，这表明，私营企业取得了引人注目的发展——它们在传统上由政府主导的公共福利领域中的作用越来越大。谁敢指责星巴克创始人兼首席执行官霍华德·舒尔茨（Howard Schultz）在挥霍股东财富？在过去的 10 年里，星巴克的股价上涨了 6 倍，而在 2009～2013 年，其股价的涨幅更是高达 10 倍。值得指出的是，遵循麦迪逊大道传统的大量广告和促销模式并没有使星巴克成为一个全球品牌，而它之所以成为全球品牌，是因为坚持不懈地专注于从供应商开始的每一个利益相关者群体的需求。如果你愿意，可以将之称为"工作中的社会良知"。我们认为，在霍华德·舒尔茨鼓舞人心的领导下，星巴克成了一家管理良好且和谐发展的公司，正是这种和谐将采用非传统的商业模式运营的美好企业与其他企业区分开了。

重要的措施

"*Concinnity*"（意为和谐）是一个古英语名词，今天已很少使用。也许这是我们这个时代的一个标志：长期以来，人们都急切地想实现"盈利目标"或所谓的"重点目标"，而这会使他们对"和谐"的理解变得迟钝。在一个通过小段评论来解析现实以及通过根本谈不上现实的电视"现实"节目来粗俗地呈现现实的社会里，十分缺乏欣赏和谐所需的专注注意力。

"和谐"意味着"将各个部分巧妙地融合在一起，从而实现它们之间的精妙和谐关系"。在对精美工艺品的诗意描述以及优雅建构的思想中都体现了和谐，除此以外，组织同样能达到一种和谐的状态。

米尔顿·弗里德曼所主张的企业目标是"自我关注"的，而超越该模式道德边界运营的企业才更有可能实现"和谐"。它们就像达到自我实现状态的人：一切都在精妙的适应中融合在一起了。亚伯拉罕·马斯洛很可能将美好企业视为展现自我实现行为的企业。他说道，自我实现就是"尽你所能"（许多年后，这句话成了美国陆军营销的一句口号）。要达到"尽你所能"的最高状态，就要放开自我。这种成熟的行为使一个人的世界观从"以自我为中心"转变为"以他人为中心"。但是，这并不意味着要牺牲一个人的自我利益。当"自我"控制范围内一切的欲望因为更广阔的人生观而变淡时，自我利益就能在最高的成熟层次上得到更好的满足。这对企业和人都适用。我们坚信，在"超越时代"取得成功的企业，将是那些努力为所有利益相关者（不仅仅是股东）创造价值的企业，并且这种价值创造是在一种"和谐"状态中实现的。在这种状态下，所有利益相关者都保持了对彼此的精妙适应并拥有卓越的互动体验。

这就不可避免地提出了一个问题："一家企业怎样才能不那么自我关注且更成功呢？"传统派认为，将企业的关注范围扩大至所有利益相关者，只有以牺牲股东利益为代价才有可能。他们声称，这削弱了企业对盈利的关注，以至于利润无法达到最佳水平。其论点中的错误源自"非此即彼"和"如果／那么"的思维模式，在这种思维模式下，只剩下了两个可选项。而经营美好企业的首席执行官能够以更具包容性的"两者兼具"的思维模式来规划企业的发展方向。实际上，源于这种思维模式的选择项是无限多的。

有些人可能会对"企业是自我实现的实体"这样的观点颇感奇怪。不过，这没什么好奇怪的，毕竟企业本来就是人的延伸。特别地，企业是其经营者人格或类似东西的延伸。因此，像描述人的行为那样描述企业的行为是有意义的。

竞争对手之间的和谐

在人们数年的期待之下，宜家于 2005 年 11 月 9 日在马萨诸塞州的南海岸小镇斯托顿开了一家分店。在准备开业的过程中，宜家在地铁里贴上了其黄蓝色的 LOGO，并向该地区的家庭分发了 100 多万份产品目录。另外，它拖着一间放在玻璃陈列柜中的卧室在这个地区巡回展览。宜家北美区总裁佩妮莱·施皮尔斯－洛佩兹亲自体验了瑞典传统的好运风俗，即开业前在这家分店门口锯一根木头。这家面积为 35 万平方英尺（相当于 6.5 个标准足球场大小）的商店开业日吸引了约 2.5 万名顾客，其中一些甚至是从亚特兰大远道而来的。许多顾客一个多星期前就在这家店外露营，以期成为第一批购物者（前 100 位会免费获得价值 99 美元的波昂椅），并有数千人为了赶上星期三的开业而专门请了一天假。开业当天，宜家员工敲打着黄蓝色的"护身雷"（thunder stick），用欢呼向购物者致意。购物者先是冲向 99 美分的早餐，然后是 3.99 美元的瑞典肉丸午餐，而他们的小孩则在有人照看的儿童乐园里玩耍着。

为什么一家家具店开业的场面会如此火爆呢？这是因为宜家在客户中具有相当高的人气（许多美好企业也是如此），并且波士顿地区的宜家粉丝已经为这一天等候了很多年。关于这次开业，最有趣的也许是宜家在斯托顿的邻居——同为美好企业的乔丹家具和好市多的反应。两家企业都让出了它们邻近的停车场供宜家在开业当天使用，乔丹家具还在街道两旁竖起了"乔丹家具欢迎宜家"的标语牌。[1] 这就是家具行业的美好企业面对直接竞争对手时所做的！

在残酷无情的竞争中，有着传统资本主义思维模式的"达尔文式"竞争对手从不相互帮助。但美好企业将它们的关怀扩展到了所有人，甚至是竞争对手。请记住雅虎的蒂姆·桑德斯的话（第 1 章）。

> 我认为没有比"爱"更高尚的东西了，爱是如此宽广。在书中给"爱"下定义时困难重重，但我最终以"无私地促进对方发展"定义了"爱"。[2]

也请记住萨奇广告公司首席执行官凯文·罗伯茨的以下表述。

> 萨奇广告公司一直很专注并强烈地追寻爱，追寻爱对于企业的意义。人类需要爱，没有爱，人就死了。爱与感应、微妙且直观的感知有关。爱从来都是双向的，如果不是这样，那它就配不上"爱"这个字。你无法命令或要求爱，爱只能被给予。[3]

客户、员工、供应商、社区成员及其他看到乔丹家具和好市多表现出欢迎态度的人，都无法不对两家业已成为竞争者的企业欢迎第三家竞争者加入时所表现出的亲和力表示钦佩。这是真正的和谐范例。

例如，有些企业像某些人一样好斗，它们对自身利益的追逐到了无情地凌驾于他人利益之上的程度。用临床术语"边缘性人格障碍"（BPD）来描述一些企业非常准确且毫不为过。BPD 患者表现出思维和行为模式长期僵化的特征，如极端的"非黑即白"思维、情绪波动和过度的情感推理。BPD 患者会持续地体验到关系破裂，并难以用一种被社会接受的正常方式表达情感。大多数人都能很快说出若干家患有 BPD 的企业。我们认为此类企业"发育迟缓"，因为它们的经营活动水平非常低。

然而，有些企业似乎拥有一切——处于这个幸福群体中的是美好企业，它们拥有"以人为本"的经营理念，并在遵循道德准则方面毫不动摇。但请不要误解，美好企业的管理实际上都非常好，其领导者知道：只有经营良好，企业才有行善的可能。除此以外，这些领导者还知道：企业的成功取决于每一个利益相关者群体，只有关注所有这些群体的利益，企业才有可能在达成财务目标方面做得更好。我们认为此类公司是"发展成熟"的。

米尔顿·弗里德曼关于企业目标的著名观点未能看到组织和谐与成为经久不衰的卓越企业之间的联系。组织卓越性更多关乎定性问题，而不是定量问题。尽管吉姆·柯林斯的《从优秀到卓越》在选择范例公司时使用了详尽的指标，但成为经久不衰的卓越企业所需要的东西并不能像财务活动和财务结果那样可以精确衡量，而只能是近似的。卓越性更多的是看不见（而不是看得见）的东西的产物，它不可能通过会计范式来解释。传统的华尔街式企业分析过度依赖"硬"数据，而没有严格、仔细地分析"软"数据。企业的卓越性最终源于组织各部分之间的相互配合程度以及这些部分如何赋予整体生命，而分析好这些在很大程度上取决于"软"数据。投资者需要的是一个能告诉他们"企业在整合各个部分方面做得怎样"的"和谐指数"。

构建与利益相关者之间的和谐关系还是利用利益相关者

美好企业的领导者将利益相关者视为合作伙伴，而不是被利用的对象或达成其财务目标的工具——他们不会将利益相关者物化。相反，他们鼓励利益相关者与他们合作并推动企业向前发展。例如，全食超市每五年都会召集其主要利益相关者群体的代表来共同制定下一个五年的战略愿景。这个过程被称为"未来探索"（Future Search）——客户、供应商及其他利益相关者群体共同参与制定全食超市的未来规划。

数十年前，女权主义者格洛丽亚·斯泰纳姆（Gloria Steinem）对"男性通过将女性物化来贬低她们"提出了指控，这一指控备受关注。实际上，许多企业对待利益相关者的方式也是如此，但主要的区别在于，企业是在追求金钱（而不是性别）方面将利益相关者物化。斯泰纳姆还认为，社会为容忍对女性的物化付出了巨大的代价：这是残忍的和不人道的，并导致许多女性无法发挥自身潜力。类似地，当企业将女性物化时，利益相关者（尤其是投资者）也会付出高昂的代价。这样做使得她们和企业都无法充分发挥自身潜力。

利用利益相关者的时代正在远去。如果企业还在利用其利益相关者的话，必然会受到惩罚。这不是大发议论，而是新商业时代的曙光到来时的市场现实。摆脱了过度物质享乐主义欲望的扭曲影响，今天的老年人是一个富有经验、更明智的群体，能迅速地识别"利用"的迹象并迅速做出反应。另外，互联网极大地增强了消费者、员工及其他利益相关者分享和传播信息的能力。如果"皇帝没穿衣服"，那么互联网就会揭露事实。喜剧演员乔治·艾伦（George Allen）有个著名的观点，"生活中最重要的事情就是忠诚——如果你伪装忠诚，那你得到的也会是伪装的忠诚。"成为美好企业所需的东西不可能伪装，它们必须是真实的。

激发利益相关者（合作伙伴）获得成功的潜力

2001 年 9 月 11 日是美国历史上最悲惨的日子之一，在那之后，一场前所未有的倒闭潮席卷了整个航空业。当航空公司为了生存而纷纷寻求裁员和大幅减薪时，其管理层与员工和工会的关系降至冰点。但很显然，西南航空是个例外。在大型航空公司中，西南航空是唯一一家选择不裁员渡过难关的公司，并且它从未要求减薪。

密歇根大学商学院教授金·卡梅隆（Kim Cameron）研究了"9·11"事件后的企业恢复力。他发现，"相比于那些违反合同承诺、实行裁员以及取消遣散福利的公司，避免裁员并投入精力维持各种关系的航空公司表现出了更强的恢复力。通过前面提到的缩减规模，这些公司拥有了应对资源，从而使它们的员工能以创新的方式团结一致地应对危机，并使组织绩效能更迅速地恢复到危机前的水平"。[4]

但是，西南航空在"9·11"事件后的恢复力来源远不止拒绝裁员和减薪这么单一。当时西南航空与美国航空、美联航、达美航空及其他大型航空公司面临着同样的经济挑战，不过 40 多年来，尽管西南航空经历了每一次的经济衰退，但没有哪一年是亏损的，而这个行业亏的钱比赚的钱多。[5] 还记得西南航空在早期是如何面对卖掉 4 架飞机中的 1 架的吗（见第 4 章）？一线员工想出了一个办法，利用 3 架飞机完成了 4 架飞机的工作，从而解决了收入面临损失的问题。当形势严峻时，西南航空的员工随机应变，而代表他们的工会也是如此。

不久前，一位航空业顶级分析师试图向麻省理工学院（MIT）的学生解释：在一个常常受经济不景气困扰的行业里，西南航空是如何做到从未亏损的。他对学生们说："西南航空没有受到传统工会的束缚。"[6] 但他错了，西南航空是美国工会化程度最高的航空公司之一。西南航空的目标是与所有利益相关者群体建立强有力的合作伙伴关系，而这正是其主要竞争对手所缺乏的。这种合作伙伴关系包含了员工工会，工会也是利益相关者——将工会视为合作伙伴与将客户和供应商视为合作伙伴一样，也能带来收益。

大多数有员工工会的企业将工会视为累赘，而西南航空却将工会视为合作伙伴。这家超越常规、有着乐观个性和关爱所有利益相关者精神（其股票代码为LUV）的企业已经成为全美最大的国内运输承运者，这部分是因为它的工会。

西南航空的企业文化基于五项基本原则，这些原则由长期担任该公司首席执行官的赫布·凯莱赫在多年前制定。

- 聚焦现状、问题或行为，而不是个人

- 维护他人的自信和自尊

- 与你的员工、伙伴和管理人员保持建设性的关系

- 主动使事情变得更好

- 以身作则

注意这些原则中的"他人导向型"倾向。每项原则都符合马斯洛对"自我实现人格"的描述，没有一项原则体现出更为流行的"命令与控制导向型"商业模式。自我实现者并不寻求对他人的控制，相反，通过以身作则和指导而不是命令及要求，他们发挥了更大的效力。自我实现企业也是如此。

当被问及其领导哲学时，赫布·凯莱赫回答道："如果一家公司充满了'爱'而不是恐惧，那它就会变得更强大。"我们再一次看到了"爱"这个字！各种关系（更确切地说是"爱"的关系）形成了西南航空商业模式的支柱。是的，我们知道"爱"这个字几乎没有在经济类的图书中出现过，但在研究过西南航空（股票代码为 LUV，并且其联合创始人毫不掩饰地宣称"爱"是该企业成功的基石）令人难以置信的故事后，一个人还怎么可能去否认"爱"的经济价值呢？

西南航空的商业模式与其主要竞争对手的商业模式有两个关键区别。首先，它是建立在人类行为原则基础上的。其次，它的运作由灵活的、随环境而变的组织结构驱动；而其他主要航空公司的商业模式是建立在数量基础上的，且运作由不灵活的层级结构驱动，这种结构按专业职能将员工组织在一起。有谁曾见过其他航空公司的飞行员帮助空乘人员和地勤人员为下一段航程做准备？而在西南航空，这种情况则是司空见惯，所节省下来的周转时间转化为每年数百万美元的额外收入——但没有增加一美元的成本。这种情况只可能发生在其一线员工、工会与管理层之间充满"爱"的非层级制企业中。

哈雷戴维森同样将工会视为合作伙伴。就管理层与员工及工会之间的这种和谐关系而言，已退休的哈雷戴维森前首席执行官理查德·蒂尔林克（Richard Teerlink）值得高度赞赏，他说："推动变革是我们管理者的责任。要使企业正常运转，一切都必须运行良好且大家共同协作，人人都必须为在早晨就开始工作而兴奋。"[7]哈雷戴维森视工会为合作伙伴的做法是使这一理念发挥作用的关键所在。

当 13 位高管在 20 世纪 80 年代初从 AMF 手中买下这家濒临破产的企业时，它的运营十分艰难，但这时工会与哈维戴维森坚定地站在了一起。哈雷戴维森的管理层从未忘记，在 AMF 管理层将这家企业带到濒临倒闭的境地后，工会在企业挣扎着生存时所给予的帮助。尽管经济环境经历了许多的起起落落，但哈雷戴维森已经 25 年没有因经济原因而裁员了。与裁员相反的是，这家企业还常常争取使外包出去的工作回流美国。近年来，虽然这家企业不得不裁减了一些员工，但都是以一种人性化的方式进行的，并且是与工会密切合作来确定执行的最佳方式。

众所周知，哈雷戴维森的工会会训诫表现不佳的员工，这反映了它与企业管理层之间的密切关系。哈雷戴维森与其工会在提升职业安全性方面有着长期的专门合作关系，这促进了各层级员工之间的开放式交流，使他们可以彼此谈论任何问题。各利益相关者群体（而不仅仅是股东）也都能从中受益。

在 AMF 的管理下，哈雷戴维森与经销商的关系跌至谷底。AMF 认为，经销商只不过是摩托车的销售渠道而已。但自摆脱 AMF 的那一刻起，哈雷戴维森便将经销商视为了商业合作伙伴。在重生之初，哈雷戴维森启动了一项旨在帮助经销商提升商业和营销技能的计划。如今，这项计划在哈雷戴维森大学的主持下继续进行。

哈雷戴维森管理层在 1983 年提出了"将哈雷摩托车手转化为品牌宣传者"的想法，企业组织的哈雷车友会（HOG）在为摩托车手和经销商争取利益方面发挥了重要作用。同时，该企业还实施了一项紧急计划，以恢复它在 1969 年与 AMF 合并之前的质量水平。

在 AMF 的管理下，哈雷戴维森的生存变成了一场灾难。它在美国市场的份额从 1973 年的 77% 一路狂跌至 20 世纪 80 年代初的 23%。哈雷戴维森的复兴并非源于层级制组织的命令与控制，相反，它之所以能起死回生并重新焕发标志性光彩完全得益于 13 位高管精心策划而培育的一系列关系。这些高管至今仍然坚信哈雷戴维森是有史以来最伟大的摩托车品牌之一。

新百伦的董事长吉姆·戴维斯利用 SRM 原则，使新百伦从 1990 年在运动鞋生产商中排名第 12 位跃升至 2005 年排名第 2 位（在阿迪达斯和锐步合并之前）。如第 4 章所述，在将美国工厂的生产率提升至海外工厂 10 倍以上这方面，新百伦与员工的合作伙伴关系思维发挥了巨大作用。同样的合作思维普遍存在于新百伦与经销商的关系中。

吉姆·戴维斯在一次访谈中提到，零售商是新百伦的最亲密朋友，反之亦然。他说，他的大部分时间都花在了拜访零售商、与它们合作改善销售情况并分享趋势数据上。与最强大的竞争对手相比，新百伦的一个重要竞争优势在于它能更快地给零售商补货，这是因为其美国工厂能比海外工厂更快发货。新百伦海外工厂的产品可能需要数月才能摆上零售商的货架，而其美国工厂却能在数周（而不是数月）内给零售商补货，这降低了零售商的库存成本，并使它们能更迅速地应对消费者偏好的突然变化。

供应商同样受益于新百伦的 SRM 理念。1994 年，新百伦与皮革供应商 Prime Tanning 公司合作，为新百伦的新款美国经典休闲鞋系列开发了一种更好的防水皮革。Prime Tanning 的首席执行官肯尼思·珀迪（Kenneth Purdy）这样描述这种合作关系："像婚姻，像生孩子。"[8] 通过与供应商建立密切的关系，新百伦的新鞋上市周期大为缩短。例如，新百伦与 Prime Tanning 开展合作后，其新款运动鞋从概念设计到摆上零售商货架所需时间节省了 50%。

如果新百伦上市了，股票分析师肯定会抨击它：给美国员工支付的工资和福利为每小时 15 美元，而在亚洲工厂生产同样的鞋子，却只给员工支付每小时 30 美分。这种抨击是不折不扣的线性思维，正是因为这种思维，许多企业深陷灾难，许多投资者深陷令人失望的股票泥潭。一切都归因于一件事：每小时拿 30 美分的员工代替不了每小时拿 15 美元的员工。对于新百伦"确保零售商优先地位"的战略而言，这些每小时拿 15 美元的员工至关重要，他们使新百伦在响应零售商需求方面甚至超过了强大的耐克公司。没有零售商的热情支持，新百伦就不可能这么快地取得巨大成功。培育零售商（没有哪家运动鞋生产商这样做过）被证明是一项富有成效的战略，并且这种成效令人羡慕。

如果说全食超市、星巴克、谷歌、新百伦、Panera 及其他美好企业一直都在尽可能地给予企业所有利益相关者以丰厚的回报，那为什么没有更多企业找出这些美好企业的真正卓越之处并效仿呢？

会计范式是线性的，其目的是得出确定的结论。然而，会计范式所揭示的这种确定性属于过去，并取决于对莎士比亚名言"凡是过往，皆是序章"赞不绝口的分析师及其他人。但如果商业世界真是这样的话，那破产就应该很罕见了。尽管研究财务数据对于评估一家企业的前景很重要，但如果不考虑该企业与利益相关者的关系、该企业的文化及组织架构等环境影响因素，是不可能对其有全面的了解。事实上，相比过去的定量因素，此类定性因素对未来绩效的影响要大得多。例如，忠诚度（利益相关者关系的一个定性维度）可能要比任何资产负债表上的数据更能预测准确企业未来的绩效。赖克哈尔德在《忠诚效应》一书中举了个很好的例子来说明这一点。

合作胜过压榨

美好企业的目的是帮助利益相关者从他们与企业的关系中获益，其中就包括帮助供应商取得更大的财务成功。

长期以来，许多大型零售商一方面每年要求供应商降价；另一方面又认为这种要求对供应商的盈利能力和生存前景产生的负面影响都是供应商自己的错。然而，正如美好企业所知，这种没有同理心的成本控制方法是短视的，并会损害供应链的完整性。更糟糕的是，供应商和采购商在价格拉锯战中互斗会使合作带来的好处变得虚无缥缈。

采购商越来越意识到，每年习惯性地要求供应商降价并不是一种可持续的策略。当 IBM 对外包的依赖在 20 世纪 90 年代急剧增加时，它认识到了这一点。IBM 北卡罗来纳州罗利市的采购服务副总裁比尔·谢弗（Bill Schaefer）谈到了以下观点。

我干采购这行已有很长一段时间了，传统的旧式采购模式并不信任供应商，并认为供应商完全是可有可无的。然而，我们认为，这并不是一种可取的或可持续的采购模式。要取得成功，IBM 就必须与供应商密切合作，两者之间必须要有信任和分享。[9]

本田被公认为全球供应链管理方面的领导者。它之所以能赢得这一荣誉，是因为它注重建立并维持与供应商的长期价值驱动关系，并取得了成功。

与其说本田是一家生产商，不如说它是一家装配商。它并不在意新车车主从经销商那里拿走的让利。在美国，本田从外部供应商采购的零部件约占整车的 80%。[10]这就是它为什么对"将供应商视为合作伙伴而不是消耗性资源"特别有感触的原因。供应商压力过大以及供应商流动性过高都可能会严重损害产品品质，并显著抬高制造成本。

在本田看来，合作很关键，一切都应通过协商（而非命令）进行。按照定义，合作是双向的：本田不仅帮助供应商提高生产率、产品质量和盈利水平，而且鼓励供应商针对本田自身的流程提出建议。例如，通过收集数百条供应商的建议并采纳其中最好的，本田将生产雅阁的成本削减了 21.3%。

密切的合作伙伴关系和协作并不意味着本田不会努力降低采购价格。然而，不像其他一些汽车生产商，本田没有通过压榨供应商来实现这一目标。[11]它寻求通过它所称的"目标成本法"（Target Costing）来取得成本控制与供应商利益之间的平衡，而这需要确切知道生产某个特定零部件的成本。仅在美国，目标成本研究小组就有 15～20 人。该小组知道所采购的每样东西的价格，并利用这一了解制定出目标成本表。[12]其与供应商的价格谈判正是基于这些目标成本。但是，本田并不是简单地迫使低效率供应商也按照这些价格水平操作，它顾及了这些供应商的盈利能力——本田与所有供应商合作，以识别出可能阻碍它们达到目标成本的低效之处。因此，本田的零部件成本会随着供应商效率的提升而下降。

本田的"最优合作伙伴"（BP）计划是其供应链优化计划的基础，这一名称本身就体现了本田的"供应商即合作伙伴"观点。全球知名的 BP 计划将质量分析和问题解决技术相结合，并以五个战略改进领域作为目标。[13]

- 最优定位

- 最优生产率

- 最优产品

- 最优定价

- 最优合作伙伴

在汽车行业取得成功所要依赖的远不止车型、马力、价格和买家激励。我们在撰写本书时所研究的车企都拥有良好的供应商关系（还可以补充一点——良好的工会关系），这其中或许就蕴含了保障美国车企生存的线索。基于关系而非数量的管理和运营策略能产生美国车企生存所需的销量。我们在一个又一个行业中看到，企业的利益相关者关系质量与其营收和盈利密切相关。实际上，这并没有什么神秘之处。在与喜欢并尊敬的人一起工作时，大多数人所取得的成就都会比与他们不喜欢和不尊敬的人在一起工作时更大。很显然，企业以合作伙伴关系的方式与供应商协作比单纯利用它们更有好处。

不寻常的管理艺术

美好企业希望使世界变得更美好，但这并不表明它们是由一群"思维混乱"的行善者在经营。美好企业的领导者实践着"不寻常的管理艺术"，我们在这里所称的"不寻常"是指"不相称或意料之外"的结果，产生该结果的活动或条件似乎不应该会产生这样的结果。另外，有人可能会将"不寻常的结果"称为"反直觉式结果"（Counterintuitive Outcome）。无论怎样，美好企业经常会采取一些行动，而这些行动所产生的结果与传统管理逻辑所预示的结果完全不同。以下略举几例。

- 美好企业将决策权下放，但是这是以增强而非削弱最高决策层在企业所有层级影响力的方式进行的。

- 美好企业给一线员工的薪酬通常高于行业水平，但这样做不但没有增加销售成本，而且往往降低了每一美元收入中用于支付薪酬的百分比。

- 美好企业很少或根本不依赖传统营销手段，但由于利益相关者对它们的深情关心以及由此产生的口碑推广，它们往往会有强劲的增长。

- 上市美好企业往往很少受华尔街分析师的预期影响，但一般会实现更高的市盈率。

- 美好企业的运营透明度高于大多数企业，却很少卷入诉讼。

我们可以适当地认为：美好企业投入企业资源使世界变得更美好，并将之视为有效地创造财富的前提。这确有出人意料之处。当然，仍有许多反对者不同意这种观点。《经济学人》（*The Economist*）发表的一篇经典文章认为，"企业从事慈善是在拿别人的钱行善"。[14] 我们只能对赛普拉斯半导体公司（Cypress Semiconductor）首席执行官 T. J. 罗杰斯（T. J. Rodgers）这样的高管表示同情，他们就是这么看待企业行善的。我们还很同情拥有这样一种狭隘观的高管所领导的企业的股东（尤其是赛普拉斯半导体的股东），原因很快会揭晓。

2006 年，针对约翰·麦基关于"将全食超市作为使世界变得更美好的工具"的承诺，罗杰斯发表了令人震惊的轻蔑指责。罗杰斯在《理性》（*Reason*）杂志一篇关于"企业社会责任"的辩论文章中针锋相对地写道："麦基的专业操守在利他主义的空想面前屈服了，这表明，他试图通过将'利己主义'狭隘地定义为'增加短期利润'来否认已被经验证明的'利己主义'社会效益。"罗杰斯在辩论中所表述的，是对麦基观点的曲解。罗杰斯进一步抱怨道："我讨厌麦基，因为我拒绝接受利他主义的理念把我贬为一个以自我为中心的孩子，不管其营销宣传听起来有多诱人，这些理念都给人类带来了太多的苦难。"[15]

罗杰斯的心智框架使他无法明白全食超市商业模式的有效性。相反，他认为这是对股东利益的不合理妥协。奇怪的是，在攻击麦基的过程中，罗杰斯却忽略了赛普拉斯半导体长期无果的盈利努力。该企业的资产负债表显示，其净收益为负的 4.08 亿美元。"这意味着，在其整个 23 年的历史中，赛普拉斯亏掉的投资者的钱比它为投资者赚的钱多得多"，麦基在其明显温和的反驳中这样说道。

至于麦基的经营理念给股东带来了怎样的回报，还是来看看他在反驳罗杰斯的《理性》杂志辩论文章中是怎么说的吧。

> 在跻身《财富》500 强的所有食品零售商（包含沃尔玛）中，我们的利润占销售额百分比、投资回报率、每平方英尺销售额、同店销售额及增长率都是最高的。目前，我们的规模每三年半就增长一倍。归根结底，全食超市的利益相关者经营理念发挥了重要作用，并为我们的所有利益相关者（包括投资者）创造了巨大的价值。[16]

全食超市的商业模式并不是建立在模糊不清的、理想主义的企业社会责任观念之下。将供应商以及其他外围利益相关者纳入其"五年发展规划"有助于构建信任，谁能说与你的业务合作伙伴建立信任是思维混乱的表现呢？

瑞典的美好企业宜家是全球最大的家具企业，它在 2013 年的年收入高达 350 亿美元。该企业对供应商实施了严苛的环境标准。此外，宜家拒绝低价竞标者，并与更坚定地承诺减轻对环境的负面影响的供应商签约。有人也许会说，尽管采取了这样的做法，但宜家还是拥有了庞大的规模；不过，还有人也许会说，这样的结果部分地是源于这样的做法。

宜家要求木材供应商遵守它制定的全球标准。这些标准适应于所有供应商，而不管当地对不负责任的造林政策宽松与否。宜家对供应商的要求包括：木材采购须经批准、消除木制品中的有害化学品以及使用环保型包装。宜家孜孜不倦地严格坚持环境标准的做法起初令许多供应商大感意外，但它们很快便意识到：要保住供应商的资格，就必须遵守这些标准。

巴塔哥尼亚也对供应商提出了很高的要求，要求它们达到规定的质量、环境合规性及社会责任标准。事实上，在我们研究的所有美好企业中，没有哪一家对供应商的社会和环境责任提出过比此还高的要求。尽管决定与巴塔哥尼亚合作的供应商往往会因为改组工厂、培训员工掌握新的生产方法以及产生额外的设备固定成本而承担重大风险，但这些供应商中有许多在提高生产率和利润的同时确保了相对于竞争对手（仍在低价商品上争得你死我活）的巨大竞争优势。

为什么在可以向许多没有提出此类要求的其他企业供货的情况下，供应商还会服从巴塔哥尼亚的道德建构呢？首先，巴塔哥尼亚被视为一家值得珍视、可与之建立长期合作关系的客户。其次，巴塔哥尼亚挑选供应商的标准不是基于价格，而是基于质量、响应能力和社会良知。最后，与巴塔哥尼亚建立业务关系可提高供应商的声誉。一家供应商欢呼道："银行争相为我们融资，与巴塔哥尼亚合作被视为拥有可靠的信用。"[17]

巴塔哥尼亚坚持不懈地致力于减轻整个价值链对环境的影响，这种努力体现在产品设计、制造和分销中。在与供应商合作促成这一努力的过程中，巴塔哥尼亚并没有在某些行为方面提出太多要求，因为它是在与供应商"共同冒险"，以使世界变得更美好。[18]

我们看到，企业界正涌现一种道德福音，这是标志大规模资本主义社会转型的大事。本书可能会令传统主义者不安，但越来越清晰的现实表明：不可能再回到弗里德曼的那种资本主义模式了。越来越多的大、中、小型企业不再满足于仅仅以合法盈利为目标。而且，许多此类企业中的领导者不再满足于让企业仅仅在自身运营范围内履行社会良知。这些企业正在利用自己的购买力来提高供应商甚至客户的道德标准。在现代资本主义200多年的历史中，采购商和供应商之间的关系往往是对抗性的，这种情况至今仍然在许多企业中存在。但是，美好企业的供应商发现：这些企业不仅是更有效的合作者，而且还是帮助自己提高生产率、取得更大财务成功的重要合作伙伴。除此以外，在美好企业与供应商及其他利益相关者之间形成的"使世界变得更美好"的合作关系（如本章所述）可以为供应商和所有其他利益相关者群体带来价值增值：客户忠诚变得更为普遍并得到强化；员工流动率下降，同时生产率得到提高；供应商成了热心的合作伙伴，而不再是饱受折磨和困扰的契约服务者；目标和运营与所在社区需求保持一致的企业令社区全方位受益；股东变得更富有。

谁能反驳实现了所有这一切的商业模式呢？然而，会有人这么做，毕竟，信念跟着需要走。有人仍然需要相信世界是扁平的（如果你不相信我们，那么谷歌会使"地球社会扁平化"）。还有人需要相信，资本主义如其想象中那般完美，变革没有好处。他们的经济原教旨主义思想使他们深信：过去的好东西，在现在和未来仍然会是好东西。但是，他们应该想想鲍勃·迪伦的那句歌词：时代在改变。

注释

1. Jenn Abelson, " Nervous Rivals Gird for IKEA Opening; Stores Seek Ways to Compete on Selection and Price ", *The Boston Globe*, November 4, 2005; Jenn Abelson, " Devotees, the Curious Flock to IKEA's Opening ", *The Boston Globe*, November 10, 2005.

2. Tim Sanders, *Love Is the Killer App: How to Win Business and Influence Friends,* Crown Business, 2002.

3. Kevin Roberts, *Lovemarks: The Future Beyond Brands,* PowerHouse Books, New York, 2004, pg. 49.

4. Bernie de Grote, " Companies In Crisis: Money, Relationships Aid In Recovery ", *The University Record Online*, University of Michigan, Nov. 1, 2004.

5. http://seekingalpha.com/article/1312991-southwest-airlines-40- consecutive-years-of-profits.

6. Jody Hoffer Gittell, *The Southwest Airlines Way: Using the Power of Relationships to Achieve High Performance*, McGraw-Hill, 2002, pg. 5.

7. Martha Peak, " Harley-Davidson: Going Whole Hog to Provide Stakeholder Satisfaction ", *Management Review*. June 1993.

8. "Like-Minded Soles ", *The Boston Globe*, July 4, 1994, Sect. 1 pg. 18.

9. John Yuva, " Leveraging Value From Supplier Relationships ", *Inside Supply Management*, August 2005, pg. 20.

10. Lisa H. Harrington, "Buying Better", *Industry Week*, July 21, 1997, pg. 74.

11. Jerry Flint, "Until the Pips Squeak", *Forbes*, Dec. 22, 2003, pg. 96.

12. Harrington, *op. cit.*

13. Dave Nelson, Patricia E. Moody, and Rick Mayo, *Powered byHonda: Developing Excellence in the Global Enterprise,* John Wiley & Sons, 1998.

14. *The Economist,* "The Union of Concerned Executives", Jan. 22, 2005, pg. 8.

15. Milton Friedman, T.J. Rodgers, and John Mackey, "Rethinking the Social Responsibility of Business", *Reason*, Oct. 2005, pp. 29–37.

16. 同上。

17. Lorinda R. Rowledge, Russell S. Barton, and Kevin S. Brady, "Patagonia—First Ascents: Finding the Way Toward Quality of Life and Work", *Mapping the Journey, Case Studies in Strategy and Action Toward Sustainable Development*, Greenleaf Publishing, 1999.

18. 同上。

Panera 在近些年取得了巨大成功。从某些指标上来说，它甚至成了继 Chipotle
表现最好的连锁快餐厅之一。Panera 拥有 18 亿美元的年收入和 34 亿美元的全
系统（包括特许加盟店）年销售额。它是休闲快餐厅这一新业态的市场引领
者，提供了比其他快餐厅更健康的餐饮服务。Panera 是第一家自愿在其所有
餐厅提供食物所含卡路里信息的企业。2008 年，《健康》（Health）杂志将它评
为美国最健康的休闲快餐厅。2009 年，餐饮点评平台 Zagat 将它评为最佳健康
选择、拥有最佳沙拉及最佳设施的榜单第一名。此外，Panera 拥有该行业中
最高的客户忠诚度。2012 年，哈里斯公司的品牌资产趋势调查将其评为当年
"最具价值休闲餐饮品牌"。

　　该企业创始人兼首席执行官罗恩·谢赫谈到了该企业启动"Panera 关怀"
这项"量力付费"（按你的支付能力付款）咖啡店新计划的原因："Panera 一直
致力于服务社区。尽管我们每年都会投入 1 亿美元的现金和产品，但我有种
'我们与社区脱节了'的感觉。有一天，我在看美国全国广播公司（NBC）的
新闻，这时正值经济危机最严重的时期。新闻说丹佛有家量力付费咖啡店，他
们花了好几年的时间想将这家店脱手。我想到我们每 75 小时就会新开一家
咖啡店，于是决定提供全面的 Panera 体验，开一家和任何其他 Panera 咖啡
店不太一样的咖啡店，并列出了一份建议捐赠清单。2010 年，我们开了第一
家'Panera 关怀'咖啡店，不久前开了第四家。今年，这些店将服务约 100 万
人。"[1]据统计，约 60% 的顾客付了全价，15%～20% 付得更多，因此，Panera
咖啡店顾客的平均净支付额约为正常全价的 75%。鉴于这些咖啡店的食品成本

较低，它们持续经营下去是十分可行的，这也表明，创造性关怀在开发满足关键社会需求的可行商业模式方面潜力巨大。

商业价值观与人本主义价值观

几年前，有听众问一位知名的灵性导师对加利福尼亚州一起轰动全美的谋杀案怎么看。这位灵性导师游历于世界各地，教导人们如何通过达到内心的和谐和安宁来缓解压力。他的回答"我感觉自己有责任"使这位听众目瞪口呆。当被要求进行解释时，这位灵性导师说，所有人在彼此之间都有一份责任："极端的暴力行为源于极端的压力，我感觉自己有责任是因为，如果很努力地接触到更多的人，我就可能帮到这名凶手，使他知道如何减压并控制好自己的情绪。这样看，这起悲剧本可以避免。"

当问别人"你对什么负责"这个问题时，你很可能会得到一个经过仔细推敲的狭隘回答："我对我的家庭、工作、邻居等负责。"但是，美好企业领导者认为，我们的责任远远超出了我们眼前的世界。每个人通常会接触到其个人空间以外的许多人，按上述故事中那位灵性导师的说法，这在某种程度上给我们所有人都强加了一份超出我们日常生活范围的责任。

商业组织同样如此。企业规模越大，就越有道德义务为它对世界产生的所有影响全面负责。当然，这种观点与许多企业领导者、大多数经济学家及绝大多数股票分析师的观点不符。经济学家创造了"负外部性"（*Negative Externalities*）一词，用于描述超出企业盈利目标的企业行为对世界的负面影响。他们认为这些影响是在企业外部的，因此不在企业需要关注的事务范围内。

英国经济学家约翰·凯伊指出："自亚里士多德时代或更早的时代以来，商业评论家就一直认为，商业及从事商业活动的人**在动机上是自私的，在利益上是狭隘的**，在行为上是工具性的。这种商业价值观不同于其他人类活动价值观，而且也比后者的层次低。"[2]

在过去几十年里，许多企业领导者都接受了这种价值观，甚至沉迷其中。因为这样一来，他们就可从因自己拒绝承担任何社会责任所产生的罪恶感或不安中得到解脱。正如约翰·凯伊指出的，在许多人看来，这样的主张"不仅在道德上是可接受的，而且甚至是必需的。"这是对实业家威廉·亨利·范德比尔特（William Henry Vanderbilt）曾说过的"烦人的公众，我正为我的股东服务呢"[3]的回应。

但世界在变。我们前面讨论过，和以往相比，当今时代处于高自我意识水平的人更多，这些人正在改变人类文化的基础。随着文化基础的改变，整个社会对企业的期望也在改变。在这种情况下，越来越多的人拥有更加成熟的意识层次，他们秉持的是人本主义价值观，商业价值观不可能继续与这些人本主义价值观发生根本性的背离。商业价值观与人本主义价值观之间存在巨大鸿沟是很危险的，这会导致人们的工作与个人生活之间出现根深蒂固的紧张关系，会降低工作场所的生产率并加剧其中的无聊感和紧张感。而且，这还会招致更严格的监管审查，并使所有利益相关者提起诉讼的可能性更大。特别需要指出的是，企业及其员工的预期寿命很可能会因为商业价值观和人本主义价值观之间的巨大差异而缩短（据统计，周一早上的心脏病发病率要高出 20%）。

臭名昭著的艾尔·邓拉普（Al Dunlap）就强烈反对更广泛的企业责任观，此人曾因在斯科特纸业、Sunbeam 及其他企业的裁员记录而被戏称为"电锯艾尔"和"穿条纹西服的蓝波"。来看看他的恶劣话语："这些天我在董事会会议室里听到的最滑稽可笑的词就是'利益相关者'。目前董事会的意见是，首席执行官在决策时必须考虑所有这些人。利益相关者！不管什么时候听到这个词，我都会问'这些人的付出与他们获得的利益相称吗'——他们没有任何付出，而股东有。"[4]

幸运的是，这种自私的（Selfish）、工具性的（Instrumental）、狭隘的（Narrow）商业观（碰巧可以缩写为 SIN[⊖]商业观）正在瓦解，这是因为日积月累的证据表明，这种商业观对包括股东在内的任何人都毫无益处。尽管站在法

⊖　意为罪恶。——译者注

律的角度上看，企业可能是虚拟的人，但企业越来越多实体的角色正在实质性地向更高层次的人本主义发展。亚伯拉罕·马斯洛的下面这段话就反思了这一点。

> 每一次对物种美德的背叛，每一次对自己本性的违背，每一次邪恶的行为，都无一例外地使我们在潜意识里看不起自己。[5]

这种 SIN 商业观与"超越时代"的真相格格不入。约翰·凯伊清晰地描述了 SIN 商业观。

> 如果被告知，内阁会议、家庭生活、审查委员会的审议、体育俱乐部委员会的决定从未涉及"公平"一词，所有这些机构都是基于参与者对自身利益的赤裸裸地主张得出结论，我们会怎么看呢？如果一个驾车者说，尽管他与其他道路使用者有关，但他的责任是尽可能快地到达他的目的地，我们会怎么想呢？如果芝加哥医学院的院长宣布，医生的社会责任就是使他们的收入最大化，我们又会做何反应呢？想象一下艾尔·邓拉普式的《父母手册》中有这样一段话："目前的看法是父母对他们的孩子负有责任。父母负有责任！每当听到这句话时，我都会问，孩子给了父母多少钱呢？孩子没有付一分钱抚养费，而父母在承担花销。"[6]

是"海盗"还是伟大的人本主义者

> "西普拉的目标不在于制药，而在于要有所作为。"
>
> ——《西普拉 2012 年年度报告》

西普拉是一家创立于 1935 年的总部位于印度的制药企业，它创立之初的目标就是使印度能够在医疗保健方面自力更生、自给自足。1939 年，圣雄甘地（Mahatma Gandhi）视察了西普拉，并鼓励企业创始人 K. A. 哈米德（K. A.

Hamied）生产能给普通人生活带来积极影响的基本药物。如今，K. A. 哈米德的儿子尤西夫·哈米德（Yusif Hamied）领导的西普拉已经成为全球最大的仿制药企业之一，并在 170 多个国家设有分支。这家企业的 34 处最先进的生产设施生产 65 种治疗类以及 40 多种剂型的大约 2000 种药物。

西普拉是为数不多的生产治疗特发性肺纤维化、肺动脉高血压、多发性硬化等罕见病药物的药企之一。另外，它在印度普纳成立了西普拉姑息治疗中心，为晚期癌症患者提供免费治疗。

2001 年，西普拉使艾滋病的治疗彻底改观。艾滋病治疗药是由多种药物构成的复杂混合物，西方药企将这种药的价格定在人均每年花费 10 000～15 000 美元之间。数百万非洲和其他地方的人会因仅仅买不起这种药而死亡。西普拉介入了这场人道主义危机：它开发并提供了一种每天服用两次的"三合一"药片，低廉的定价使患者每天花费不到 1 美元，这一举动震惊了世界。对数百万贫穷患者来说，这简直是救命药。美国国家卫生研究院的统计数据强有力地表明：全球出售的艾滋病治疗药中有 92% 产自印度，其年销售额达 10 亿美元；而其余 8% 的药竟产生了 160 亿美元的年收入！换句话说，非印度企业出售的每剂药物价格比印度生产的每剂药物价格高出 184 倍。

尤西夫说道："我们是人本主义者，但我们不是在做慈善。我们没有赚钱，但也不会赔钱。我不是反对专利，而是反对垄断。很多人正在将世界上的人划分为买得起救命药和买不起救命药两类，这等于是系统地剥夺了全球贫穷地区人们的生命权和健康权。"

强生（印度）公司前总裁阿吉特·丹吉（Ajit Dangi）说："在非洲，西普拉像座神殿，而尤西夫就是这座神殿中的神。"尤西夫因其对医学的人本主义态度（包括建立数家由西普拉资助的健康中心）受到了数百万人的尊敬，但被一些指责西普拉生产的药物直接剽窃了专利的跨国药企贴上了"海盗"的标签。无论你认为他是海盗还是有爱心的领导者，他都是受到数百万世界最贫穷地区人们尊敬的人物。没有他，这些穷人不可能活到今天。尤西夫认为，经营一家医疗保健类企业不只关乎利润，同时关乎履行"疗愈人类"这一更深层次的企业使命。2012 年，他在"福布斯印度领袖奖"（Forbes India Leadership Awards）颁奖礼上获得"年度觉醒企业家"称号，并获得了"CNN-IBN 年度印度奖"（CNN-IBN Indian of the Year Award）及"商业标准终身成就奖"（Business Standard Lifetime Achievement Award）。

美好企业与社会

美好企业将实现所有利益相关者的福祉视为自己的目标，而不仅仅是最大化股东财富的一种手段。在运营中，它们以一种宽广的视野看待自身对世界的影响，并认为社会和环境是它们的关键利益相关者。美好企业通过以下一些方式积极履行社会责任。

鼓励员工参与

员工在帮助美好企业为其运营所在社区提供支持方面发挥了至关重要的作用。例如，REI 予以支持的组织是由其员工提名的，其拨款对象仅限于注重环境问题的环保组织以及促进远足、登山和骑自行车等户外活动发展的休闲组织，并且不接受拨款申请。又如，于 1993 年成立的哈雷戴维森基金会已经为非营利组织捐赠超过 2500 万美元，有约 50 名员工帮助审查拨款并引导企业捐赠。该基金会的捐赠目标是社区服务最差的地区，并且大部分拨款用在了教育和社区振兴领域。[7]

美好企业鼓励员工自愿将其时间和才能用于使企业运营所在社区获益的计划，并对此予以奖励。哈佛商学院教授詹姆斯·奥斯汀（James Austin）写道："社区服务丰富了工作内容。研究表明，志愿者计划极大地提高了员工的士气、忠诚度和生产率，所有这些反过来都有助于提高企业绩效。"[8]

成为活跃且负责任的社区成员是本田经营理念中不可缺失的一部分。该企业成立了本田社区行动小组（CAT），以帮助员工参与影响社区并为有需要的人提供服务的企业社区项目。

在其新英格兰 5 家工厂所在地，新百伦与当地社区组织都建立了持久的关系。通过"连接社区计划"，每个社区点的企业协调员每个月都会组织员工志愿服务。以下内容节选自该计划的使命宣言。

> 我们的企业志愿者计划鼓励员工为了我们的孩子和社区，亲身实践改变他人的生活。该计划旨在证明新百伦对社区的承诺使员工能履行他们的公民义务，并帮助满足社区的诸多需求。[9]

对志愿机会感兴趣的新百伦员工通常会超过所需人数，需要抽签才能选出参与者。该企业会确保参与者的贡献得到认可：志愿者在活动开始前会收到一件印有"连接社区"字眼的 T 恤，在活动结束后会收到一张感谢卡片。该企业还对每个人的志愿服务时长进行记录，当累积到一定时长后，就会向其颁发里程碑奖励，此外会举办志愿者年度感谢活动。除了"连接社区计划"，该企业最近提供了"个人志愿者时间"福利，为志愿服务于非营利组织的全职员工和兼职员工提供每年 8 小时的带薪志愿服务时间福利。通过组织、鼓励和认可员工的志愿服务，新百伦使社区服务成了公司的优先事务。

巴塔哥尼亚制订了一项"环境实习计划"，该计划为员工志愿服务他们所选择的环保组织提供了 8 周的带薪时间。REI 的各家门店负责吸引并协调当地企业参与当地服务项目。添柏岚在 20 世纪 90 年代就启动了"服务路径计划"，给员工提供带薪假期，以鼓励他们参与社区服务。该企业要求员工投入技能和精力，通过该计划和"服务休假计划""地球守望休假计划"，与非营利组织一起进行持久的变革。该企业的一个传统年度项目是"秋季志工嘉年华"，在那一天世界各地的添柏岚员工都放一天假，与所在社区合作共创"更美好的世界"。截至 2012 年，在长达 20 年的时间里，添柏岚的员工已在 20 多个国家提供了累计超过 84.5 万小时的志愿服务。

培育当地社区

美好企业都会努力给其所在当地社区带去强烈的积极影响。例如，社区普遍欢迎开市客在当地开设分店，因为它被公认为一个提供优越工作机会和上缴丰厚税收的优秀企业公民。但新开开市客分店也可能带来负面影响，如造成交通拥堵，抢走当地商店的生意，以及改变社区文化。通过与社区合作，开市客很努力地解决所有这些问题。在进驻某个社区之前，开市客的代表会坐下来与当地的利益相关者交谈，请他们就筹建中的开市客新分店发表看法。例如，开市客 2002 年计划在墨西哥库埃纳瓦卡市开一家分店，但遭到了当地居民、社区活动家及环保组织的抗议——建设这家分店需要拆除一个古老的赌场，而这个赌场里有许多墨西哥艺术家创作的壁画。另外，抗议团体担心这家分店的建设会毁坏树木。开市客对这些问题高度重视，它花了超出预算的钱来保护和修复壁画，重新安置古树，并向该市捐赠了 3 万棵树。

美好企业对当地社区的承诺表现得十分具体。例如，丰田与俄勒冈州波特兰港有为期 15 年的海运码头租赁合作关系。丰田对该港口设施进行了改造，使之具有更有效的暴雨径流管理和河岸修复功能，一些野生动物的栖息地因此得到了保护。为期两年的港口改造项目耗资 4000 万美元，其中 75% 是由丰田资助的。

培育全球社区

美好企业努力成为全球企业公民典范，这种努力通常远远超出了当地的要求。宜家就是个很好的例子：它在全球范围内统一制定实施了很高的环境标准和安全标准，即使在当地监管不是很严格的情况下也是如此。如果它开展业务的某个国家实施了更严格的化学品及其他物质管制法律，宜家会要求所有国家的供应商都遵守此类法律。然而，宜家明白，不同的环境可能会使一些国家的供应商很难遵守它所制定的标准。例如，尽管宜家对废弃物处理提出了要求，但在没有相关基础设施进行此类处理的国家（如罗马尼亚），宜家会转而要求这些供应商安全地储存废弃物，不要将危险废弃物和其他非危险废弃物一起倒入垃圾填埋场。

IDEO 是敏锐基金（Acumen Fund）的投资者之一。该基金是一家致力减少全球贫困的非营利性基金，它努力用可持续的方式向贫困社区提供自己可负担得起的医疗保健和用水等基本服务。除了投资敏锐基金，IDEO 还自愿为一种灌溉设备的建造提供设计服务，以协助非洲农民。肯尼亚引进了这种灌溉设备，使用这种设备的农民收入增长超过了 10 倍。

增强竞争力

米尔顿·弗里德曼反对企业将资源用于公益项目的主要理由是其认为：社会目标和经济目标是分离的且截然不同，因此在一个目标上面消耗资源必然以牺牲另一个目标为代价。弗里德曼还认为，在做出相同的贡献时，企业所产生的影响力不可能超过个人。然而，迈克尔·波特（Michael Porter）和马克·克雷默（Mark Kramer）在《哈佛商业评论》的一篇重量级文章中指出，企业可以利用它们的"慈善努力"来实际地改善"竞争环境"，并因此使它们的经济目标和社会目标保持一致。在他们看来，竞争环境就是"企业运营所在地区的商业环境质量"。[10]企业可利用其独特的能力（尤其是它们擅长的事情）来提供社会服务，而这些社会服务反过来会帮助它们提升市场竞争力。

事实证明，许多美好企业非常擅长用这种方式来保持其社会目标和经济目标的一致。例如，IDEO 在利用产品设计来表达生态问题和社会问题方面就很有一手，它一直在带头推动此类"可持续工业设计"行业指南的制定和实践。又如，由于大多数产品是用木材制成的，宜家对林场极为关心。在家具行业，它带头确保企业对林场的负责任管理。为使供应商支持，它制定了一个"四步骤"流程，供应商必须从获得美国国家森林管理委员会（Forest Stewardship Council）认证且管理负责的林场获取木材。为了确保木材来自管理得当的林场，宜家自己雇用了林场经理来对伐木公司进行随机检查。为了给其他企业树立榜样，宜家积极参与了多个致力于解决环境问题和社会问题的组织，其中有旨在指导公司测量、报告并减少碳排放的"商业领袖气候变化倡议"（BLICC）。另外，宜家基于自己的行为规范与国际建筑业及木业工人联合会（IFBWW）达成了一项协议。而为了对环保型交通解决方案的制订施加积极影响，宜家加入了处理交通问题及环境问题的多个不同组织。

关注可持续性

美好企业力求以环保的方式运营。它们的理念可用一位美国运动员的话来概括，即"如果你要在森林中跑步，那就种上一棵树"。[11] 为确保其运营对环境产生的是中性或积极的影响，许多美好企业投入了资源。它们之所以这样做并不是因为法律有这样的要求（通常不是），而是因为这是值得去做的正确事情。就像宜家做的那样，它们在全球统一采用高标准，而不管当地标准是否宽松很多。

出人意料的是，这种经营方式通常会增强美好企业的盈利能力。来看看宝马的故事。宝马认为减少制造工厂对环境的负面影响不仅是一个合规性问题，而且是其企业文化不可或缺的一部分。宝马在南卡罗来纳州格里尔市的工厂被该州和联邦环保机构认可为汽车行业最环保的工厂之一。许多业内人士认为宝马在"绿色能源"利用方面具有前瞻性。2002 年，宝马在格里尔的工厂完成了一条用于从当地垃圾填埋场输送沼气的管道铺设，这可为该厂提供 25% 的电力。因此，宝马于 2003 年获得了美国环境保护署（EPA）颁发的"绿色能源领导奖"。

宝马在将环保责任延伸至工厂以外方面也做得非常出色。德国法律规定，企业须对其产品的整个生命周期负责。宝马将这一法律规定变成了盈利机会：它学会了以经济、环保的方式拆卸汽车，这使它和受相同法律约束的其他汽车制造商相比拥有巨大的优势。

同样，本田也坚定地致力于可持续的企业实践。20 多年来，它一直是平衡客户需求和环境需求方面的引领者。凭借复合涡流控制燃烧（CVCC）技术，本田成了第一家达到美国国会颁布的《清洁空气法》排放标准的企业。使用此技术的发动机不仅达到了这部法律规定的严格排放标准，而且性能丝毫没有受到影响。本田生产出全球最清洁的汽油动力汽车后很久，加利福尼亚州严格的排放监管规定才出台。

　　本田的另一项环保成就在于，它是首家在大规模生产中使用无溶剂水性涂料的企业。1996 年，本田生产了一款两座太阳能汽车，打破了全球太阳能挑战的记录。1997 年，本田推出了一款由几乎无污染的汽油动力内燃机驱动的零排放汽车。1999 年，本田又推出了一款省油、低排放的混合动力车，该款车安装了汽油发动机和电动马达。

　　本田在其他领域也努力生产环保型产品。例如，与将汽油直接释放到水中的普通两冲程舷外马达相比，本田生产的四冲程舷外马达清洁度提高了约90%，燃油消耗节省了 50% 以上，且噪音降低了 50%。本田还成了首家在1998 年就达到美国环境保护署 2006 年排放标准的企业，并推出了全系列高性能舷外马达。

　　本田不仅设法提高其产品的环保水平，而且设法提高这些产品产地的环保水平。在短短 5 年内，本田美国工厂的排放就减少了 65% 以上。"绿色工厂计划"帮助每一处本田工厂减少了排放和能耗，并使更多的原材料（如纸张和塑料等）得到回收和重复利用。本田在全球的工厂都遵守最严苛的国际环境管理标准，这使它们大幅减少了生产过程中的废弃物。例如，本田于 2000 年成功地在日本国内完全淘汰了对生产废弃物的填埋处理。

　　设计公司 IDEO 是致力于环境安全设计的非营利组织"自然之道"（The Natural Step）的积极合作伙伴。"自然之道"创立于 1989 年，它的成立是人们对环境中越来越多有毒物质所引发的健康担忧做出的回应。该组织帮助企业和政府以一种可持续的、环境安全的方式设计产品和系统。作为该组织的合作伙伴，IDEO 的角色是帮助制定环境安全工业设计的指南和实现方法。按照 IDEO首席执行官蒂姆·布朗的说法，他的企业之所以与"自然之道"合作，是为了"推出新一代产品和服务，从而展示可持续设计在经济、社会及环境方面的可行性"。[12]

　　巴塔哥尼亚是加利福尼亚州首家致力于仅通过风能来使用可再生能源的企业。该企业位于内华达州里诺市的服务中心完全使用可再生或可重复使用的材料建成，并用可跟踪太阳活动的屋顶反射镜得到的能量代替电力为工作场所提供照明。[13] 巴塔哥尼亚拒绝使用以传统方式种植的棉花，因为这些棉花在种植过程中使用了大量化学物质。事实上，美国 10% 的农用化学品用在了棉花生产上。有机方式种植的棉花产量和传统方式种植的棉花产量相同，但前者没有有毒化学物质。巴塔哥尼亚的整个运动服系列都是采用有机棉花制作的。即使这样做成本要高很多，但巴塔哥尼亚仍认为它别无选择，因为它承诺要保护环境并促进提升其利益相关者所在社区的福祉。[14]

许多美好企业使用特别的环境使命宣言来指导自己的运营。例如，星巴克在其环境使命宣言中列出了七项原则。

- 理解环境问题并与我们的合作伙伴分享信息。

- 开发创新且灵活的解决方案，以带来变化。

- 努力购买、销售和使用环保型产品。

- 认识到财务责任对我们的环境前景至关重要。

- 将环境责任作为一项企业价值灌输。

- 衡量并监督我们每个项目的进展。

- 鼓励所有合作伙伴共同实现我们的使命。

添柏岚高度重视能源、化学品和资源这三个领域的环保问题。它与在美国东北部活动的"清洁空气，凉爽星球"（Clean Air，Cool Planet）组织建立了合作伙伴关系，以实施应对气候变化的解决方案，并培养制定、支持有效气候政策及计划的利益群体。

添柏岚意识到，它之前用来生产鞋子的许多化学物质都是有毒的。为了解决这个问题，它开始通过尽量减少用于黏合鞋子的溶剂来减少有害化学物质的使用。添柏岚是致力于推广有机文化的"有机棉交易协会"（Organic

Exchange）的创始会员，而且它在运营中开发出了使用有机棉制造产品的新方法。此外，添柏岚在包装和装饰门店时都使用了可回收材料，并用大豆油墨在再生纸上印刷年报。

与政府合作

企业承担社会责任的做法并不新鲜。17 世纪以前在欧洲成立的最早一批企业就是非营利实体。1347 年，马格努斯·埃里克森（Magnus Eriksson）国王在瑞典法伦向斯托拉·科珀伯格（Stora Kopparberg）矿区颁发了最早的企业执照。[15] 1600 年，伊丽莎白一世女王向东印度公司颁发了皇家特许经营执照。为了建造医院、桥梁、道路和大学等公共目的，国家会授予一些企业特许经营权。一般来讲，企业所承担的任务对个人和政府来说风险太大或者成本太高。对获得授权的企业，政府会进行严格监管，如果它们未能实现公共目的，那么其特许经营权就可能会被取消。尽管股东是受益方，但那时并没有人认为其是企业存在的主要原因。

现代企业的起源可以追溯到 1844 年英国颁布的一项法案，该法案允许企业确定自己的经营目标，并在很大程度上将政府对企业的控制权转移到了法院。[16] 但是，这并没有完全剥夺企业参与社会问题的权利。在工业革命的前几十年里，大企业（尤其是那些位于偏远地区的企业）通常管理着一座企业城——企业为员工提供住房、学校、道路、公共交通、电力、用水、休闲设施等。因此，企业变得非常擅长提供公共服务。不过，这些公共服务中有很大一部分后来归到了政府的职权范围内。

随着公共基础设施的建设，企业退出了这个舞台，转而专注核心业务。最终，政府和企业都变得越来越强大，而它们却在这个时候变得日趋对抗。现在，我们处于一个新时代的风口浪尖，政府与企业之间日益增多的合作很可能是这个时代的标志。当企业开始意识到它们能够对社区产生影响（反之亦然）时，它们就会对政府所承担的"社会代理"这一角色有更好的理解。特别地，美好企业认为，在为所有人创造更美好世界的过程中，政府是自己重要的合作伙伴。

尊重法律精神比仅仅遵循法律条文更为重要。想一想，丰田是如何践行这一理念的：该企业《指导原则》的第一条便是"尊重各国法律的表述和精神，开展公开、公平的企业活动，成为全世界的优秀企业公民"。丰田将法律合规与道德合规当作头等大事，无论在哪里开展业务，它都会向当地政府阐述自己的政策和期望，并会为了适应当地政府的监管而调整自己的运营方式。

在我们的社会由"拥有型"向"存在型"转变的过程中，企业在解决社会问题方面发挥更大作用的压力会越来越大。许多政府透支了，让它们为社会事务提供资助变得越来越困难。老龄化社会的心理成熟度整体提高使得物质主义逐渐式微，而这正在减少大多数发达国家消费者的支出，进而使得其政府收入增长放缓。再加上养老福利成本不断攀升，这些政府用于其他社会需求的支出会越来越少。经济增长放缓所带来的税收收入减少以及福利支出的增加将使各级政府缺少社会福利预算，政府必须找到新的方式来推动全民福利提升——越来越多地，政府需要依靠企业来完成社会事务。

这种情况并不只是推测，而是已经成为现实。自19世纪初以来，美国历史上首次出现了由私营企业修建和运营的公路，国防部将越来越多的任务外包给了私营企业，私营企业现在在全美数十处地方经营着学校和监狱。

随着婴儿潮一代人的成熟，关注"回馈社会"的人口比例在不断增长，个体和企业将比以往任何时候都更关注社会福利需求——民众将不再指望仅由政府来解决社会问题，而是更多地期待他们常与之打交道的企业。消费者和机构投资者会要求企业提供年度社会负债表，详细说明它们为社会公益做了什么。2005年发生在美国的"卡特里娜"飓风灾害使人们清醒地认识到，私营企业在满足社会事务需求的能力方面超过了政府。例如，有几家企业在防灾准备和灾后处置（如新奥尔良市80%的地方被洪水淹没那一次的事后处置）过程中发挥了关键作用。

● 沃尔玛利用其广泛的覆盖范围和先进的物流能力向飓风灾民提供救灾物

资，从而极大地提高了它在公众中的声望。该企业提前向靠近灾区的战略位置运送了发电机、干冰和燃料。它比美国国家气象局早 12 小时预测到了"卡特里娜"飓风将转向新奥尔良市。沃尔玛还利用自己的门店为警察提供临时住所，并为国民警卫队提供弹药。[17]

- 家得宝（Home Depot）在"卡特里娜"飓风来袭前 4 天就行动起来了。它将发电机和 1000 名增派的员工提前部署到了飓风路径两侧的门店，并将门店钉上扣板封闭，因而使得大多数门店在飓风过境后的第二天就可以开门营业。根据以往的经验，该企业还在门店额外储备了杀虫剂、饮用水和婴儿尿布等物品。

- 瓦莱罗（Valero）是一家在新奥尔良市附近有业务的炼油厂。该炼油厂在"卡特里娜"飓风过境后 8 天就得以重启，这要比其他企业管理的炼油厂快很多。瓦莱罗"员工至上"的理念在"卡特里娜"飓风过后带来了非凡的成果。一名维护主管用他自己的信用卡购买了食物，然后熬夜为处理这场 4 级飓风余波的员工做饭、煲秋葵汤。该企业从圣安东尼奥总部派出了满载食物、饮用水、链锯、铲子、Nextel 电话以及小型发电机的卡车，以帮助员工在这场美国本土 70 年来最严重的风暴过后进行灾后恢复。瓦莱罗还为自己家已无法再居住的员工提供了 60 套移动房屋，并向员工和执法人员免费提供汽油和柴油。[18]

佳能和它的共生之路

已故的贺来隆三郎（Ryuzaburo Kaku）是佳能富有远见的总裁（后担任董事长），他于 1987 年将"共生"（Kyosei）理念引入这家企业。"共生"意味着"合作精神"，当企业的成熟度达到最高时，这种合作精神会随之达到最佳状态。正如人在一生中不断发展并达到成熟一样，贺来隆三郎认为，企业也会走向成熟。"共生"包含 5 个阶段，随着企业的世界观由内部导向逐渐转向外部导向，这 5 个阶段渐次展开。

在 1997 年发表于《哈佛商业评论》的一篇文章中，贺来隆三郎描述了"共生"理念以及他是如何应用这一理念的。[19] 图 8-1 展示了"共生"的 5 个阶段，其与亚伯拉罕·马斯洛著名的需求层次理论中的人类基本需求的 5 个层次类似。

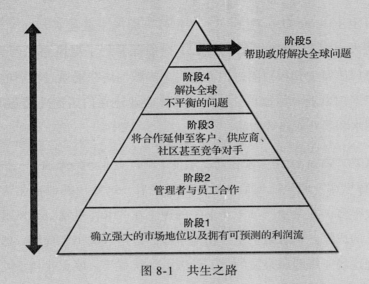

图 8-1　共生之路

第一个阶段是基本的：企业要想在世界上行善，首先必须做好自己的业务。这类似于马斯洛需求层次理论中的第一层：基本的生理需求。在商业环境中，这个阶段意味着企业要制定合理的战略、开发卓越的产品，拥有投资正确的能力及合适的组织结构。企业需要利润来维持生存，不过，贺来隆三郎警告道：即使在以自我为中心的"共生"第一阶段，佳能也绝不能剥削自己的员工。他强烈批评美国企业："它们太过于追求利润了，一边为了增加利润而裁员，另一边却给首席执行官支付高额奖金。"

第二个阶段大致相当于马斯洛需求层次理论的第二层（即基本的安全和保障需求）。这个阶段的特点是：管理层和员工表现出一种合作与团结的精神，他们同舟共济。因此，贺来隆三郎取消了全职员工和兼职员工之间的区别。在他任内，佳能成了首家实施每周 5 天工作制的日本企业。出乎意料的是，该企业的生产率反而提高了。处于这个阶段的企业有能力提供更为慷慨的薪酬和福利政策。例如，佳能在这个阶段不仅更好地满足了员工基本的安全和保障需求，而且还完全避免了裁员，并致力于满足员工在心理方面的安全和保障需求。不过，尽管企业在第二个阶段会更为注重人本主义关怀，但这种关怀仍主要集中在企业内部。

第三个阶段类似于马斯洛提出的人类基本需求的第三层（即爱与归属需求）。在贺来隆三郎的企业成熟过程模型中，处于第三个阶段的企业开始将注意力向外转至它们所在的社区。贺来隆三郎对"社区"的定义大体上包括供应商、客户和公众。佳能密切关注客户的满意度，并与供应商合作，帮助它们提高产品质量和生产率。与仅捐钱不同的是，这家企业还为社区事业贡献了自己的技术专长。例如，它以非营利的方式为视障人士和语障人士开发并提供相关产品。正是在这个阶段，佳能开始将"共生"模型中体现的合作精神扩展到竞争对手——佳能是与竞争对手建立合作伙伴关系的先驱。其"共生"合作精神的早期受益者包括德州仪器、惠普和伊士曼柯达。尽管这三家企业在某些方面仍是佳能的强劲对手，但在其他方面，它们与佳能建立起了一种利益伙伴关系——这就是"不寻常管理"的典型例子。

第四个阶段大致相当于马斯洛提出的人类基本需求的第四层（即自尊和他人尊重的需求）。当一家企业具有广泛的全球影响力时，它就会进入这个阶段。这时，它可以投入时间和资源，以找出更广泛地促进全世界人民福祉并帮助解决更大规模问题的方式。佳能通过对三类失衡的关注表达了这一倾向。

- 贸易失衡（通过将更多的制造业转移至深陷贸易逆差的国家来解决）。

- 收入失衡（通过在发展中国家建厂、创造就业和增加出口、提高税基、利润再投资以及技术转让来解决）。

- 环境失衡（通过深度参与回收自家产品并投资太阳能电池板、生物修复等环保技术来解决）。佳能设立了一个规模较大的部门来专门研究如何减少对生态系统的危害。它在美国的最大工厂对复印机进行重新处理并再次出售，这个过程对 90% 的固体废料进行了回收。通过在上述各领域的行动，佳能实现了双赢的结果：在增加自身利润的同时解决了迫在眉睫的全球问题。

很显然，处于第五个阶段的企业相当于达到了马斯洛需求层次理论所说的自我实现状态。贺来隆三郎认为，很少有企业达到了这样一个阶段。马斯洛对于人也说过同样的话：许多人接近了自我实现状态，但很少有人达到了更高的水平。贺来隆三郎认为企业成熟的这一阶段只涉及大企业，且佳能是少数几家达到第五个阶段的企业之一。通过承担解决政府无法解决（或至少是其凭一己之力无法解决）的问题的责任，佳能证明了这一点。贺来隆三郎说："如今的日本鲜有能解决全球问题的政治人物，领导责任已经落在了像佳能这样的企业肩上。"

例如，佳能致力于敦促政府采取行动来纠正上述全球失衡问题——企业与政府应共同努力制定法规，以减少污染或消除针对弱势国家的贸易壁垒。企业与政府间的此类合作与我们在过去所见到的两者间的大部分合作有着很大的不同。在过去，更常见的是，大企业致力于以尽可能少地承担社会责任的方式从政府那里获得尽可能多的利益：许多企业游说政府提供特别补贴、保护性关税、税收减免及其他好处，而不用考虑参与解决任何重大社会问题。

在结束这篇令人振奋的《哈佛商业评论》文章时，贺来隆三郎引用了随附侧栏中的话，用这样的思想向大型跨国企业的领导者发出了挑战。

因为市值数十亿美元的企业控制着全球的巨量资源，雇用了数百万人，创造和拥有了令人难以置信的财富，所以地球的未来系于它们手中。尽管政府和个人也需要尽到自身的责任，但他们并不拥有同等程度的财富和能力。如果企业只是为了获得更多的市场份额或赚更多的钱而经营它们的业务，那它们很可能会从经济、环境和社会方面摧毁世界。作为企业领导者，我们有义务联合起来，为世界和平与繁荣打下坚实的基础。[20]

没有比这更崇高的理想了，我们可用这样一种理想来结束本章。我们在本章前面说过，企业迫切需要回到为帮助实现公共目的而服务的角色上来。当进入老龄化社会、税收增长放缓及老年人福利逐渐限制政府处理公共事务的能力时，国家就会面临各种问题。在此，我们向那些不愿为此提供更好解决方案的企业发出挑战。尽管"福利国家"的理念在很大程度上可能已经失去了其可行性，但产生这类理念的需求并没有消失。人类文明的福祉似乎越来越多地取决于企业的文化和行为。

注释

1. http://money.cnn.com/2012/07/17/smallbusiness/panera-ron-shaich. fortune/index.htm.

2. John Kay, "The Role of Business in Society", February 3 1998 (www.johnkay.com).

3. William Henry Vanderbilt. Quoted in Letter from A.W. Cole (*The New York Times*; August 25, 1918).

4. Albert J. Dunlap and Bob Andelman, *Mean Business: How I Save Bad Companies and Make Good Companies Great*, Fireside, 1997.

5. Abraham Maslow, *Toward a Psychology of Being,* New York: John Wiley & Sons, 1968.

6. Kay, *op. cit.*

7. "Harley-Davidson Foundation". http://www.harley-davidson.com/CO/FOU/en/foundation. asp?locale=en_US&bmLocale=en_US. (April 2005).

8. James E. Austin, "The Invisible Side of Leadership", *Leader to Leader*, No. 8 Spring 1998.

9. *New Balance Community Connection Program Associate Handbook.*

10. Michael E. Porter and Mark R. Kramer, "The Competitive Advantage of Corporate Philanthropy", *Harvard Business Review*, Vol. 80 (December 2002), pp. 56–68.

11. Arturo Barrios, U. S. athlete. Quoted in *Running With the Legends* (Michael Sandrock), 1996.

12. http://www.naturalstep.org/about/partners.php.

13. Patagonia. Harvard Business School Case Study, pg. 15.

14. http://www.patagonia.com/enviro/organic_cotton.shtml, (April 14, 2004).

15. http://en.wikipedia.org/wiki/Corporation.

16. *New Internationalist*, "A Short History of Corporations", July 2002.

17. Jessica Lewis, "The Only Lifeline was the Walmart", *Fortune*, October 3, 2005, pp. 74–80.

18. Janet Guyon, "The Soul of a Moneymaking Machine", *Fortune*, October 3, 2005, pp. 113–120.

19. Ryuzaburo Kaku, "The Path of *Kyosei*", *Harvard Business Review,* July-August 1997.

20. 同上，pg. 122.

本章将讨论美好企业的企业文化——它们最强大的竞争优势。这个话题已经被广泛讨论过了，还能谈出什么新意来吗？用谷歌搜索"企业文化"，可得到数以百万计的查询结果，其中关于亚马逊企业文化的条目就有1200多条。因为成千上万的文章已经仔细研究过这个问题了，所以我们在这里讨论的目的不是要去重复探寻别人已经深度涉足的领域，相反，我们将把时间花在识别并描述美好企业的企业文化属性上，这样做更有意义，因为这些企业的企业文化在其实现成功的过程中发挥了决定性作用。

最佳工作地？

众所周知，在这个地球上，没有完美的人，也没有完美的企业。但是，一些企业已经极为接近完美了——总部位于北卡罗来纳州的分析软件企业赛仕就是其中之一。2012年11月，赛仕被最佳职场研究所（Great Places to Work Institute）评为全球最佳跨国企业。想想全球有多少企业，再想想在所有企业中被公认为最佳工作地需要具备哪些条件。

是什么让赛仕如此特别？它满足了我们为高度觉醒企业或美好企业设定的所有标准。先来看一组有关赛仕的数字：它已连续37年创下收入和收益记录，在2012年，它的收入更是高达28亿美元；它在全球有约13 000名员工，且员工在某个特定年份自愿离职的比例仅为2%（行业平均水平为22%）。此外，它在去年提供的433个职位吸引了65 040名申请者——平均每个职位的申请者高达150人！它的员工有44%为女性，并且有32%的主管和高级管理职位由女性担任。

这家企业由北卡罗来纳州立大学教师吉姆·古德奈特（Jim Goodnight）博士在 1976 年与他人共同创立。他现在被公认为全球伟大的商业领袖之一，其领导哲学真的很简单：一切皆在于人。如果你能致力于为员工创建一种良好的环境，使他们有参与感、与人的联结感、挑战感、被尊重感和被认可感，那他们将为客户提供非凡的服务，这反过来会导致持续的商业成功。当然，这样做说起来容易，但要成功确实很难。

赛仕竭尽所能地减少工作场所的干扰，以便员工能无拘无束地专注于自己的工作。它提供了便利设施，如医疗保健中心、健身中心、有补贴的儿童托管中心，并制订了一系列健康计划。但这些并不只是提供额外的慷慨福利，因为这家企业知道，员工的感受和情绪极其重要，甚至至关重要。它力图建立一种每个个体在其中都受到重视的有爱组织，它的理念是："如果你把员工当作能让企业有所不同的人，那他们就会有所作为。"

作家马克·克罗利（Mark Crowley）最近参观了赛仕园区，并将其成功归结为四个基本方面。[1]

- 尽可能地重视员工

- 对员工有付出，就会有回报

- 信任高于一切

- 确保员工理解其工作的重要性

尽可能地重视员工

当 2008 年金融危机爆发时，赛仕产品的销量急剧下滑。彼时，分析软件市场受到了很大冲击，许多企业开始大规模裁员。而在赛仕，吉姆·古德奈特于 2009 年 1 月通过全球网络广播向员工宣布，13 000 名员工将无一人失业。他要求员工精打细算，并寻找帮助企业度过艰难时期的办法。正如他所说："通过明确表达将无一人失业的信息，我们一下子就消除了很多的喋喋不休、担心和忧虑——员工重新开始工作。"令人惊讶的是，赛仕当年就实现了创纪录的盈利，尽管它已为 33 年来可能出现的首次亏损做好了充分的准备。

对员工有付出，就会有回报

赛仕给员工提供高福利的传统要早于谷歌因其员工福利而出名。赛仕所有的员工及其家人都可以免费使用最先进的体育馆（有网球场、垒球场、健身房和温水游泳池）。其他福利还有：包括医生、营养师、物理治疗师和心理师在内的免费医疗保健机构；有很大优惠的儿童托管中心；帮助员工管理日常压力源的免费工作与生活咨询；所有工作区域都备足了零食。赛仕对所有这些福利的投资既是为了其象征价值，也是为了其有形价值。该企业认为，这些福利代表了它对员工的重视程度。所有这些都导致了非凡的员工敬业度和很低的员工流动率，同时极大地激发了员工的创造力，并节省了大量的培训和招募成本。正如一名长期员工所说的，"人们需要有钱的生活，而不是没有生活的有钱。"

信任高于一切

古德奈特认为，赛仕员工幸福感的最大来源是企业的信任文化。信任的关键要素包括开放式交流、员工之间的尊重、公平的职业晋升通道以及"被当作一个人"。为了持续跟踪员工的情绪并评估其领导团队履行职责的程度，赛仕投入了大量的人力、物力和财力。这家企业完全信任员工，并不监督他们的工作或行踪。

至关重要的是，这家企业还明确表示，任何想要晋升为管理者的员工都必须展示出支持和帮助他人的意愿。此外，该企业对领导者的评价基于他们在促进他人成功方面做得有多好，而不是他们自己取得了多大成功。那些始终如一地支持他人的员工会获得奖励和晋升。

确保员工理解其工作的重要性

对所有员工来说，知道自己的工作具有内在价值并将对他人生活产生积极影响极为重要。赛仕竭尽全力确保员工认识到这一点，并使他们感到自己与所从事工作产生的影响息息相关：程序员"拥有"他们的工作，景观设计师甚至被鼓励"拥有"他们心仪的区域——这给了他们高于工作本身的目标感。

赛仕的领导模式基于丰富的而非稀缺的理念——员工获得了良好的回报并对自己的工作十分满意，客户对卓越的产品和始终如一的出色服务非常满意，该企业及其拥有者同样收获颇丰。想想这个令人吃惊的事实吧，古德奈特教授已成为美国最富有的人之一，其净资产超过 70 亿美元！他当之无愧，我们毫不怀疑他会好好地利用这笔财富。

企业文化至上

我们在本书前面提出了这样一个问题："哪类利益相关者最重要？"过去的流行看法是：投资者最重要，因为利益相关者的利益是第一位的。在上一章中，我们提出了将社会视为"终极"利益相关者的观点。有些企业可能会认为员工第一（如货柜商店）或客户第一（如全食超市）。

然而，要超越围绕着"谁"最重要的争论，我们首先应该思考：对美好企业而言，"什么"最重要？这个"什么"就是企业文化。这正是最能将美好企业与其他类型企业区分开来，并使它们能够为所有利益相关者群体创造更大价值的关键所在。IDEO 的行政领导层认为，保护企业的文化比追求金钱更重要。西南航空认为其文化对企业业绩至关重要，它成立了一个常设的"文化委员会"（由企业各层级员工提名的 96 名员工组成），该委员会的职责是"尽一切可能创造、加强并丰富使西南航空成为一家超棒企业（大家庭）的特殊精神和文化。"[2]西南航空首席执行官詹姆斯·帕克（赫布·凯莱赫的继任者）说道："与我们做的任何其他事情相比，企业文化更为重要。我们现在是一家大企业了，我们很注重培养当地的领导者。我们努力使各岗位的员工都能理解我们的企业文化，重视这种文化，并能与其他员工分享。"[3]谁又能振振有词地反驳帕克呢？毕竟，西南航空是航空史上最成功的美国航空公司。

美好企业所表现出来的热情、活力、奉献、慷慨精神以及广泛的创造力，都是其文化的产物。文化像空气一样无形，但无所不在，它对所有体验者（尤其是员工）都会产生强大且具有变革性的影响。员工对企业的巨大热情会感染他们的客户，于是客户会以同样的热情来回报，这样，一种绝妙的共生关系就形成了。但是，那些仅通过数字来评价企业的人往往忽视了这种关系的重要性。

组织文化是组织社会心理的基础架构，体现了一系列共同的价值观、责任担当和观点。这些价值观、责任担当和观点将组织成员凝聚成一个致力于共同目标且组织严密、运转平稳的团队。企业的文化塑造了其世界观，而这种世界观反过来会影响其行为。拥有一种强大的、有凝聚力的且具有高度激励性的文化是美好企业的标志。我们认为，投资分析师对企业文化在预测企业未来绩效方面的作用关注得太少太少。美好企业的领导者、员工、投资者及供应商均"目标一致"，这极大地增强了该类企业在未来取得成功的概率。

研究表明，企业文化与员工工作风格之间存在联系。还有研究发现，与在其他企业做相同工作的人相比，同一家企业的员工更有可能具有相似的领导能力。换句话说，与另一名为福特工作的美国女工程师相比，为丰田美国公司工作的一名美国女工程师的领导风格更类似于丰田日本公司的一名日本男会计师。[4]

组织文化有三个基本要素。

- **组织愿景**——与制订并实施一个成功的计划有关。它就像一个路线图，旨在回答"我们要去哪儿"和"我们打算怎样到那儿"这样的问题。尽管美好企业采取的竞争战略与一般企业一样都是多种多样的，但所有美好企业拥有一个共同要素，那就是它们都致力于为所有利益相关者优化价值创造。无论是拥有特色高利润产品的巴塔哥尼亚和货柜商店，还是产品低价、低利润的开市客和西南航空，卓越的价值创造模式是不变的。

- **组织价值观**——这是使组织有中心并得到平衡的一种协调力量。管理一个组织的价值观就像驾驶一辆车，这对保持组织不偏离道路并实现预期目标至关重要。价值观就是对"我们是谁"和"我们做事情的动因是什么"这些问题的回答。

- **组织活力**——就像汽车的动力一样，这是推动组织平稳前进的力量。[5]所有美好企业都是富有活力的组织，它们反映了员工和其他利益相关者的热情、快乐与承诺。

本章稍后将更详细地讨论愿景和价值观，我们先来考虑"组织活力"问题——源自哪里，如何以富有成效的方式利用以及如何保持。

释放组织活力

当组织员工在情感和智力上都受到组织愿景和价值观的激发时，组织的活力就会被创造并释放出来。领导者最重要的任务之一就是调动这种活力，并使之专注于有意义目标的实现。组织活力是一种力量，就像水手遇到的合适的风向和风力——无形却能推动帆船前进，衡量它的标准是企业运营的动力和紧迫感。

"强度"（Intensity）和"质量"（Qaulity）是组织活力的两个主要维度。组织活力的强度反映在活动量、互动情况、敏捷性和情感激发上，活力强度较低的组织其特点是冷漠、惰性、僵化且愤世嫉俗。组织活力的质量可能是积极的（反映爱、热情、快乐和满足等情感），也可能是消极的（与恐惧、沮丧及悲伤等感觉有关）。[6]

最理想的活力状态位于以高水平正能量为特征的"热情区"，处于这个区域的企业员工充满热情并保持着兴奋，他们对工作的自豪感和快乐感溢于言表。这些企业对问题和机会同样敏感，并能迅速动员对两者加以处理。随着美好企业员工参与更多的社区改善计划，这种积极的生命力传播到了社会。反过来，为社区中的其他人服务使员工充实了情感，并使其振奋起来去迎接工作中的挑战。

构建组织愿景：着眼全局

美好企业拥有四项基本的企业愿景要素。

- 有比创造财富更远大的使命

- 致力于服务型领导

- 做模范公民

- 认识到自己与许多相互依存的参与者一样是经济生态系统中的一员

更远大的使命

在《哈佛商业评论》的一篇精彩文章中，一向深思熟虑、鼓舞人心的查尔斯·汉迪（Charles Handy）问了一个很基本但至关重要的问题："企业的使命是什么？"[7] 近年来，企业及其资产的性质都发生了巨大的变化，仍聚焦于物质资产的企业很可能会像任何其他财产一样被买卖。不管怎样，当今大多数企业最重要的价值在于其员工和知识产权，而不是硬资产——换句话说，在于无形资产。

国际会计准则委员会（The International Accounting Standards Board）将无形资产定义为"可辨认的非货币资产，但不具有实体持有供自身使用或出租给他人使用的实物形式"。[8] 官方给出的无形资产例子有：计算机软件、许可证、专利和版权。然而，当走出会计界去理解"资产"更广泛的含义时，我们认为其是指"有用或有价值的品质、人或物、优势或资源"。[9]

如果请美好企业的高管列出他们企业最有价值的资产，那么排在前两位的很可能是"我们的员工"和"我们的文化"。他们将员工视为竞争优势的来源之一，而竞争优势可以转化为实际的经济价值。这里的问题在于，会计界还未想出一种赋予员工和企业文化以经济价值的方法。然而，在评估未来的盈利前景时，员工的才能以及他们为企业愿景、使命和财务目标所投入的热情怎能被忽略呢？

我们认为，可以而且应该对员工的自发努力程度及企业文化进行量化评估，以使投资者及其他各方能更好地了解企业的未来前景。可以像评估计算机软件、许可证、专利和版权的经济价值那样对二者进行有效的评估。

有足够的证据表明，强调人本主义价值观的企业文化能产生更高的员工生产率、更高的客户忠诚度以及更高的利润率。尽管为股东投资提供良好的回报仍然是一个重要目标，但越来越多的人认为，如果为股东创造财富不是企业存在的唯一甚至主要目的，那由此带来的投资回报将更大。老生常谈的比喻——"尽管我们需要吃饭才能生存，但我们生存并不是为了吃饭"用在这里很贴切。满足股东是实现"真正"使命（即"提高人们和整个世界的生活质量"）的手段。日本电子产品巨头松下电器的创始人松下幸之助正是这样看待自己企业的使命："制造商的使命应该是战胜贫困，使整个社会摆脱苦难并为之带来财富。"[10] 惠普联合创始人戴维·帕卡德（David Packard）也提出了类似的观点。

> 我认为，许多人错误地以为企业存在的目的就是赚钱。尽管这是企业存在的一个重要结果，但我们必须更深入地研究，并找出我们存在的真正原因。当我们研究这一点时，就不可避免地会得出这样一个结论：一群人聚在一起并以我们称之为企业的机构形式存在，以便他们能共同完成一些个人无法完成的事情——他们就为社会做出了贡献。这句话听起来老套却很重要。[11]

作为全球最大、最重要的企业之一，丰田提出了雄心勃勃且范围广泛的"全球愿景 2010"。丰田的愿景被认为"对创造一个更美好的社会充满了激情"，它通过遵循以下准则来帮助人们创造一个更繁荣的社会。

通过采用最先进的环保技术成为"全球再生"的一股推动力量；创造一个人们能够在其中安全、有保障、舒适地生活的汽车社会，提升汽车在全球的吸引力并实现丰田车迷的大幅增长；成为一家受全世界所有人喜爱和尊重的真正跨国企业。[12]

服务型领导

美好企业的领导者具有坚定不移的诚信、强烈的自我意识及长期为企业服务的记录。他们被称为"服务型领导"的典范，他们在生活中也是谦逊并有节制的。服务大师（ServiceMaster）的董事长C.威廉·波拉德（C. William Pollard）对这些领导者有以下的描述。

真正的领导者并不是拥有最显赫头衔、最高薪酬或最长任期的人。真正的领导者是典范，是风险承担者。真正的领导者不是拥有宽敞汽车和大房子的人，而是服务者；不是成就自己的人，而是成就他人的人；不是管理者，而是发起者；不是获取者，而是给予者；不是说话者，而是倾听者。服务型领导者相信员工，并时刻准备为员工发挥潜力而欢呼；当员工需要时，他们会随时出现。服务型领导者是有担当的——他们不仅仅是坐在这个位子上而已，他们热爱并关怀着他们所领导的员工。领导既是一门艺术，也是一门科学。人人都可以是领导者，人人也都可以成为服务者。[13]

在1984年的一篇文章中，彼得·德鲁克提出了一个很著名的观点：首席执行官的薪酬加起来不应超过普通员工工资的20倍。他说这番话的时候，正值首席执行官们开始获得丰厚的收入和数以千计的员工遭到解雇这两种现象并存之时。他说道："这从道德角度和社会角度来讲都是不可宽恕的，我们将为此付出沉重的代价。"高管薪酬高达数百万，这与服务型领导的理念背道而驰。

与大多数同行的高管薪酬相比，美好企业的首席执行官薪酬并不算高。许多美好企业设定了一个最高工资与平均工资的比率，它们为首席执行官提供的薪酬不会超过这一比率（全食超市的该比率为 19:1）。一些美好企业的首席执行官甚至会拒绝董事会为他们提供额外薪酬——2006 年，全食超市首席执行官约翰·麦基将自己对企业使命的承诺发挥到了极致，他决定在自己余下的职业生涯中放弃本已不多的薪水、奖金和股票期权。下面是他在当年 11 月所写信件的全文。

致全体团队成员：

全食超市的巨大成功给了我做梦也没想到的非常多的钱，这些钱远远超出了我的财务保障或个人幸福所需。我继续为全食超市工作并不是因为我可以挣钱，而是因为快乐。在领导这样一家卓越企业的过程中，我获得了动力，获得了帮助世界变得更美好的持续热情，全食超市将继续为使世界变得更美好而努力。

我现在 53 岁了，已经到了生命中不再想为钱工作的时候了，想的只是工作本身的快乐和更好地响应服务的召唤。我心里非常清楚这一点。

从 2007 年 1 月 1 日起，我的薪酬将减为每年 1 美元，并且将完全不再领取任何其他的现金报酬。不过，我将继续接受与所有其他团队成员相同的福利，包括食品折扣卡和健康保险。董事会的打算是，全食超市将把我有资格接受的所有未来股票期权捐赠给公司的两家基金会：全球基金会和动物同情基金会。

另一件需要向你们说明的重要事项是，鉴于我决定放弃未来的任何额外现金报酬，董事会决定全食超市将每年向一只新的全体团队成员应急基金捐助 10 万美元。在灾害（如去年的"卡特里娜"飓风）发生时，基金将根据需要把这笔钱分配给整个公司的团队成员。

非常爱你们，

约翰·麦基

我们认为，如果企业的首席执行官都自愿选择符合德鲁克薪酬标准的薪酬水平，那么这将给企业股东带来可量化的价值回报。这些首席执行官领导的企业员工将更有动力为实现企业使命而努力——员工将把这些首席执行官视为平易近人、努力工作的个体，并认为他们愿意与全体员工而不仅仅是与其他管理人员或高管一起工作。驱动这些首席执行官的不是其竞争对手的行为或由个人自我意识驱动的事务，而是为所有利益相关者服务。此外，引导他们的也不是自我意识，而是道德指南针。

情商领导力

情商是区分卓越商业领袖（包括美好企业的首席执行官）的关键特质之一。当企业需要进行战略变革时，这一点便表现得最为明显。任何变革都很艰难，而抵制变革是最常见的情感反应之一。人们越来越有兴趣了解企业领导者的情商是如何促进战略变革的。[14]

许多研究考查了情商和变革型领导之间的关系，并发现这两者之间联系密切：对一家英国零售组织的调查显然印证了这一点；[15] 另一项研究也证实，变革型领导者的风格与交易型领导者的风格之间存在显著差异，前者的情商要高得多。[16]

情商较高的领导者会表现出热情和欢乐等积极情感，并有助于在企业内传播这些情感。消极情感和积极情感在领导者的追随者中具有高度的传染性，因为追随者往往会出于同理心而发展出类似的情感。领导者的积极情感可以直接提升员工的情感状态，并激发出员工更大的工作热情。[17] 高效的领导者运用故事、鼓舞人心的演讲以及仪式之类的方式来激励员工做出反映公司价值观、追求共同目标的行为。[18] 我们在美好企业中十分清楚地看到了这一点，例如赫布·凯莱赫富有感染力的个性和著名的滑稽动作已经深深融入了西南航空的文化中；乔丹家具的共同领导者巴里和艾略特·塔特尔曼的风趣个性也清晰地反映在了该企业的文化中，一些员工甚至努力模仿俩兄弟中的一个。

丹尼尔·戈尔曼及其合著者发现，在领导者推动组织进步的过程中，其情商变得越来越重要。其他研究也普遍证实了这一点，例如，有研究发现，许多企业董事会成员认为情商"极其重要"。[19]

戈尔曼将"首要领导力（Primal Leadership）"定义为"领导力的情感维度"，他是这样说的：

> 领导者的首要任务是通过情感表达一种与追随者的情感现实和目标感产生共鸣的信息，从而使他们朝积极的方向发展。毕竟，领导力是通过他人来完成工作的艺术。在充满不确定性的氛围中，首要领导力变得比以往任何时候都更重要，因为在一个人们可能会恐惧和焦虑的时期，他们需要的是能带来某种确定性或至少让他们有"这就是这些天我们要去的地方"这种感觉的领导者。所有这些都特别重要，因为情感、注意力和认知之间的这种关系是基于神经学的。[20]

戈尔曼还强调了共鸣的重要性，他对"共鸣"的定义如下。

> 共鸣是一种可释放出人们最好一面的积极性储备。要产生共鸣，你首先必须深入自己内心去寻找真实的自我。因为如果毫无头绪、假装，或者只是试图去操纵他人的话，你是无法产生共鸣的，所以你必须发自内心地说话，必须以一种能说到别人心坎里的方式做到这一点，而这需要真诚。[21]

做模范公民

美好企业并没有条件反射式地把政府当对手，也没有认为所有监管都不好。相反，它们认识到，为了社会的顺利运转，为了促进更广泛的繁荣，各级政府都有合法和重要的目标需要实现。美好企业的管理层真正地意识到了，自己的企业非常需要政府用纳税人的钱修建的基础设施。他们还意识到，为了促进公平竞争及防止不道德行为的发生，从而进一步促进公共福利，政府需要制定考虑周到的法规。

美好企业向它们的利益相关者传达了一种"使世界变得更美好"的使命感。美好企业的领导者对取得经济成功也很重视，这一点虽然和大多数贪婪的高管一样，但是美好企业的领导者拒绝以牺牲"使世界变得更美好"的决心为代价来追求经济目标。丰田的指导原则可作为所有跨国企业参照的范例。

- 尊重各国法律的表述和精神，开展公开、公平的企业活动，成为全世界的优秀企业公民。

- 尊重各国的文化和习俗，并通过企业的社区活动促进经济与社会发展。

- 致力于提供清洁和安全的产品，并通过企业的所有活动提升各地的生活品质。

- 创造和开发先进技术，并为满足全球客户需求提供出色的产品和服务。

- 培育一种能强化个体创造力及团队合作价值、重视员工与管理层之间互信及尊重的企业文化。

- 通过创新管理追求与全球社区的和谐发展。

- 与业务合作伙伴合作研究和创造，以实现稳定的长期增长和互惠互利，同时保持对新合作伙伴关系的开放性。[22]

有生命的组织

无论是以合作伙伴关系、企业还是以政府实体形式构成的组织，都是生命体。你觉得这种观点奇怪吗？来看看《连线》杂志创始主编凯文·凯利在《失控》一书（每个想使自己所在成为美好企业的人都应该读读这本书）中是怎么说的吧。

我们（我首先指的是科学家）开始明白，那些曾被比喻为有生命的组织确实是活的，但其活力是由范围更大、定义更广的生命所激发的，我称这种更伟大的生命为"超级生命"。[23]

将商业组织视为无生命的、缺乏人情味的机构，掩盖了其真正的有机特质。与所有生物有机体一样，企业也是由内向外生长和发展的，并随着时间的推移而演变。[24] 它们所经历的发展阶段与人类经历的发展阶段十分类似。新贵企业在许多方面都和十几岁的孩子很像：挑战传统，寻求并塑造某种身份，并且超级自信。企业和人一样，在生命之初往往主要关注自我，然后随着时间的推移向超越生存和自我利益的目标发展。这是大自然中的有机体保护其物种未来的方式，也是美好企业保护其未来的方式。

生物有机体只能透过它们的生态系统关系去理解，商业组织同样如此，其真正的特质只能透过它们与所有利益相关者群体成员的动态关系才能揭示。美好企业认识到，它们是一个复杂的、相互强化的利益相关者关系网络的一部分。例如，当开市客宣布"我们的使命是以最低价格持续地向我们的会员提供优质商品和服务，为了完成我们的使命，我们将遵循以下道德规范开展业务：遵守法律；关怀客户；关心员工；尊重供应商；回报股东"[25] 时，它就承认了自己是由与利益相关者的关系定义的。

通过构建美好企业的文化培育组织价值观

美好企业在明确传达它们的价值观时毫无保留。它们的价值观与它们是谁、如何运营密不可分，并且这些企业会利用一切机会与其员工和其他利益相关者一起强化它们的价值观。这些不仅仅表现在语言上，所有美好企业都遵守这些承诺，并且很认真地对待它们。概括而言就是，它们"言行一致"。正如西南航空的赫布·凯莱赫所说："西南航空并不是一家典型的现代美国企业。这家企业有很多利他行为，有一种'人人投入'的态度，有一种应该享受生活的氛围，还有很多的宽容，但唯一不能妥协的就是价值观——在价值观方面做出妥协的员工会被开除。"[26] 当被问及在北美建设生产设施相关问题时，丰田总裁赵富士（Fuji Cho）回答道："要出口品质，首先要出口企业价值观。"[27]

尽管美好企业所认同的特定价值观各不相同，但存在一些重要的共同点：尊重并有尊严地对待所有员工；把钱花在刀刃上，消除浪费；对诚信问题毫不退让；享受乐趣；持续改进。乔丹家具将其价值观归结为：团队合作、信任、尊重、欣赏、乐趣、娱乐、客户愉悦和慈善。以下是乔之店的价值观。

- 诚信——就像有客户在身后关注你的一言一行。

- 产品驱动型企业——致力于创造卓越的产品。

- 创造令客户惊叹不已的体验。

- 拒绝官僚主义——减少层级，将客户置于金字塔顶端。

- 持续改进——用团队合作的方式持续改进。

- 不做过于精细的预算。

- 将门店视为品牌展示，履行企业与客户之间的契约。

开市客力求全面消除不实用的装饰并降低成本，以使它能够将节省下来的钱用在会员身上，并给员工提供优厚的报酬。该企业前首席执行官吉姆·辛内加尔说道："开市客能提供更低的价格和更好的价值，因为它几乎消除了与以往传统批发商和零售商有关的所有"装饰"及成本，如销售人员、办公大楼、配送、开具账单及应收款项等。我们的运营环节很紧凑且管理费用极低，这使得我们能够将节省下来的巨额资金用在我们的会员身上。"[28]

美好企业的文化特征

可用"以人为本"（People Centered）这个词来概括丰富多样的美好企业的文化。在与所有各方（无论是员工、客户还是其他利益相关者）打交道的过程中，这些企业都认为对方是有血有肉的个体，而不是数字或被利用的对象。透过它们的世界观，我们认为这些企业理解并满足了"全人"的需要。美好企业的文化会反映出以下特点。

- 学习的文化

- 信任的文化

- 相互联结与相互依存的文化

- 诚信与透明的文化

- 忠诚的文化

- 尊重的文化

- 归属与和谐的文化

- 关怀的文化

- 有乐趣的文化

学习的文化

　　美好企业深深致力于成为"学习型组织"，它们不惜花重金对新员工和经验丰富的员工进行培训。货柜商店对员工培训的承诺履行堪称非比寻常，其全职员工在入职第一年的培训时长为 263 小时，并且其往后每年将接受 160 小时的培训。与此形成鲜明对照的是，零售业的一般水平为新员工平均仅接受 7 小时培训，且通常没有后续培训。

　　哈雷戴维森创建了致力于提供终身学习机会的哈雷戴维森学习中心，该中心既为员工提供其工作范围内的持续培训和学习机会，又为员工提供跨整个组织职能的持续培训和学习机会。另外，哈雷戴维森设有"持续改进副总裁"一职。[29] 在丰田，持续改进理念使它始终处于高生产率和高绩效的最前沿。

信任的文化

　　弗朗西斯·福山认为，一个国家的繁荣程度和竞争力在很大程度上取决于一种普遍的文化特征，即以在这个国家占主导地位的共同准则为基础的信任水平或合作水平。[30] 对企业而言同样如此，高绩效的组织同时是高信任度的组织。信任是润滑剂，使得企业、员工、客户和其他利益相关者能以最小的冲突和最大的和谐进行合作；普通员工和高级管理人员之间的信任使得企业能为长期繁荣牺牲短期利益。高度的信任与开放和包容的文化密切相关，这种文化不会让企业将精力浪费在监督和管制员工的行为上。

开放性是丰田的一种宝贵品德。在丰田，被识别出的不利信息会传达给企业高层，而不是被隐瞒起来，这使得它能够建设性地及时处理坏消息。在宝马，企业鼓励员工质疑他们为企业所做工作的必要性；而在大多数企业中，员工会因为担心丢掉工作而不敢这样做。在宝马的信任文化中，员工知道：他们不但不会因此丢掉工作，相反公司会培训他们以担任其他职务。

信任的价值不止限于员工，还包括客户和供应商。通过塑造"诚信、可靠和有趣"的企业形象，乔丹家具在建立客户信任方面做得非常出色。因为乔丹家具采用了"无忧咨询式"销售方法，所以客户更愿意光顾其门店并相信：不管他们买不买家具，这家企业都会忠诚地为他们提供愉快的店内体验。乔丹家具对许多国家和地方慈善机构的支持以及它将许多娱乐活动收益捐赠给这些慈善机构的事实，增强了客户对它的信任。

相互联结与相互依存的文化

相互联结、相互依存的经济体系要比由彼此分离、相互独立的部分组成的经济体系强大得多。前者的各个部分相互联结并啮合在一起，形成了一个更大的整体，而这样一个整体可以超越其参与者能独自实现的任何目标。美好企业的利益相关者之间具有高度的此类协同相互依存性。与采取自主行动或相互提出要求不同的是，这些企业的利益相关者在相互依存的循环中彼此团结。

日本文化是围绕相互依存概念建立的。"日本文化中的一切都彼此依赖，而其表现是各子系统相互作用的产物。"[31] "娇宠"（Amae）是用来代表依赖性概念的一个词，乍看之下，它对典型的西方思维似乎没什么吸引力。"娇宠最初是指，所有正常的哺乳期婴儿对母亲的依赖感，对被爱的渴望，对离开温暖的"母子循环"并投入到现实'客观'世界的不情愿。"³² 西方人注重自我，拒绝如此紧密的相互依存。但是，即便不具有地道的日本形式，美国和欧洲的美好企业其实也会在某种程度上反映出日本企业中普遍存在的"娇宠"。

丰田的生产体系植根于"娇宠"理念，这一直是丰田在汽车行业中追求卓越的主要动力。我们也能在巴塔哥尼亚的世界观中看到"娇宠"的痕迹。巴塔哥尼亚在各个业务方面都采取了类似的整体方法，它将"无害化"理念融入了制造工艺、供应商关系、员工计划及社区关系中。本田在管理整个供应链以及与关键供应商建立长期的价值驱动关系方面也采用了一种整体的、相互依存的方法。

诚信与透明的文化

被我们归为美好企业的每一家企业都十分重视保持最高标准的诚信。在大多数情况下，它们的使命宣言或其他正式文件都反映了这一点。

透明度与诚信密不可分。唐·泰普斯科特（Don Tapscott）和戴维·蒂科尔（David Ticoll）在《赤裸的公司》（*Naked Corporation*）中写道："如果你必须裸体，那你最好身材很健美。"在信息丰富的当今世界中，企业几乎不再可能对员工、客户、供应商或任何其他方封锁任何重要信息。正如泰普斯科特和蒂科尔所写："我们正在进入一个非常透明的时代，在这个时代，企业不得不第一次使它们自己对股东、客户、员工、合作伙伴及社会都清晰可见。财务数据、员工不满、内部备忘录、环境灾难、产品缺陷、国际抗议、丑闻和政策、好消息和坏消息，所有这些信息都可以被知道去哪里搜索的任何人看到。"³³

美好企业的领导者知道，如果企业一贯采取"正确"行动，那透明度对企业有利。泰普斯科特和蒂科尔在《赤裸的公司》一书的最后指出：透明度可以提升企业价值。透明度确保了参与不道德行为的企业能被迅速发现并受到惩罚，而那些一贯以正确理由努力做正确事情的企业则会得到回报。

如前所述，与其他企业相比，美好企业通常和员工分享了更多的信息。美好企业的管理层知道，与员工自由分享财务和生产信息，可以在员工和管理层之间架起一座更牢固的信任之桥，并有助于通过为员工提供衡量其努力程度的基准来提高生产率。这正是新百伦将其美国制鞋工人的生产率保持在世界最高水平的关键所在。

在货柜商店，即使它直到最近都还是私营企业，但所有员工都可以定期看到财务报表。在西南航空，赫布·凯莱赫和科琳·巴雷特因在所有情况下都能诚实且实事求是地与员工沟通而闻名。UPS 前首席执行官迈克尔·埃斯丘（Michael Eskew）表示："我们十分重视自己的业务透明度以及承担责任的方式。"[34]

忠诚的文化

弗雷德里克·赖克哈尔德观察到："大企业每五年更换一半客户，每四年更换一半员工，不到一年更换一半投资者。"[35] 这样低水平的忠诚度会带来导致价值缩水的诸多影响。首先，这会产生一个"中转站"循环。在这个循环中，带来利润的客户以及有能力的员工离开，不产生利润的客户和新员工随后补充进来，这使得企业的人力资本质量迅速下降。其次，这会造成短期思维的长期化，并极大地浪费资源。

许多企业都希望它们的员工、供应商和客户对它们忠诚。然而，大多数企业却未能以友好的态度来回报这种忠诚。例如，在"9·11"事件之后，美国航空和西北航空利用劳动合同中与国家紧急情况、特殊情况有关的条款大肆裁员，却没有为此支付遣散费。美国航空甚至将这种做法发挥到了极致，它在工会合同中援引了"不可抗力"（也被称为"天灾"）条款。结果，这家企业裁员比例达到了最高的 24%。而与此同时，西南航空拒绝解雇任何一名员工。赫布·凯莱赫认为，尽管不裁员会使企业在短期内亏损，但这样做对维持工作保障水平和鼓舞士气有利，并将保护西南航空的长期健康发展。在食品杂货行业，韦格曼斯食品超市认为，大多数采用"降价"模式的零售商错过了与顾客建立良好关系的机会。韦格曼斯食品超市的顾客十分忠诚，许多顾客都叫得出当地员工的名字。

尊重的文化

丰田奉行"尊重所有员工"的贴心政策。它致力于和客户、股东及员工共同成长，同时寻求与人、社会、全球环境及世界经济和谐共生。[36] 巴塔哥尼亚使员工利益与企业理念保持一致的做法部分地体现了它对员工的尊重。通过雇用适合企业文化的员工，并给他们时间去追求自己对户外运动和感受大自然的爱好，巴塔哥尼亚正在培养一支每天都在激发他们自身及企业的激情且持续推动企业成功的员工队伍。在规划未来战略时，全食超市会定期吸纳各层级员工的建议。

归属与和谐的文化

美好企业擅长营造一种归属氛围，在这种氛围中，员工、客户和其他利益相关者对企业有一种主人翁感和归属感。美好企业的员工不仅是团队成员，而且是一个大家庭中的一员。星巴克非常重视"像对待家人一样对待员工"，这对实现其目标至关重要。霍华德·舒尔茨在就任首席执行官时，承诺不会落下一个人，他认为："你像对待家人一样对待员工，他们就会对企业忠诚并奉献出他们的一切。"丰田利用企业制服及歌曲、晨练、下班后的社交聚会以及各种仪式来构建和维持其文化，这不仅仅培养了个体对其所在职能团队以及整个丰田的归属感，同时在员工当中营造了一种和谐氛围。在 UPS，3 万名在职管理员工和全职非管理员工持有大量企业股票，这增加了其员工加倍努力并为客户提供更卓越服务的可能性。[37] 在宜家，"宜家就是一个大家庭"的理念是其创始人英格瓦·坎普拉德（Ingvar Kamprad）最大的骄傲，他建立了一种伙伴关系：在这种关系下，员工都是宜家这个大家庭中的一员（宜家人），并共同拥有"团结、热情、渴望不断革新、谦卑、意志力、成本意识、简单、领导力和多元化"的价值观。[38]

关怀的文化

除了将利益相关者视为大家庭中的一员，美好企业还对他们采取了一种关怀与培养的态度。将万宝华（Manpower）打造成一家国际巨头的兰斯·萨克里顿（Lance Secretan）说道："一切激励我们的东西无一例外地源于爱。"[39] 宜家真正关心员工，并希望他们能够在不影响个人生活中的重要因素（如家庭）这一前提下工作。这一点反映在了它为员工提供的福利包以及它对员工"生活品质"问题所给予的关注上——对员工的关怀培养了他们的忠诚、自主、信心和动力，所有这一切对宜家来说都非常重要。[40]

关怀型公司超越了令利益相关者惊讶和愉悦的预期范畴。当乔丹家具的拥有人决定将企业卖给沃伦·巴菲特时，他们通过向员工在其为乔丹家具工作的每一小时支付 50 美分的方式表达了他们对员工的感激，尽管没有法律规定他们要这样做。

西南航空以在工作场所毫不掩饰地拥抱"爱"与"关怀"的理念而著名。自在爱田机场运营以来，这家企业就从未放弃过"爱"这一主题，它一直保有对员工和客户的爱。在谈到这家股票代码为 LUV 的企业如何对待客户和员工时，该公司前总裁科琳·巴雷特说道："就是简单的尊重、礼貌和友好。西南航空不会自诩对所有人都面面俱到，我们对这一点很坦率。我们告诉我们的客户，为什么我们没有这样或那样做，然后我们就用善良、关怀和关注将他们牢牢抓住了。"[41]

有乐趣的文化

最后一点，同样很重要的文化价值就是有乐趣。尽管美好企业在营造有趣的工作和业务氛围方面程度不一，但它们都认为这很重要。毫无疑问，亚马逊和谷歌等新经济企业的情况就是这样。杰夫·贝佐斯鼓励他的员工"努力工作，享受乐趣，并创造历史"。笑声是有感染力的，乔丹家具强调它"希望客户和员工都能享受乐趣"。西南航空树立了一个搞怪、有趣的形象，这种形象将它与客户紧紧联系在一起，使它与客户之间的情感纽带强而有力。有分析师指出："正是其客户服务和友好的员工帮助这家航空公司赢得了优势。就算其他航空运输网络运营商在票价方面缩小了与西南航空的差距，西南航空仍然应该可以留住客户，因为这些客户是真的很喜欢乘坐西南航空的航班。"[42]

文化是企业的 DNA

正如许多人所观察到的，企业文化就像企业的 DNA。DNA 对生命体意味着什么，企业文化对企业就意味着什么。人的 DNA 携带着在细胞分裂时可被复制的信息，而每个细胞核中所含的 DNA 都与如何构造和控制生命体有关。

生命体的 DNA 必须同时具有 DNA 抗性和适应性。同样，企业文化不仅要能够抵御短期的偶然影响，而且应有适应需要的能力。如果一家企业拥有强大的 DNA，那么即使它在某段时间里偏离了轨道，新的首席执行官有时也仍可通过触发其内在的 DNA 表述使它回归正轨。例如，通用电气展示出了令人惊讶的适应能力和自我重塑能力，这几乎是其传奇创新创始人托马斯·爱迪生的 DNA 的翻版。许多令人鼓舞的迹象表明，沃尔玛正在找回它的 DNA，这种 DNA 是山姆·沃尔顿（Sam Walton）在植根于美国基本价值观的小镇创立这家企业时发展起来的。

长期以来，丰田展示出了高度的文化适应性。例如，从其创立之初一直到 20 世纪 70 年代末，丰田都因为对待装配线上工人的方式而声名狼藉。在当时，它将关注的重点放在了无情地提高效率上，而没有太多地考虑到这样做对工人的影响。由于长时间保持不自然的身体姿势，许多工人出现了"肩臂颈"综合征。此外，该企业不允许缺勤，自杀率也非常高。[43] 后来，丰田认识到它必须做出改变，而现在它已被公认为模范雇主。

企业要如何才能创造出美好企业所拥有的那种丰富而卓有成效的文化，然后长期保护并维持这样的文化呢？特别重要的是，要雇用能"接受"这种文化和企业愿景（使命）并使之"焕发活力"的员工。这对于经营生活用品的企业而言尤其重要。巴塔哥尼亚、L.L. Bean 和 REI 都雇用了对户外休闲有着浓厚兴趣的员工，而全食超市、乔之店和韦格曼斯食品超市则招聘了对食物有着强烈兴趣（几乎是痴迷）的"美食家"。

考虑到美好企业不断交出骄人业绩，以及它们中的大多数表示企业文化是自己最重要的资产，那有谁还能反驳这样的观点：不是高管的才华，不是偶然的市场机会，也不是巧妙的营销策略，而是一种激励和鼓舞员工竭尽所能做到最好的企业文化，并且所有其他利益相关者都非常尊重这种企业文化。因此可以说，这种文化对美好企业非常有效。

注释

1. Mark C. Crowley, "How SAS Became The World's Best Place To Work", *Fast Company*, January 22, 2013.

2. James L. Heskett, "Southwest Airlines 2002: An Industry under Siege", Harvard Business School Case 9-803-133, pg. 8.

3. James Parker quoted by Staff Writer, Philips Business Information, "Southwest May Not Be #1, But it Sure Looks Like The Leader", *Airline Financial News*, Potomac, Nov 24, 2003, pg. 3.

4. Thomas Kell and Gregory T. Carrott, "Culture Matters Most", *Harvard Business Review*, May 2005.

5. Heike Bruch and Sumantra Ghoshal, "Unleashing Organizational Energy", *Sloan Management Review*, Fall 2003, pp. 45–51.

6. Bruch and Ghoshal, *op. cit.*

7. Charles Handy, "What's a Business For?", *Harvard Business Review*, December 2002.

8. http://www.pwcglobal.com/Extweb/service.nsf/0/24F4F9C7A641894680256C7D00586A48?opendocument#one.

9. http://www.thefreedictionary.com/asset.

10. Konosuke Matsushita, *Quest for Prosperity* (1988).

11. David Packard at an HP management training session in 1960; http://64.233.161.104/search?q=cache:rmc46F2vzfQJ:https://www. stanfordalumni.org/news/magazine/1998/julaug/articles/founding_ fathers/founding_fathers.html.

12. 丰田公司官网。

13. C. William Pollard, "The Leader Who Serves", *Strategy & Leadership*, September/October 1997, Volume 25, Issue 5, pg. 49.

14. Ranjit Voola, Jamie Carlson, and Andrew West (2004), "Emotional Intelligence and Competitive Advantage: Examining the Relationship from a Resource-Based View", *Strategic Change*, Mar/ Apr, Volume 13, Issue 2, pp. 83–93.

15. Hilary Duckett and Elspeth Macfarlane (2003), "Emotional Intelligence and Transformational Leadership in Retailing", *Leadership & Organization Development,* Volume 24, Issue 5/6, pp. 309–317.

16. Benjamin Palmer, Melissa Walls, Zena Burgess, and Con Stough (2001), "Emotional Intelligence and Effective Leadership", *Leadership & Organization Development Journal,* Volume 22, Issue 1, pg. 5.

17. L. Melita Prati, Ceasar Douglas, Gerald R. Ferris, Anthony P. Ammeter, and M. Ronald Buckley (2003), "Emotional Intelligence, Leadership Effectiveness, and Team Outcomes", *International Journal of Organizational Analysis*, Volume 11, Issue 1, pp. 21–40; "elevates the team's emotional state": B.E. Ashforth and R. H. Humphrey (1995), "Emotion in the Workplace: A Reappraisal", *Human Relations*, Volume 48, Issue 2, pp. 97–125; "inspires members to perform with more enthusiasm": K. M. Lewis (2000), "When Leaders Display Emotion: How Followers Respond to Negative Emotional Expression of Male and Female Leaders", *Journal of Organizational Behavior*, Volume 21, pp. 221–234.

18. Ashforth and Humphrey (1995), *op. cit.*

19. Victor Dulewicz and Malcolm Higgs (2003), "Leadership at the Top: The Need for Emotional Intelligence in Organizations", *International Journal of Organizational Analysis*, Volume 11, Issue 3, pp. 193–210.

20. Stephen Bernhut (2002), "Primal Leadership, with Daniel Goleman", *Ivey Business Journal,* May/June, Volume 66, Issue 5, pp. 14–15.

21. Bernhut, *op. cit.*

22. 丰田公司官网。

23. Kevin Kelly, *Out of Control*, Addison-Wesley Publishing Company, 1994, pg. 348.

24. William E. Schneider, "Why Good Management Ideas Fail: The Neglected Power of Organizational Culture", *Strategy & Leadership*, January/February 2000, Vol. 28, Issue 1, pg. 24.

25. 开市客官网。

26. "Southwest Airlines' Herb Kelleher: Unorthodoxy at Work", *Management Review*, June 1995, pg. 10.

27. Andrew Tilin, "The Smartest Company of the year: And the Winner is... Toyota", *Business 2.0*, January/February 2005, pp. 67–72.

28. 开市客官网的"投资者"部分。

29. Martha Peak, "Harley-Davidson: Going Whole Hog to Provide Stakeholder Satisfaction",

Management Review, June 1993.

30. Francis Fukuyama, *Trust: The Social Virtues and The Creation of Prosperity*, New York: The Free Press, 1996.

31. Samsong Fang and Brian H. Kleiner, *Management Research News*, 2003. Volume 26, Issue 2-4. pg. 116.

32. Takeo Doi, translated by John Bester, *The Anatomy of Dependence*, Kodansha International, Tokyo and New York, 1990, pg. 7.

33. Don Tapscott and David Ticoll, *The Naked Corporation: How the Age of Transparency Will Revolutionize Business*, New York: Free Press, 2003.

34. UPS press release (Nov 14, 2003). "Sustainable Business Practices Crucial to Viable Economy, Says UPS."

35. Frederick F. Reichheld and Thomas Teal, *The Loyalty Effect: The Hidden Force Behind Growth, Profits, and Lasting Value*, Boston: Harvard Business School Press, 1996.

36. 丰田 2003 年度 "环境与社会报告"。

37. 2004 UPS Annual Report, pg. 5.

38. http://www.IKEA-group.IKEA.com/corporate/work/why.html.

39. Lance Secretan, "Love and Truth," *Worthwhile*, Sep-Oct 2005, pg. 34.

40. 宜家（美国）官网。

41. Frances X. Frei, "Rapid Rewards at Southwest Airlines", Harvard Business School Case 9-602-065, pg. 3.

42. Betsy Snyder as quoted by Staff Writer, Philips Business Information, "Southwest May Not Be #1, But it Sure Looks Like the Leader", *Airline Financial News*, Potomac, Nov 24, 2003, pg. 3.

43. S. Kamata, *Employee Welfare Takes a Back Seat at Toyota*, Pantheon Books, 1982.

全面理解美好企业对长期以来形成的与企业社会地位及社会目标有关的理念提出了巨大挑战。先暂且不论这些挑战所带来的理念和道德问题，也暂且不论你是否持有一种更狭隘的、传统的企业目标观，在我们看来，美好企业的商业模式取得了成功是不争的事实。正因为如此，这一章将专门讨论美好企业最重要的经验教训，这些经验教训是我们在为撰写本书做研究的过程中学到的。

确定美好企业的特征

我们确定了区分美好企业的 7 项特征。从表面上看，这些特征并不是美好企业所特有的，许多企业可能声称自己也具有相同的特征。但关键在于，美好企业如何表达这些特征，如何将这些特征融入文化和运营中，从而赋予各特征以独特的地位。

- 美好企业挑战行业教条。

- 美好企业与利益相关者实现利益共赢。

- 美好企业乐于打破传统的折中取舍。

- 美好企业的运营着眼长远。

- 美好企业青睐有机式的稳步增长。

- 美好企业在工作中融入乐趣。

- 美好企业拒绝传统的营销范式。

挑战行业教条

各行业都在推广本行业内的企业通常遵循的成功模式。为使行业中的每个人都能更深入地理解这种成功模式，众多标杆管理研究收集了行业领导者的做法。但是，并非行业中的所有成功企业都需要遵循这样的"最佳实践"模式来获得成功。

加里·哈默认为，每个行业都有规则制定者（行业领导者）、规则遵循者（"一般的行业参与者"）和规则打破者（"颠覆'渐进主义魔咒'、改写行业规则并打破行业界限的革命者"）。[1]规则打破者不会遵循行业认可的"最佳实践"规定，它们节约使用资源，更加集中资源，通过合作伙伴关系创造资源，通过资源协同组合补充资源，并更快地从市场回收资源。[2]

体育用品巨头耐克是一个规则制定者。它制定了运动鞋行业的规则，这个规则强调产品款式、体育明星代言、将所有生产外包给低收入国家、庞大的营销预算。锐步在很大程度上复制了这种模式，并成了业内第二大企业。阿迪达斯以同样的方式成了行业第三。然而，近年来运动鞋行业增长最快的公司一直都是新百伦（在2005年锐步和阿迪达斯合并前排名第二）。新百伦是一个规则打破者，它用不同的商业理念和战略挑战了行业教条。相比款式，该企业更为强调运动鞋的舒适性和功能性，它拒绝用侯爵的名字来为产品背书。同耐克、锐步和阿迪达斯比起来，新百伦的营销支出占销售额的百分比要低得多。新百伦基于利益相关者的管理方式使它在零售商、供应商和高度敬业的员工心目中拥有令人羡慕的地位。[3]

美好企业乐于挑战行业教条，这意味着它们与华尔街最看重的规范格格不入。为此，许多分析师抨击美好企业支付的工资和福利高过行业标准。如果新百伦是一家上市企业，他们肯定会要求吉姆·戴维斯继续在美国生产运动鞋。

西南航空时刻准备着打破行业教条，这一点堪称传奇。它挑战传统的行业思维，将小汽车、巴士和火车确定为自己的最大竞争对手，并采取了在早期就专注短途航班的相应行动。另外，它没有遵循"中心辐射"的做法，而是选择了"点对点"航班，并用单一等级取代了经济舱、商务舱和头等舱的划分。

　　韦格曼斯食品超市同样挑战了行业教条，没有遵守"低工资，低福利"的行业惯例。许多食品杂货业零售商都公开主张：零售是非长期"职业"选项，并利用这一立场为其低工资和低福利政策辩护。韦格曼斯证明了这样的主张并不正确——它以优厚的福利、高于平均水平的薪酬、极低的员工流动率和非常忠诚的客户群体著称。其首席执行官丹尼·韦格曼坚信，韦格曼斯超常规的客户忠诚度取决于非常满意的员工。

与利益相关者实现利益共赢

　　美好企业的商业模式基于利益相关者的利益共赢。没有什么比美好企业积极促进提升所有利益相关者的利益更能将它们与其他企业区分开了。

　　美好企业认为，利益相关者并非固定价值池中的竞争者，而是积极贡献者。我们认为，这就是"企业炼金术"。当然，"炼金术"是指中世纪时人们试图将贱金属变为黄金的做法。我们用该词来描述美好企业将各利益相关者群体由独立的（有时甚至是相互竞争的）群体转变为一个整体的能力，这个整体的价值远大于各部分价值之和。

　　利益相关者参与价值创造是美好企业管理的基础。全食超市将所有利益相关者聚到一起制订其五年计划，这是一种为期数天的共创方法——"未来探索"的一部分。我们在前面提到过，哈雷戴维森和西南航空都争取工会参与自身未来规划，因为它们将工会视为合作伙伴而非对手。

　　通过关注"三重底线"——经济、社会、环境，UPS 致力于与利益相关者一起共同创造价值。该公司前首席执行官迈克尔·埃斯丘认为，平衡这三个方面"是一种自 UPS 于 1907 年创立以来就十分有效的模式，并且在我们进入第二个世纪之际，仍是一个必要的指导性职责"。[4] 为了监测在这三个方面的进展，UPS 在"全球报告倡议组织"（Global Reporting Initiative）的帮助下制定了三大类关键绩效指标。

● 经济（股权收益）。

- 社会（员工留存率、"首选雇主"指数、每10万驾驶小时的交通事故频率、慈善捐赠额占利润的百分比以及慈善捐赠总额）。

- 环境（罚款次数占环保机构检查次数的百分比、地面运输网络的燃料效率、全球航空排放量/最大有效载荷能力以及满足严格降噪要求的车队百分比）。

　　乔丹家具协调利益相关者的方法很简单，即它将所有利益相关者都视为客户。通过细致关注各利益相关者群体的需求，乔丹家具在其他家具零售商失败的地方取得了成功。它的成功源于三重理念："创造繁荣，提高生产率，获得成就感。"这种三位一体的关注有助于发挥所有利益相关者群体的价值创造协同能力，并使乔丹家具有别于竞争对手。[5]

　　乔丹家具有趣的工作方法确保了所有员工都能在工作中获得成就感。它使员工充满自信，使员工相信自己是在为客户的最佳利益工作。通过对员工进行投入、征求他们的反馈意见并给予相应的奖励，乔丹家具创造了一种"创造性、努力工作和忠诚的文化"。客户也从中受益，因为他们在与热情、积极、有趣的员工打交道的过程中获得了回报。乔丹家具的业务已扩展至六个地区，并仍在年复一年地创造销量纪录。制造商和分销商继续看好它们与乔丹家具的合作关系，并且包括沃伦·巴菲特在内的股东都很乐于投资这样一家充满活力的企业——关心员工、回馈社区，并且成功盈利。通过精明运作，乔丹家具管理层在所有利益相关者当中创造了一种能产生积极结果的多米诺效应。"客户、员工和社区优先，其他方紧随其后"[6]这一简单的概述源自明智的商业领导思维以及对强有力的利益相关者关系管理承诺的不懈践行。

乐于打破传统的折中取舍

　　折中取舍思维是商业中的一种主流思维方式，源于西方科学思维对"如果/那么"和"非此即彼"构想的重视胜过对"两者兼具"构想的重视这种倾向。

这种思维方式导致了绝对主义者对现实的非黑即白渲染，从而限制了可供选择的范围。而"两者兼具"的思维方式则将思路打开，以容纳许多看似矛盾的条件（如高工资和高利润率），避免了折中取舍算计的局限性（如完成某件事情只有一种最佳方式）。

美好企业通常拥有其所在行业中的"最佳价值"。它们经常以极具竞争力的价格为客户提供卓越的产品或服务。例如，开市客只提供优质产品，但是以极少的加价投放市场的；亚马逊以很低的价格提供卓越的服务体验，且通常免费送货；与对手相比，丰田提供的汽车产品一般质量更好且可靠性和燃油效率更高；乔之店专营来自世界各地的具有异国风味的廉价食品（其中一些非常好吃）。

本田如何平衡、协调及整合利益相关者关系

本田致力于深入满足每一类利益相关者群体的需求。它向客户提供一流的产品和极大的满足感，激励和发挥员工的作用，与供应商建立互惠互利的关系，并始终如一地为股东提供卓越的价值。与此同时，它与周边社区保持着联系，并通常与政府和监管机构相处融洽。本田是如何做到这些的呢？[7]

关键在于该企业能够在三类不同群体（客户、员工、供应商）之间创造协同效应。除了使利益相关者之间保持可控的平衡，实际上，本田还采用了许多做法和计划来创造这些群体之间的协同效应，其中包括高管薪酬计划、员工激励策略、REACH（表彰本田员工所做贡献）奖励计划、最佳合作伙伴计划以及调整组织结构。

为了避免员工以牺牲投资者的利益为代价来获益（反之亦然），本田针对员工实施了许多基于绩效的薪酬计划。通过实践这些计划，企业可以在对成果和创新进行奖励的同时，避免支出过高的薪酬或提供过于慷慨的福利。本田高层管理人员的收入远比本田许多竞争对手的高层管理人员的收入少。通过将高管薪酬与企业绩效密切挂钩，本田确保了其对投资者的透明度和公平性得到提高，并向其余员工发出了明确的信息：如果本田盈利了且客户很开心，那么员工（以奖金的形式）和投资者都将受益。

本田的文化奖励好的创意，并不断授权员工寻找更有效的工作方式。REACH 奖励计划就是一个很好的财务奖励机制例子，它有助于将源自员工的最佳创意用于不断提升质量、创新和效率水平。根据该计划，丰田将向其创意得到成功应用的个体授予"持续改进奖"。另外，本田还为产品质量缺陷及工厂安全隐患检测方面的建议提供奖励。多年来，该企业为 REACH 奖励计划的参与者提供了现金及多辆汽车作为奖励。

本田十分依赖供应商为其产品提供大部分零部件，它正确地认识到：如果将供应商视为合作伙伴，那它们就可能实现积极的协同效应。与供应商协作有助于提升产品质量，并可确保成本得到严格控制，这两者都与本田的客户价值主张直接相关。只有在整个供应链十分高效的情况下，企业才可能以实惠的价格持续提供优质可靠的产品。在与其供应链成员合作的过程中，本田成功地实现了合作伙伴关系与高标准的价格及质量要求之间的平衡。

本田供应商战略的一个重要组成部分是"最优合作伙伴"计划。它有一个专门的员工团队与供应商合作，以帮助这些供应商达到本田制造所要求的高标准及目标成本。这构建了一种令供应商和本田双赢的合作与协同关系。对供应商的调查显示，在使供应商赚取可接受的利润方面，丰田和本田在汽车制造商中的排名最靠前，遥遥领先于美国汽车制造商。

尽管一些美好企业（如全食超市、星巴克、巴塔哥尼亚）的定价走的是高端路线，但它们提供给客户的购物体验和独特产品还是使得这些客户不断回头。客户可能很容易在其他地方找到价格更便宜的产品，但他们认为这些美好企业提供的产品和购物体验具有特别的吸引力，所以宁愿花更多的钱来购买它们的产品。

美好企业不断打破的一种折中平衡是员工薪酬和客户价值之间的平衡。开市客、韦格曼斯食品超市和乔之店都证明了这一点，它们既为员工提供了优厚的薪酬，又为客户提供了有竞争力的价格，同时还赚取了可观的利润。但是，这些企业支付的更高薪酬和福利并没有反映在消费者支付的价格上，这可以部分地可用更高素质的员工其生产率更高以及员工的流动率更低来解释。另外，因为员工足够关心并努力提高企业盈利水平，所以他们会不断改进作业流程。总之，"员工满意度与客户忠诚度之间存在联系"这一点毋庸置疑。专注于客户内心的情感体验使得这些企业从客户那里获得了更多的经济收益。用"炼金术"的方式说，就是更高的薪酬和更高的福利转化成了更低的运营成本！

运营着眼长远

华尔街分析师对企业管理层施加了无情的压力，也许没有哪个单一因素比这更能剥夺股东的价值了，这种压力迫使管理层从短期角度考虑问题。对短期交易者和其他投机者来说，这或许有利，但这可能极大地损害长期投资者的利益。

遗憾的是，许多首席执行官乐于采用这种短期思考方法，因为这样的话，他们能迅速通过股票期权获得个人收益。结果是，管理层可能得到丰厚的回报，短期投资者有更多的机会从做空和炒作股票中获利，而长期投资者则可能因为获得更大收益的机会被忽视而遭受损失。

值得一提的是，我们研究的许多美好企业是私营的，因而能避开华尔街的压力。但即使是公开上市的美好企业，也往往相对不受此类短期压力的影响。例如，谷歌创始人明确表示："虽然企业可能因为在世界各地行善而不得不损失一些短期利润，但从长远来看，这样做能为股东带来更大的回报。"[8] 在他们提供给美国证券交易委员会备案的"创始人来信：谷歌股东'所有者手册'"中，两位创始人提醒潜在投资者：他们将不会基于预期或实际季度收益做出决策。"我们将着眼长期优化，而不是试图使每个季度的收益都保持平稳。"[9]

我们将以这样一种观点结束本节：华尔街天生就对长期投资者抱有偏见，因为在华尔街环境下工作的大多数人和企业是通过交易而不是创造价值来赚钱的。总体而言，完成的交易越多，大多数从事股权交易的企业就赚得越多。颇具讽刺意味的是，在华尔街看来，美好企业的长期策略似乎是其长期回报率普遍较高的一个主要因素。归根结底，股权市场认为，美好企业的长期观点使得它们对投资者更具吸引力。

青睐有机式的稳步增长

大多数美好企业本可以增长更快。以韦格曼斯食品超市为例，它每年都会收到数千封信件，来信者均要求它在靠近他们居住地的位置开设分店。然而，这家企业选择每年只新开两三家分店。这种缓慢的扩张速度使得市场对韦格曼斯新开分店充满了期待。这样就确保了其每家新店的开张都会是社区的一件大事。韦格曼斯坚持在开设新店前对员工进行全面培训，这影响了它开设新店的速度。另外，在开设新店时，它会从现有门店中抽调一些"最优秀、最聪明"的员工，这种做法也限制了它的扩张速度，因为从日常工作中脱颖而出的"最优秀、最聪明"的人才只有那么多。2004年2月，韦格曼斯在华盛顿特区杜勒斯机场附近开了一家新店，开业当天就吸引了15 500名购物者，比大多数超市一周的顾客人数还多。该店的所有管理人员都来自韦格曼斯现有的不同门店，还有数十名其他员工赶来帮助这家店顺利开业。韦格曼斯为这一家店就花了约500万美元的培训费。这家店原本可以提早数月开张（以赶上休假旺季），但韦格曼斯坚持等到全部准备妥当才开张（这是美好企业对长期观点持有耐心的又一个例子）。[10]

在工作中融入乐趣

营销人员喜欢用原型人物来描述品牌，如小丑和叛逆者。李·林奇（Lee Lynch）是哈雷戴维森旗下广告公司卡迈克尔 - 林奇的联合创始人，他曾顽皮地眨着眼对听众说："我们所有人都有一股哈雷戴维森的味道。"几乎所有人都喜欢不时体验一下打破规则的快感，当然，美好企业的首席执行官都会带有一点哈雷戴维森的味道——在管理层的热情鼓励下，打破规则的事情在美好企业中经常发生。

叛逆者的光环使员工觉得制造哈雷戴维森摩托车很有趣，同时使他们觉得拥有这些摩托车也很有趣。新哈雷车主的平均年龄为 47 岁，这已不只是令人好奇的问题了！中年人生活的一个标志性特征就是在工作中融入乐趣，并通过不时打破规则的方式来体验日益提高的自主性。最多人数的那群成年人现已步入中年，哈雷戴维森品牌成为中年标志自有其道理，这种标志象征着开放道路上的自由，并带有一点点叛逆者的味道。

言辞犀利、喜欢喝波本威士忌、不停抽烟的西南航空联合创始人赫布·凯莱赫选择小丑作为这家航空公司的原型人物。但正如西南航空的股票代码 LUV 所暗示的，这是个充满爱心、关怀人的小丑。凯莱赫的滑稽搞笑动作（例如将一名空乘人员藏在飞机的行李架中）非常有名，而他也将有益的率性融入了西南航空大家庭的工作风格中。不应忽视的一点是，西南航空的有趣形象也有实际的一面。许多乘客乘坐飞机时会紧张，而凯莱赫对此的解决之道便是幽默。西南航空告诉员工：幽默可以有效减轻客户的焦虑感，并使工作更为有趣。想象一下，当一名西南航空的飞行员通过对讲机宣布"我们现在已到达巡航高度，我将关闭安全带信号灯，同时切换到自动飞行模式。这样我可以来到大家中间，在余下的飞行时间里和大家闲聊了"时，客户会有什么样的反应。另一种可以帮助焦虑的乘客在飞机降落时放松的方法也很幽默，那就是机舱里传来一句："喔，到站啦！哇哦！"

另一个经典的品牌原型是关怀者（Caregiver），这一角色符合许多美好企业的个性，从员工角度来看更是如此。例如，谷歌通过全天候的免费餐点体现了它的关怀本性，这使员工可以更密切地聚在一起讨论项目，使他们不管是在吃一个汉堡还是吃一顿全餐的时间里都很开心。实际上，谷歌的口头禅"不作恶"会使人想起希波克拉底誓言中所表达的医疗行业关怀者的座右铭——"最首要的是不伤害患者"。

工业设计公司 IDEO 在"玩耍"中蓬勃发展。其创始人戴维·凯利和他的兄弟汤姆创造了一种文化，这种文化使员工感觉他们好像根本不是在工作一样：与你的团队休息一下午去看场电影或球赛是可以接受的，计划外的休息每天都会有，古怪的消遣和小型恶作剧给员工增添了乐趣。[11] 当参观者看到一家被《华尔街日报》《财富》《商业周刊》及其他刊物誉为世界一流设计公司的员工在走廊里打迷你高尔夫和扔碰碰球时，往往会有点吃惊。[12] 很显然，戴维·凯利对"玩耍能点燃创新精神"这一点深信不疑。[13]

拒绝传统的营销范式

成为美好企业最重要的好处之一就是，企业的营销成本更低。美好企业是靠直接体验和良好口碑来维持运营的：愉悦的客户、员工和供应商会向其他方介绍这些企业，从而使其降低通过广告来提高知名度的必要性。想一想：谷歌没做任何广告就成了全球最具价值的品牌之一；星巴克几乎没做任何广告成了国际品牌；同样，开市客和哈雷戴维森在建立强大品牌的过程中没有做任何广告。美好企业通常不会依赖频繁的大减价和其他促销活动，这既极大地节省了成本，又给客户带来了宽慰感——客户不必等到大减价时再去购买他们现在就需要的东西。这一点一直是乔丹家具营销范式的核心属性之一。典型家具零售商的营销和广告支出约占总收入的 7%，而乔丹家具的这一比例仅为 2%，但是，乔丹家具却以每平方英尺年销售额接近 1000 美元领跑家具行业（该行业每平方英尺年销售额平均只有 150～200 美元）。[14]

结论

美好企业为商业世界提供了大量宝贵的经验教训。在这一章中，我们只强调了与我们认为的美好企业有关的 7 个最突出特征。我们认为，美好企业代表了一类新商业架构模式，要在"超越时代"实现长期的蓬勃发展，企业就必须采用这类模式。基于 SRM 的商业模式对企业的生存和发展将越来越重要，我们称之为商业世界的"新社会达尔文主义"。

与资本主义原教旨主义者一样，我们也相信在商业环境中存在"社会达尔文主义"。但是，我们并不认为这一术语形象地表述了竞争对手在市场这一竞技场中残酷无情地相争到底的情形。在我们看来，长期生存的"适者"将是那些最能适应环境条件变化的企业。几乎每个社会的中位年龄上升都会导致价值体系（或心理重心）发生转移，除此之外，没有什么像互联网那样在如此短的时间里如此巨大地改变了企业的运营环境。随着互联网成为了解企业内部情况的渠道，企业便失去了通过控制信息流来操纵客户、员工及其他利益相关者的能力。企业现在面临的挑战是要适应其利益相关者日益增长的透明度和协作行为需求，否则就会像恐龙那样灭绝。美好企业的领导者十分清楚这一点，他们知道，在当今的商业世界中，最有效的竞争方式就是在开放的环境中运营，并将所有利益相关者创造的价值视为核心资产，这样就会产生企业可以利用并使所有各方受益的价值增值。

注释

1. Gary Hamel, "Strategy as Revolution", *Harvard Business Review*, Vol. 74; Issue 4; July-August 1996, pg. 69.

2. 同上。

3. 2003 年，本书作者戴维·沃尔夫为他正在写的一本书接受了个人采访。

4. http://sustainability.ups.com/overview/letter.

5. http://www.business-isdom.com/articles/pdfs/BusinessesDemonstrate.pdf.

6. www.business-wisdom.com/artilces/pdfs/businessdemonstrate.pdf.

7. 该部分基于本特利大学的 MBA 学生乔安妮·格德尔斯通、穆罕默德·阿尤兹和萨米尔·蒙德拉的一篇论文。

8. M. Lewis, "The Irresponsible Investor", *The New York Times Magazine*, June 6, 2004.

9. SEC 8/13/04, File 333-114984, Accession Number 1193125-4-139655, pg. 32.

10. Matthew Boyle and Ellen Florian Kratz, "The Wegmans Way", *Fortune*, January 24, 2005, pg. 62.

11. Tom Kelley and Jonathan Littman, *The Art of Innovation* (New York: Double Day 2001), pg. 95.

12. Tom Kelley and Jonathan Littman, *The Art of Innovation* (New York: Double Day 2001), pg. 4.

13. "Seriously Silly" (interview with David M. Kelley, CEO and founder of IDEO), *Business Week*, Sept. 13, 1999, pg. 14.

14. Arthur Lubow, "Wowing Warren", *Inc. Magazine*, March 2000.

　　我们即将结束对充满人本主义情怀的美好企业的讨论。在写这本书时，我们对没人像我们这样认真讨论过这个话题感到惊讶。这倒不是说美好企业代表了一种全新的、激进的前卫商业模式。几十年来，许多美好企业一直深受所有利益相关者的喜爱。1912 年，一家企业在缅因州的偏远树林地带里成立了——狩猎爱好者 L.L. 比恩因为厌倦了穿着制作拙劣的靴子在雪地和泥泞路上跋涉，决定从这一年开始自己制作更好的靴子。这家企业后来成了家喻户晓的美好企业典范。自创立之日起，L.L.Bean 就采用了 SRM 商业模式，正是这种模式将美好企业与非美好企业区分开来。在差不多一个世纪的时间里，不管是顺风顺水还是处境艰难，L.L.Bean 都一直忠于其创始人提出的商业精神。不过，L.L.Bean 并非第一家美好企业，在其成立前的 1907 年，少年詹姆斯·凯西（James Casey）和他的朋友克劳德·瑞恩（Claude Ryan）在旧金山创立了美国信使公司（AMC）。从前的 AMC 即现在的 UPS 从一开始就是美好企业。凯西和瑞恩认为，如果将全心全意为客户服务以及对员工的慷慨和较高期望与良好的管理结合起来，企业几乎肯定可以盈利。他们感到，当中的人本主义一面得到很多的关注时，就没有必要过分关注盈利目标了。

　　在本书提到的美好企业中，UPS 甚至也不是历史最悠久的。受人尊重的印度塔塔集团的历史可以回溯至 1868 年。当时，印度还是英国的殖民地，有着巨大的基础设施和其他发展需求。在决定投资哪些业务时，其创始人贾姆谢吉·塔塔（Jamshedji Tata）一直在问"印度需要什么"这样一个问题，他为印度的第一家钢铁厂和第一家水电厂的建设奠定了基础。在他试图进入印度一家

"仅服务英国人"的酒店被拒后，贾姆谢吉决心建造一家世界上最好的酒店，一家使员工自豪地服务印度人及其他任何人的酒店。泰姬陵酒店（Taj Mahal Hotel）于 1903 年在如今的孟买开业。这是印度第一座通电的建筑，拥有来自世界各地最好的家具和便利设施。自这些引以为傲的开始以来，塔塔集团已经发展成了世界上最受喜爱和最具声望的组织之一。该集团目前在 80 个国家拥有 100 家运营企业（其中有 32 家上市企业），年收入超过 1000 亿美元，员工近50 万名。其业务活动范围十分广泛，包括钢铁、电力、汽车、茶叶、化工、软件等。塔塔集团自始至终保持了一种深厚的关怀与人本主义文化，一种无可挑剔的诚信声誉，一种真正的服务型领导传统以及对社区的卓越贡献。该集团控股公司塔塔有限公司拥有集团所有上市企业的控股权，而塔塔有限公司 2/3 的股份由多家慈善信托公司持有，这些慈善信托公司致力于在教育、健康、研究及社区致富等领域开展一系列广泛活动。

我们并没有将本书作为三位作者的后现代管理理论的载体，相反，我们报告了一组精选企业家的常识性观念，这些企业家在过去的一个世纪里对"如何在'不影响成为一个好人'的前提下成为一个好商人"有共同的看法。你可以遵循内心的想法做出选择，但这个想法应与伟大时刻和伟大趋势有关且富有人情味，它奠定了"超越时代"的资本主义社会转型基础。你要么成为这一发展进程的参与者，并因成为新秩序的一部分而感到兴奋和充满活力；要么将越来越感觉到被一个全新的世界抛在后面。我们再次想起了汤姆·斯托帕德的戏剧《阿卡迪亚》，想起了剧中人物瓦伦丁睁大眼睛的惊讶表情，想起了他惊叹于变革规模时的惊呼："当你所知道的一切几乎都错了的时候，或许就是你活下去的最好时刻。"现在看来，我们所知道的与企业运营有关的一个观念是错误的，那就是"企业本身不应关注社会慈善"。

当然，企业领导者做社会慈善并不鲜见。在过去，最引人注目的慈善形式一直是资金雄厚的基金会、机构捐赠和非常富有的老年人（通常是在数十年商海鏖战之后）因各种原因给予大量捐赠。其中许多人的名字我们都耳熟能详，我们称这些人为"敛财大亨"。他们包括约翰·D. 洛克菲勒（John D.

Rockefeller）、J. P. 摩根（J. P. Morgan）、科尼利厄斯（Cornelius）和威廉·范德比尔特（William Vanderbilt）、安德鲁·卡耐基（Andrew Carnegie）及杰伊·古尔德（Jay Gould）。在暮年，这些老派的资本家像破坏植物的毛毛虫一样经历了蜕变，变成了温顺的蝴蝶，并以善意和慷慨的形象离开了世界舞台。慷慨的慈善赠予是他们用来在临终前获得广泛社会认可和自我宽恕而施与的恩惠。

一开始就是美好企业的企业是由那些希望表达自身社会慈善意识的人创立的，巴塔哥尼亚、开市客和全食超市就是这样的企业。也有一些企业一开始是机会主义者，一心想通过利用一切可以利用的资源来达成自己的目的，但不知于何时，这些企业经历了某种社会转型。丰田就是这样一家企业，它的剥削风气曾一度非常盛行，以至于装配线上的工人上厕所都会遭到惩罚，

添柏岚是另一家因管理层的顿悟而改变的企业，在狭隘自私地存在了数十年后，这种顿悟将它变成了一家美好企业。1989 年，添柏岚第三任首席执行官杰弗里·斯沃茨（其祖父创建了这家企业）在一家青少年重返社会训练所与一名问题少年进行了一次对话，这次对话改变了斯沃茨的生活。这名少年问斯沃茨做什么工作：

"我是首席执行官。"

"你具体做什么工作？"

"我负责全球战略执行。那你做什么工作呢？"

"我在努力变好。"[1]

斯沃茨后来带着由衷的谦虚说道："那个少年的回答比我的好。"这次经历使斯沃茨深受触动，他决心将自己的企业变成提供社会公益的工具，并将"添柏岚肩负改变世界的使命"这一观念灌输给了他的员工。

资本主义原教旨主义者也许会反对斯沃茨向社会行动主义转变。他们可能认为，这家上市企业屈从于斯沃茨个人为社会服务的目的，这是对米尔顿·弗里德曼教义和备受推崇的经典资本主义传统的背叛，是不可宽恕的。但是，这些原教旨主义者应该好好关注一下唐·泰普斯科特和戴维·蒂科尔在《赤裸的

公司》中阐述的观点。这两位作者在该书中提醒我们："价值导向型消费者拥有超出个人利益之外的目的。他们对公司的供应链进行深入研究，从而揭示其中的环境实践和人权实践做法，然后要求并迫使公司做出改变。"[2] 自斯沃茨实现"转变"以来，关注其利益相关者的添柏岚就一直表现非常出色。在"超越时代"，企业社会意识的增强是一大优势，而且变得越来越必要。

痴迷于盈利目标的资本主义原教旨主义者需要接受这样一个现实：将创造和保护股东财富作为企业存在的唯一理由的想法，已不再具有可持续性。是的，尽管股东收益仍然是一个至关重要的商业因素，但已不再是企业运营中的首要因素——它只是众多因素中的一个，要确保为最高水平的商业繁荣创造最佳前景，就必须考虑所有因素。

在我们看来，从现在开始的最大赢家会是那些有着强烈社会责任感的企业，这些企业重视所有利益相关者的福祉，而不是将其中一些利益相关者获益作为手段，并将另一些获益作为目的。在我们触及的所有理念中，没有一个在重要性上超越了下面这个理念：在良好的管理之下，专注为所有利益相关者提供服务的企业比主要专注股东和利润的企业更具竞争优势。这就是美好企业和非美好企业之间的关键文化差异。如本书所述，美好企业这种存在方式给股东带来的回报之高通常出人意料。如果这种商业模式非常成功，那我们怎么没看到有多少著作讨论这一现象呢？

奥利弗·温德尔·霍姆斯（Oliver Wendell Holmes）有句很有名的话为我们提供了线索："我不会把主要精力放在未穿越复杂性的简单化上，不过我愿意把生命投入穿越复杂性后的简单化中。"在《高管指南：商业与善行社会》（*The Executive's Compass: Business and the Good Society*）一书中，詹姆斯·奥图尔（James O'Toole）阐述了霍尔姆斯的智慧。

> 为了摆脱复杂性的困扰，高管必须放弃对急功近利的执着；相反，他们必须去寻求理解塑造其工作环境的底层思想和价值观。从本质上讲，那些热衷于寻找短期解决方案的管理者会把自己困在未穿越复杂性的简单化中。[3]

当谈到企业时，未穿越复杂性的简单化可能发展成对企业性质和目标的过分简单理解：企业的唯一目标就是使利润最大化。人人都知道，利润等于收入减去成本。要使利润最大化，企业就必须最大化收入并最小化成本。要使收入最大化，企业就必须尽可能地将产品卖给尽可能多的人，并收取尽可能高的费用。而要使成本最小化，企业就必须尽可能少地向供应商和员工支付费用，并尽可能将成本外化到社会。但这样一家企业的存在对世界而言并非福音。它也许会为某些人创造财务价值，但同时很可能破坏所有其他利益相关者的许多其他类型价值。这样一家企业不是净价值创造者，相反，它是破坏远大于创造的寄生虫。人类社会再也负担不起，也不会再容忍以这种方式运营的企业。

以前没有一本像本书这样的书，因为大多数商业学者、从业人员及观察人士一直被困在未穿越复杂性的简单化中——围绕 SRM 利弊的争论是用理性推导出的定量术语描述的，而与其相关的情感因素往往被忽略。在人类事务方面，有什么比人类生活的情感维度更复杂吗？然而，大多数商科学生和从业人员没有选择在商业环境中更深入地理解这一维度，而是似乎更喜欢停留在看似理性的复杂性近端⊖。

要了解与企业业绩相关的生活情感维度的重要性，请试着与对一家美好企业十分忠诚的客户谈论他们关于该企业的体验。大多数人会告诉你，这家企业给他们的主观购物体验是什么样的——像我们经常做的那样，在美好企业的门店购物时，与它们的员工交谈。从来没有员工告诉我们，值得为一家美好企业工作的原因是它的薪酬比竞争对手高。为了告诉我们为什么他们喜欢为该企业工作，员工会给出"我是这个大家庭的一分子""他们尊重我""这是个有趣的工作地"以及"使我觉得自己很重要"之类的回答。与任何其他利益相关者交谈，在他们描述为什么他们很享受与一家美好企业的关系时，你很可能会听到"信任""负责""慷慨""可靠"等字眼。简单来讲，右脑关注情感，掌管商业情境和个人情境中的人际关系。

⊖ 即未穿越复杂性。——译者注

当然，我们必须顾及投资者（尤其是短期交易者和其他投机者），他们将自己与一家企业的联系严格地限定为财务投资。就许多投资者而言，建议他们对一只股票投入情感是一种羞辱。然而，情感因素在投资决策中发挥的作用比人们通常认为的大。如果分析师经常将股票市场的大幅波动归因于情感因素，那又会怎么样呢？用处于复杂性近端的简单化的一种世界观来看的话，在不给企业股东带来额外成本的情况下满足多个利益相关者的需求似乎是不可能的。毕竟，不可能每个人都赢——这种思维大概陷入了一种受理性、过分简单化的企业运营输赢观束缚的世界观。但美好企业坚信，在这个世界上，每个人都可能通过创造一种利益和谐而不是使其他一些人输来获胜。

那些思想以未穿越复杂性的简单化为中心的人可能会粗俗地将我们所说的许多内容驳斥为"只是一些词语的堆砌"，也许更糟——"只是一种理论"。万有引力也是一种理论，但加深我们对它的理解，为我们生活在现代世界提供了请多便利。我们在本书中一直主张，多利益相关者商业模式有助于改善商业体系，并进而改善社会。

时代的巨大挑战：超越零和心态

在"超越时代"，几乎没有什么是绝对的，这意味着大量的机会存在。而在复杂性近端，绝对化的东西（从本质上讲是有限的）普遍存在，这源于人们对草率解决方案（有时也称"银弹"）的长期追求。你下次逛书店时，可拿起一本商业类图书（尤其是营销类和销售类图书）看看。大多数这类图书都与未穿越复杂性的简单化有关，其中很多向读者许诺：如果遵循书中所列举的步骤，他们将获得巨大回报。出版商和作者都知道，"某某十步骤"和"某某八分钟"之类的书名有助于增加图书销量。

以诱人但浅薄的简单性为基础的思维方式会扼杀问题的创新及创造性解决方案。未穿越复杂性的简单化思维使"心灵之眼"看不到无限的可能性，零和思维的基础，而零和思维为偏向股东利益的商业模式提供了理论基础。

零和思维得出的结论是：一类利益相关者只能通过牺牲其他利益相关者利益的方式获利，或者就像一句陈词滥调所说的："必须抢劫彼得才能付款给保罗。"但是，当大脑摆脱了零和思维后，方案就会成倍增加。

零和商业观的拥护者往往是社会达尔文主义的虔诚信徒。然而，这些资本主义原教旨主义者扭曲了达尔文的意思。达尔文说的是"适者生存"，而不是"赢者生存"。在人类当中，"适者"并不必然指那些压制、征服和控制他人的人。从长远来看，"适者"往往是那些懂得合作的人。然而，商业竞争精神的主导地位往往十分稳固，以至于大多数利益相关者被当作竞争对手而被加以压制。例如：供应商成了被利用的对象，而非合作伙伴；在收入和利润下降时，员工成了可被任意甩掉的包袱；社区和政府被认为是企业的负担；客户是等着被征服、引诱、操纵和控制的猎物。在这些原教旨主义者的社会达尔文主义观里，商业是一项为达目的而无所不用其极的粗暴肢体接触运动。

企业的零和观正变得不可持续。一个价值创造体系要繁荣发展的话，每个参与者都必须获利，也就是说，每个参与者都必须获得比他们最初的投入更多的价值。如果总是不能获得合理的回报，那他们就不可避免地会退出这个体系。

美好企业的运营以"正和"（Positive Sum）世界观为基础。其触发了富有想象力的过程，这些过程重点关注的是如何采用新的方法来利用所有利益相关者的能量和资源。为什么美好企业为所有利益相关者创造的价值要比主要关注最大化股东短期价值的企业所创造的价值更大？原因就在于此。

超越残酷无情的竞争、拥抱合作成果的能力是人类进化的本质所在。罗伯特·赖特（Robert Wright）在《非零和》（Nonzero）一书中揭示了人类是如何摆脱野蛮的无节制竞争，走向文明合作并最终获益巨大的。他研究发现，早期人类社会之间往往互不信任，很多人常常卷入打斗、背叛、屠杀和战争。他们所取得的任何胜利都只是暂时的，并且随着时间的推移，每个侵略性竞争社会都会因为不间断的杀戮而毁灭。渐渐地，人类社会认识到了合作的好处。关于早期的狩猎部族肖肖尼人之间的食物分享，赖特写道："当你的橱柜装满食物而别人的橱柜空空如也时，把你的食物分给他们，他们就会在你需要时给你同样的回报。这对双方来说都是有利的，因为食物在你处于饥饿状态时更有价值。"[4]

世界正变得对正和思维更为热情友好。新的技术（尤其是信息处理技术）在本质上是正和的。这些技术使人想起托马斯·杰斐逊（Thomas Jefferson）的一句话："知识就像一根蜡烛，当我点燃你的蜡烛时，我的光芒并未减弱。"

在过去几十年里，与所有利益相关者合作（在许多情况下，甚至是与直接的竞争对手合作）已经令工商界中富有远见的企业获益匪浅。例如，信息技术领域的竞争对手们合作制定了许多标准，尤其是在努力遏制垃圾邮件方面进行了坚持不懈的合作。更进一步地，那些彼此激烈竞争的企业逐渐认识到，它们还可以是商业合作伙伴。例如，三星已成为苹果和索尼等竞争对手的关键零部件（如存储芯片、液晶面板等）供应商。

许多企业发现：如果它们越是愿意为利益相关者着想，获得的回报往往越大。美好企业致力于为所有利益相关者创造价值的理念有一个显著特点，那就是以这种方式创造价值往往很少或根本不会增加企业的开支。与担心如何分蛋糕不同的是，美好企业力求把蛋糕尽可能做到最大。

正如赛普拉斯半导体公司首席执行官罗杰斯所言，这一切听起来可能有些理想化和完美无瑕，甚至带有一点空想的味道。然而，我们并不提倡梦幻或激进的经济与社会理论。美好企业会更友善地对待它们的员工，会使它们的供应商有利可图，会为它们的客户提供卓越的价值，并会为它们运营所在社区投入巨资。它们在做这一切的同时，为投资者带来了非凡的回报。

唐·泰普斯科特和戴维·蒂科尔在《赤裸的公司》中告诉我们："对投资者而言，优化所有利益相关者需求的'好'公司可能更有价值。"[5]没有哪家企业比全食超市的"相互依存宣言"（1997年由60名团队成员起草）更好地体现了这一理念。如今，该宣言被张贴在全食超市每家门店的醒目位置，这有助于团结各利益相关者群体并突出他们的重要性。正如该企业网站所述，平衡各利益相关者的利益、愿望和需求"需要所有利益相关者的参与和沟通，需要富有同理心的倾听、认真的思考和诚实的行事。我们必须对所有冲突进行调解，并找到双赢的解决方案。对我们企业的长期成功来说，建立并培育利益相关者社区至关重要。"

第8章曾提到，富有远见的全食超市创始人兼首席执行官约翰·麦基曾在《理性》杂志上发表过一篇激烈的辩论文章，谈"股东观"与他自己所持有的"利益相关者观"孰优孰劣。[6]他反唇相讥的对手是诺贝尔奖得主、经济学家米尔顿·弗里德曼和赛普拉斯半导体公司创始人兼首席执行官罗杰斯。麦基是一位热情的自由主义者，他掌管全食超市已有33年，并取得了令人瞩目的成功。从4.5万美元资本起家，他打造了一家拥有7.2万名员工、年收入近10亿美元且市值超过220亿美元的企业。在进入《财富》500强的所有食品零售商中，全食超市的利润与销售额比最高、投资回报率最高、每平方英尺销售额最高，并且持续增长率最高。有鉴于此，谁会去挑麦基成功的问题呢？但是，赛普拉斯半导体公司的罗杰斯这样做了。

在《理性》杂志的这场辩论中，罗杰斯对麦基的"利他主义"以及麦基所称的"他作为一名商人的职业服从于利他主义的理想"语带讽刺。罗杰斯标榜自己是一个纯粹的资本主义原教旨主义者，他怒斥道："我反对这样的主张，企业的所谓'利益相关者'不应被允许控制股东的财产。"

罗杰斯继续炮轰麦基，他认为麦基的经营理念并不好，但罗杰斯自己的经营理念又有多好呢？回忆一下第8章的内容，赛普拉斯在其长达23年的历史中有大部分时间是不盈利的。该企业的资产负债表显示，其留存收益为负的4.08亿美元。也就是说，该企业亏掉的钱比它为股东赚的钱多得多。所以我们怀疑，麦基的股东要比罗杰斯的股东更幸福一些。罗杰斯似乎认为：保持资本主义原教旨主义思想的纯粹性要比为股东创造价值更重要。

至少可以这样说，麦基的世界观并不那么孤立。麦基从亚当·斯密身上获得了灵感，这种灵感不仅仅来自《国富论》，而且来自亚当·斯密鲜为人知的《道德情操论》。在这本先于《国富论》问世的著作中，斯密明确指出，人性不是只与自我利益有关，甚至两者连主要相关也谈不上。对许多人来说，诸如同情心、同理心、友谊、爱以及渴望得到社会认可等动机比自我利益动机更强烈，尤其是当他们达到了更高的心理成熟度时。

斯密将人的本性与企业的本性区分开了，但在觉醒商业中，这种区分既无必要也不应该。如果说为了取得商业上的成功，人们曾经必须盲目相信自己的人性，那么现在情况已经变了。很显然，麦基和其他美好企业的领导者没有这样的信念。麦基以下面这段话结束了自己在《理性》杂志上的那篇辩论文章。

> 在全食超市，我们是用为所有六类最重要的利益相关者（客户、团队成员或员工、投资者、供应商、社区及环境）创造的价值来衡量成功的。这是我们作为人类，从世界各地的繁荣昌盛中获得快乐的方式。全食超市为所在社区提供资金，因为我们关心它们，并感到有责任尽一切可能帮助它们兴旺发达。使我们的爱与关怀超越狭隘的自我利益并不与我们的人性和财务成功相矛盾。相反，这使得我们能更好地实现这两个目标。像医疗、法律和教育机构一样，企业也有崇高的使命：提供改善客户生活的商品和服务；为员工提供工作机会和有意义的工作；为投资者创造财富和繁荣；成为一个负责任、有爱心的企业公民。我正在阐述的思想所产生的商业模式要比与之竞争的利润最大化模式更稳健，因为这些思想鼓励并利用比仅关注自我利益更高层的动机。这些思想将随着时间的推移胜出，并且不是通过争论来说服知识分子和经济学家的，而是通过赢得市场的竞争性考验实现的。总有一天，像全食超市这样坚持利益相关者模式的企业（有着更深层次的企业使命）将主导整个经济格局，我们对此拭目以待。[7]

美好企业的管理需要整体思维

在跨越零和思维的"非此即彼"（如在满足投资者还是员工之间做出选择）障碍后，人们仍可能陷入"谁最重要"的争论之中。一般来讲，企业谈论的是客户、投资者还是员工优先的问题。如前所述，此类争论的重点错了：他们都应该优先，他们又都应该排在最后。现实是，所有各方的利益都必须得到满足，并且在美好企业的世界里，每一类利益相关者都有发挥优势的时刻。

约翰·麦基认为，满足每一类利益相关者的需求就是目的本身，而不是达到最终目的的手段，任何其他的立场都可能使一家企业成为机会主义操控者。麦基说道："在以盈利为中心的企业里，客户的幸福感只是达到某个目的的手段。而在以客户为中心的企业里，客户的幸福感本身就是目的——与以利润为中心的企业相比，它们追求这一目的的兴趣、激情和同理心会更强烈。"麦基认为，对每类利益相关者而言此理同样适用。

利益相关者整体方法变得至关重要的一个原因是，用来隔离各类利益相关者的壁垒正在消失。越来越多的客户希望积极支持在各方面他们都感觉良好的企业。如今的客户还是活跃的投资者（通过共同基金、股市、退休基金等投资），他们自己做出"投资何处"的决定。这与过去投资者严重依赖股票经纪人推荐的时代大为不同。另一个重要变化是人们的环境敏感性增强。许多人认为环境是"属于"他们的一种有限资源，这使得一家企业做出的与环境及其他社会问题有关的行为对他们而言更加个人化。大众可随时获取与企业行为有关的信息，并可能反过来通过博客、出售股票等方式影响企业行为。[8]

由于美好企业的领导者倾向于从整体视角来看世界（或更形象地说，看整个森林而不是树木），他们对机会、挑战、政策和运营的看法也是系统性的。美好企业不会容忍部门与部门之间存在人为障碍（如"筒仓现象"），并且其技术、文化与物理工作环境的整合要比大多数非美好企业更为明显。尽管"协调一致"（Alignment）这个词在商业文献中被过度使用了，但它可能最恰当地描述了美好企业对所有利益相关者表示友善的方式——它们在自身战略与多个利益相关者的需求和愿望之间进行着协调。

穿越复杂性，到达另一种简单化

成为一家美好企业取决于某种心态，这种心态在穿越复杂性后的简单化中得到了充分发展。奥利弗·温德尔·霍姆斯所说的"穿越了复杂性的简单化"指什么？他所说的他愿意献出生命到达的地方又是哪里呢？对此，我们的回答如下：本书的三位作者都没有接受过任何医学培训，因为被困在了医学复杂性中穿越不了，所以一台心脏移植手术在我们看来是令人难以置信的复杂，然而，经验丰富的心脏外科医生穿越了这种复杂性，他们对人体有着深入的了解。对他们而言，心脏移植手术很简单，只不过比较耗体力且有些乏味罢了。

站在未穿越复杂性的简单化区域不可能全面理解美好企业。将一家企业转变为美好企业是穿越复杂性的一段旅程，需要学习许多新的东西，没有捷径可走。最重要的是，一家企业不可能绕过复杂性，然后装模作样地成为一家美好企业，就像一名大学生出钱请人替自己上课和写论文一样。"真诚"在美好企业的血管里流动，这要么是因为创始人（真正的信仰者）仍在掌舵，要么是因为在创始人离开后企业采取了周到的措施来保护这种文化（如西南航空的文化委员会）。

请记住，人们不会团结在虚假旗帜的周围。在听到一段与美好企业中真诚领导力有关的讨论后，一位供职于美国最大金融服务公司之一的中层管理人员说："我们公司永远不会成为美好企业。我们经历了差不多一年的文化变革研讨，人人都知道它们产生的就是一堆废话。比如，上午你参加了一个关于开放和坦诚沟通的研讨会，当天下午就会目睹人与人之间的权力争夺和数据篡改。在研讨会上，每个人对文化都有一套冠冕堂皇的说辞，但人人都知道，我们的'狗咬狗文化'将继续存在，并且每个人都是这样做的。"

告诉我们这个故事的人说，这家公司尽管虚伪，但在财务上还是非常成功的。他随后提出了这样一个问题："如果赚钱才是真正重要的事情，那谁会在乎文化是什么样的呢？事实证明，我的朋友在乎。他要离开这家公司，他真的很擅长自己所做的工作，离职对他而言的确是损失。"

要穿越复杂性到达另一种简单化，就需要企业领导层自上而下的智力投资和全面的道德承诺。首席执行官必须兼任首席转型官（CTO, Chief Transformational

Officer），并成为新企业愿景的代言人。他们必须在引导企业社会转型的过程中发挥积极、持续的作用，就像里卡多·塞姆勒在令人印象深刻的 Semco 重塑（见第 4 章）和杰弗里·斯沃茨在添柏岚社会转型（本章前面讨论过）中所做的那样。

成为美好企业的过程是从企业自我评估开始的，对想要成为美好企业的企业来说，这一评估需要对其现有文化的特征属性与美好企业文化的特征属性（见第 9 章）进行比较，任何迈向穿越复杂性的简单化的步骤都没有它重要。没有像塞姆勒和斯沃茨带领的那种自我评估，企业就不可能成为美好企业。

最重要的是，记住所有美好企业的首席执行官都很清楚的一点：企业文化是主导。当被问及其企业的主要竞争优势时，美好企业的高管不会说"产品卓越性""价值""服务"或任何其他世俗的理由。相反，他们几乎总是提及企业文化。里克·弗雷泽居住在康涅狄克州尼安狄克并在那里工作，多年以来，他已经建议许多《财富》500 强企业通过变革企业文化来重塑自己。在读完我们的手稿后，弗雷泽总结了文化在企业通过员工将自身提升到非凡成功高度方面的重要作用，他说道："美好企业的许多员工认为，与为一份薪水而工作相比，他们更多的是自愿为一项事业工作。"想象一下，热爱自己工作并因为感觉到自己是在为使世界变得更美好而工作的员工一起打造企业，很显然，与大多数员工每天的工作热情都不高的企业相比，前一种情况的生产率和客户满意度水平要高得多。

一旦一家企业穿越了复杂性，并作为一家美好企业而繁荣发展时，一切都变得更加明朗，而不再是首席大法官奥利弗·温德尔·霍姆斯所说的他不会理会的"未穿越复杂性的简单化"了。你想象一下，当孩子能把一件事情的复杂性用简单的方式向我们描述时，我们的微笑是多么尽情。我们发现，将复杂向简单转化令人着迷，即使我们知道这是对现实的扭曲。在成人世界里，我们所做的与此相差无几。常常令我们感到遗憾的是，我们接受了霍姆斯强烈反对的那种不真实的简单化。我们的世界里充斥着在节食方式、爱情、赚钱及个人需求和愿望方面自诩大师的人，这些人用虚假的简单来引诱我们，从而破坏了合法的复杂。心理自助类图书从中获利匪浅（我们必须承认，商业类图书也是如此）。

一旦我们到达了"穿越复杂性后的简单化"，那么适合我们更"清晰"的世界观的东西就所剩无几了。托马斯·杰斐逊提出了一种思想，在我们到达穿越复杂性的简单化后，可以恰当地应用这种思想来变革旧方式。

> 我不提倡经常修改法律和宪法，但法律和制度必须与人类思维的进步齐头并进。当人类思维得到进一步的发展和启迪时，当新的发现、新的真相出现时，当人类的态度和观点随着环境的变化而变化时，制度必须与时俱进。如果一个代表文明社会的男孩要永远处于其野蛮祖先的统治之下，那我们还不如要求一个男人穿上适合他的外套。[9]

在"超越时代"，当我们作为一个"社会"（实际上是作为一个物种）获得"更大发展"和"更多启迪"时，情况同样如此。我们必须放弃"我们祖先的统治模式"，因为旧的世界观以及为之服务的许多方面已经与我们的生活、决定我们今天所生活的这个世界的条件脱节了。

结论

在本书正文的结尾，是时候回顾乔纳森·罗（Jonathan Rowe）几年前在《华盛顿月刊》（*Washington Monthly*）上发表的文章了。这篇文章从反思位于马萨诸塞州劳伦斯市的亚伦·福伊尔施泰因（Aaron Feuerstein）的纺织厂的故事开始。这家纺织厂烧为灰烬后，福伊尔施泰因发誓要重建工厂，而不是将工厂迁往墨西哥或其他成本更低的地方，这成了全美国的头条新闻。此外，他在圣诞节假期结束前向员工支付了一个月的工资。福伊尔施泰因对围绕自己行为的大惊小怪感到十分不解。"怎么回事？就因为我做了这些应该做的事情吗？"他反问道。[10]

　　如前所述，最早一批企业是为公共目的而建。直到19世纪，它们才变成自私自利的商业工具，而这种情况近年来有加剧的趋势。如今，不计其数的图书和文章在替"企业唯一的社会义务就是为其所有者合法地赚取利润"这种狭隘的信念辩护。我们不禁要问："谁制定了这样的法律？它的合法性又从何而来？"在某种程度上，企业的合法性必定来自社会，而不是其经营者或律师。因为企业受益于政府及大量的公共和准公共机构，且社会成员通过购买企业产品和服务来支持它们，所以"企业置身社会问题之外是资本主义的一项有效原则"这种观点在道德上是站不住脚的。

　　当米尔顿·弗里德曼在1970年声称"企业唯一的社会责任就是合法地使其利润最大化"时，他缺乏我们今天所拥有的证据。也许，拥有强烈利益相关者责任感（这种责任感鼓励企业认真审视更广泛的社会问题与其盈利目标之间可能存在的联系）的企业太少了。又或者，一种更具启迪意义的企业使命和运营观可能要等到当今社会集体成熟后才会出现，而这种成熟与老龄化人口和人类意识的迅速发展有关。而这一点对于"超越时代"的兴起发挥了无可估量的作用。请记住，在中老年人（现在占了成人群体的大多数）的生活中，他们往往对自身以外的事务关注更多。这一倾向导致越来越多的企业会关注与其盈利目标没有直接关系的事务。这些企业知道，它们有权为它们的所有者确保健康的盈利目标，但它们也知道，通过拥抱这种非盈利目标驱动的新利益相关者商业模式，它们的盈利目标会变得更加丰富。当弗里德曼于1970年发表其著名的企业使命相关论述时，还没有人完整阐述过美好企业所实践的利益相关者关系管理战略体系——爱德华·弗里曼出版关于利益相关者管理的开创性著作已是14年后的事情了。

　　弗里德曼的观点表明："你应该要么赚钱，要么具有社会意识，而不应该两者都做。"另一种观点的主张者说："如果你还肩负着利益相关者的责任，那就没有必要去超越华尔街的期待，或做得像华尔街期待的那样好。"我们对这一争论双方的观点都不赞成。我们提倡本书所描述的商业模式，这种模式使那些处于"自我实现"层次的企业能够同时做到这两点。

我们不妨做以下假设：我们暂时赞成弗里德曼的观点，即企业唯一的社会责任就是盈利（我们并不赞成，只是暂时假设一下）。因此，作为一家企业的领导者，你希望尽可能盈利。我们已经证明，美好企业的偏向利益相关者的商业模式通常优于偏向股东利益的商业模式，但问题就在这里，如果你是一名理性的"弗里德曼主义者"（还有任何其他类型吗？），那作为一家企业的领导者，你最好的选择就是接受美好企业的商业模式。如果有为股东创造价值的强烈责任感，你还有任何其他的合理选择吗？

再来回顾一下弗里德曼、全食超市的麦基以及赛普拉斯半导体的罗杰斯关于这个问题的激烈争论。在接下来的一期中，《理性》杂志刊发了一些读者来信，读者对这一问题的争论双方各表示了热情支持。其中一封信写道："星巴克、全食超市和 REI 这样的企业承担了公开的社会责任，**因为这给了它们一种达尔文式的优势**。这样的做法只是重申，并没有取代经典商业规则。"[11] 然而，我们认为，这不是对经典商业规则的重申，相反有力地证明了：给予企业达尔文式优势的商业规则已经发生了改变。如果想生存下去并改善生存前景，你可以表现得更像美好企业的领导者。

一个新时代已经来临。资本主义理论的原教旨主义者再也不能躲在以股东权利名义鼓吹企业回避社会问题的观点背后免受惩罚了。这不是一个道德问题，而是一个牵涉 21 世纪健全企业管理的问题。偏向股东利益的商业模式的拥护者使他们自己以及他们的组织失去了比他们可能梦想的机会更多的机会。未来的一流企业将几乎总是那些穿越了复杂性并将其组织转型为美好企业的企业。

注释

1. Jennifer Reingold, "Walking the Walk", *Fast Company,* Nov. 2005, pg. 83.

2. Don Tapscott and David Ticoll, *The Naked Corporation*, Free Press, 2003, pg. xii.

3. James O'Toole, *The Executive's Compass: Business and the Good Society,* Oxford University Press 1995.

4. Robert Wright, *Nonzero: The Logic of Human Destiny*, Vintage 2001.

5. 同上，pg. 19.

6. John Mackey, Milton Friedman, and T. J. Rodgers, "Rethinking the Social Responsibility of Business", *Reason*, October 2005, pp. 79–87.

7. Mackey, *op. cit.*

8. 我们感谢本特利大学的 MBA 学生黛安·M. 哈通的这些观察。

9. 华盛顿特区杰斐逊纪念馆引文。

10. Jonathan Rowe, "Reinventing The Corporation—Corporate Responsibility", *The Washington Monthly*, April 1996.

11. *Reason*, January 2006.

美国的上市美好企业

3M

3M 是美国跨国制造业的引领者，在 65 个国家开展业务，拥有 300 亿美元的年销售额和 8.8 万名员工。该企业十分注重创新，提供多达 5.5 万种的不同产品，其领导层和文化都强调并力求推动整个企业的创新。该企业还高度关注自身对环境的影响，它于 1975 年发起了"污染防治有回报"计划，这要比大多数意识到自身环境影响的早很多。通过该计划，3M 参与了减少污染的无数创新，同时节省了成本并（或）增加了产品价值。该企业长期以来以"15% 规则"而闻名，即它鼓励员工将 15% 的时间用来开发新产品或改进现有产品。

Adobe

Adobe 是施乐公司帕洛阿托研究中心的众多分支机构之一，成立于 1982 年，主要开发和销售 PostScript 页面描述语言。如今，它专注于多媒体和创意增强产品。Adobe 是一家创新型企业，它的使命是成为专业出版解决方案、企业出版解决方案、文档解决方案以及数字图像处理解决方案方面的卓越产品与服务提供商。Adobe 向其利益相关者表达了自己的价值观和承诺："我们通过诚实和透明经营，建立并加深企业在员工、客户、供应商、合作伙伴、股东及社区中的信誉度和信任。"该企业在可持续性、道德和员工满意度等方面的排名非常靠前。它一直是非常理想的工作地——该企业废除了年度绩效考核，代之以给员工提供连续反馈。Adobe 的员工拥有个性化的"个人发展计划"，并可以灵活选择自身学习和发展方式。

亚马逊

创立于 1994 年的亚马逊已经成为全球顶级的在线零售企业，拥有超过 600 亿美元的年收入和上千万的客户，它提供的商品应有尽有。亚马逊称自己是一家专注于以客户为中心的企业，这一点在其强调"客户至上""创新"和"贵在行动"等原则的价值观陈述中得到了充分体现。亚马逊还通过亚马逊出版、亚马逊工作室和创意空间（CreateSpace）等努力帮助内容创作者提高能力水平。此外，开发人员可以使用亚马逊 Web 服务所提供的技术程序。这种创新和帮助人们进步的精神是整个亚马逊企业的核心所在。

Autodesk

Autodesk 是 3D 设计、工程和娱乐软件领域的全球领导者。它使客户在将创意付诸实践之前能够对它们进行设计、可视化和模拟。它拥有超过 1000 万名客户，其中包括《财富》100 强中的所有企业。这家企业的软件为最近 17 位奥斯卡"最佳视觉效果奖"得主提供了支持，由此可见它在业界的领导地位。Autodesk 将它的使命确定为：帮助人们想象、设计并创造一个更美好的世界。

波士顿啤酒公司

波士顿啤酒公司由第六代酿酒大师、贝恩企业（Bain）前顾问吉姆·科赫创建于 1984 年。在首次上市销售的两个月后，塞缪尔·亚当斯啤酒在丹佛美国大啤酒节上被评为美国最佳啤酒。波士顿啤酒公司的目标也是其一大卖点：酿造最好的啤酒，将酿造过程作为工艺和艺术而不是工业过程来追求。此外，这家企业希望改变美国人对美国啤酒品质的看法，而这意味着训练客户学会欣赏好的啤酒。[1] 自 2000 年以来，塞缪尔·亚当斯啤酒在国际啤酒品尝比赛中获得的奖项比世界上任何一家啤酒厂都要多。²这家企业还被公认为理想的工作地，为使其员工能不断成长和发展，它在员工培训方面投入了巨额资金。

车美仕

被评为"美国汽车零售业最受尊敬的公司"后，车美仕连续 8 年跻身《财富》"100 个最佳工作地"排行榜。2008～2012 年，它入选《培训》杂志（*Training Magazine*）培训排名榜单前 125 位，并在"企业平等性指数"方面获得高分。该企业在成立之初的信念是：以高度诚实和信任为基础，改变二手车买卖体验。通过广泛选择一系列可靠的经过 125 项检测和 12 小时焕新的二手车，它提供了一种无争议、非讨价还价式的体验。另外，它为客户提供了 5 天的退款担保。

Chipotle

Chipotle 提供由可持续种植的作物、当地有机农产品以及未经合成激素处理的牛奶做成的食物，是美国唯一一家这样做的全国性连锁餐厅。它以提供可持续种植有机原料制成的食物且价格与其他快餐连锁店相比具有竞争力而闻名。Chipotle 拥有并经营着 1200 多家快餐店，这些快餐店的墨西哥卷饼和其他墨西哥食物非常受欢迎。Chipotle 在运营中重视所有利益相关者，它力求为客户提供"Chipotle 体验"并改变他们对快餐的认识。另外，Chipotle 对环境的关怀体现在：使用可持续种植的农产品；将各项计划纳入食品采购中，以帮助和支持种植可持续作物的农民。

丘博保险集团

丘博保险集团是一家全球性的财产和意外伤害保险企业。自 1882 年创立以来，该企业一直致力于为所有利益相关者提供最佳体验，包括始终如一地寻求提供超越其法律义务的帮助，不遗余力地满足它对客户的承诺。丘博保险集团的领导层自始至终都致力于做正确的事情，而不是只关注最终的盈亏。亨顿·丘博（Hendon Chubb）曾说道："我们是一家超越合同去寻求支付索赔的企业。"1906 年，该企业的创始领导者之一珀西·丘博（Percy Chubb）带着一个装满现金的公文包穿越美国，向遭遇旧金山毁灭性地震及随后大火袭击的索赔人支付赔偿金。这几乎耗尽了企业的资金储备，使它濒临破产，但它是唯一一家支付了这场灾难产生的所有索赔的企业。该企业首席执行官约翰·芬尼根（John Finnegan）说："让我们特别自豪的是，我们在受到他人广泛认可的同时取得了财务上的成功，我们是一家始终以有尊严、公平和尊重的态度对待员工、客户和投资者的企业。"

Cognizant

Cognizant 创立于 1994 年，最初是邓白氏（Dun & Bradstreet）的一个内部技术部门，自 1996 年开始为外部客户提供服务。该企业的目标是利用业务流程、技术知识、深厚的行业专长及全球资源帮助客户扩展业务。Cognizant 的客户满意度在业内是最高的。2011 年，Cognizant 97% 的收入来自现有客户关系，并且连续 4 年有 85% 的客户表示对其非常满意。Cognizant 的文化强调赋权和持续的个人发展，鼓励员工探寻实现其个人目标和职业目标的途径，而不只是利用他们的潜能来达成企业使命。Cognizant 致力于通过免费的教育和技术使用带给人类积极影响。

高露洁

高露洁销售口腔健康、个人护理和宠物食品等品类的一系列知名标志性品牌产品。它提出了五大优先事项：促进更健康的生活，为社区做贡献，提供令客户满意且环保的产品，珍惜每一滴水，减少对环境的影响。这五大优先事项中的每一项都反映在多个倡议中。例如，在 1991 年，高露洁启动了"灿烂笑容，光明未来"计划，该计划以免费的牙科检查和教育课程惠及 6.5 亿儿童。2005～2012 年，它生产每吨产品的用水量下降了 31%。另外，它引入了所需包装更少、所需用水量更少以及所需运输燃料更少的浓缩型产品。该企业秉持一种"尊重式领导力"理念，并因其员工所享有的工作与生活平衡而备受赞誉。

开市客

开市客是全球领先的仓储式零售商，年收入超过1000亿美元，提供了业内最好的工资和工作条件。其无理由退货政策以及限制所有产品加价幅度政策使客户对它的信任度和忠诚度都非常高。开市客的仓储式门店（全球有600多家）提供从家用电器、食品、服装到体育用品等种类繁多的商品，并且其向6800万名会员提供的商品价格始终低于其他零售商。在入驻当地社区之前，开市客的代表会坐下来与不同的利益相关者群体讨论如何解决可能遇到的问题。开市客对供应商很尊重，并寻求为女性和少数族裔主导的企业提供平等的机会。

联邦快递

作为世界上第一家做到隔夜交货的快递企业，联邦快递现在为220个国家和地区提供服务。该企业的"集成式空地运输网络"同时利用卡车和飞机，推动运输行业发生了革命性的变化。[3] 它致力于为客户提供优质服务，并与所有利益相关者建立互惠互利的关系。其创始人兼首席执行官弗雷德·史密斯表示，该企业努力"使每一次联邦快递体验都无与伦比"（也称为"紫色体验"）。[4] 该企业倡导一种"安全文化"，其体现在对员工进行全面的工作场所安全教育、对安全措施提出改进建议的团队以及设计用来保障员工安全的一流设备和技术等之上。[5] 按照史密斯的说法，联邦快递的成功取决于持续的改进："我们每年都会投入大量资金来改进我们的服务。"[6]

谷歌

《财富》杂志曾两次将谷歌评为美国最佳工作地。它的员工享受着一种"旨在鼓励人际互动，激发与工作和娱乐有关的对话"的开放式交流文化，并享有灵活的工作时间和儿童托管中心等福利。[7]谷歌为其用户提供了从搜索引擎、

Gmail 到社交媒体服务 Google ＋的众多技术服务和产品，这一切都旨在使客户的生活变得更轻松、更高效。该企业列出的"Google 十大信条"表明，其运营遵循了"以用户为中心，其他一切都会水到渠成"和"赚钱不必作恶"等基本原则。

哈雷戴维森

在 100 多年的历史中，哈雷戴维森经历了多次剧变、所有权变更、质量问题和激烈的全球竞争，最终将自己打造成了一家提供一系列设计经典的且独一无二的美国摩托车企业，它的目标是"实现个人追求自由的梦想"。该企业培养了一大批狂热忠诚的客户，其以非常合理的费用为新骑手提供连续 25 小时的培训。哈雷戴维森已经成了一个极具标志性的品牌，以至于它每年通过许可其他企业使用该品牌形象就可赚取超过 4000 万美元的收入。该企业寻求超越传统客户群的扩张，目标锁定在年轻人、女性、西班牙裔和非洲裔美国人身上。

IBM

IBM 生产和销售计算机硬件与软件，并提供应用基础架构、主机托管、咨询等服务。它在 170 多个国家和地区拥有近 50 万名员工，其中不乏诺贝尔奖、美国国家技术奖、美国国家科学奖以及许多其他荣誉的获得者。IBM 比任何其他美国企业持有的专利都多，最近 15 年，它每年都高居美国专利排行榜的榜首。IBM 的使命是利用技术来帮助这个世界在医疗保健、教育、环保事业、经济发展及其他重要领域变得更加有效。IBM 的员工满意度非常高，它以强调多元化而著称。在其漫长的历史发展过程中，IBM 不仅仅证明了它的强大实力和财务成功能力，而且证明了它对目标、员工及这个世界持续服务承诺的践行。

J.M. Smucker

115 年以来，J.M. Smucker 一直在为消费者提供优质产品，使他们能够和家人聚在一起用餐。家长电视委员会（The Parents Television Council）多次称赞该企业是这个国家最负责任的广告客户。2004 年，它被《财富》杂志评为"100 个最佳工作地"的第一名。该企业创始人强有力的道德价值观现已成为企业标准，这些价值观包括诚实、尊重、信任、责任和公平。该企业非常清晰地阐述了它对所有利益相关者的承诺："我们对消费者、客户、员工、供应商、社区及股东等利益相关者的承诺，是一个多世纪以来我们成功维持目标的动力所在。"[8]

万豪国际集团

万豪始建于 1927 年，最初是一个路边小店，如今已发展成为一家成功的全球企业，在 74 个国家拥有 3700 多间酒店。万豪致力于成为全球第一的酒店企业，为此，它专注于自己"以人为本地，追求卓越，拥抱变革，诚实行事，服务世界"的核心价值观。[9]因为其企业文化和对待员工的态度，它获得了广泛认可。其前首席执行官小比尔·万豪认为，一名领导者可以对员工说的 4 个最重要的字是："你怎么看？"因此，他将该企业"以人为本"的理念总结为："好好照顾员工，他们反过来就会好好照顾客户，使客户一次次地回来，而这会使利润和市场份额双双增加，并最终帮助企业取得成功。"[10]

万事达环球公司

虽然万事达与钱打交道，但它知道钱不是万能的。通过其非常成功的"无价"广告系列（"除了用钱买不到的东西，其他的都可交给万事达"），万事达意识到生活中最重要的东西是用钱买不到的。另外，该企业致力于实现"一个没有现金的世界"。它被认为是理想工作地，在多元化和培训方面的排名非常靠前。2012 年，它的"企业平等性指数"得分为 100 分。凭借以价值观为导向的经营理念，万事达一直在朝行业领导地位稳步迈进。

诺德斯特龙

诺德斯特龙创立于 1901 年，最初是西雅图一家规模很小的鞋店。如今，它是美国规模最大和最成功的高档服装零售商之一，在 35 个州设有 257 家门店，同时拥有一个覆盖全球的网站。它的使命是"每天都提供出色的服务，珍视为每一个客户服务的机会"以及"努力让我们的决策最符合客户以及那些服务客户的人的利益。"[11] 诺德斯特龙因强大的客户服务（包括便捷的退货政策）而享有盛名，它拥有一支得到授权的多元化员工队伍。其制订的名为"诺德斯特龙关怀"的计划力求为老员工提供健康方面的支持，并为全体员工提供健康方案。

Panera

Panera 文化中的关键要素就是关怀，它关注成功、社区、个人及员工的未来。该企业对员工的关怀体现在它所提供的有竞争力的薪酬和福利上。Panera 设在美国 44 个州和加拿大安大略省的 1708 家烘焙咖啡店都致力于"通过敬业的员工在温暖的环境中提供新鲜、正宗的手工面包。"[12] Panera 拥有（快餐）休闲餐厅行业中最高的客户忠诚度，并一直在最佳休闲餐厅品牌和客户服务方面排名首位。Panera 会将它所有没卖出去的面包和烘焙食品捐赠给当地饥饿救济机构和慈善组织。Panera 的"关怀咖啡店"致力于通过允许客户量力付费来减少不得不忍受饥饿的人数。

高通

高通是一家创立于 1985 年的全球半导体企业，它在数字通讯产品的设计、制造和营销方面居于全球领先地位。高通的使命是"为世界提供最具创新性的无线解决方案"。高通认为："创新远不止我们所做的事情，创新与我们是谁有关。"在高通的努力下，无线行业以惊人的速度增长，并成为世界增长最快的行业之一。同时，这一进程改变了数十亿人的生活。高通被公认为是一个"多元化、包容、安全且鼓舞人的工作地"。

斯伦贝谢

石油服务与设备公司斯伦贝谢长期被《福布斯》评为全球最具创新性的企

业之一。[13] 与竞争对手相比，其成功的原因可部分地归结为它的服务品质、技术及强大的全球影响力（有 2/3 以上的销售收入来自国际市场）。[14] 该企业致力于为客户提供最高品质的服务，并维持其在诚信和公平方面的良好声誉。斯伦贝谢基金会未来学院还为来自发展中国家的女性在科学与工程学方面的研究生学习阶段提供奖学金。[15]

西南航空

西南航空乐于寻求不同于其他航空公司的做事方式。从办理登机手续的自助值机亭到挑选航班座位，再到享受免费小吃和非酒精饮料，西南航空的体验是建立在简单且有趣的基础上的。其空乘员工和其他员工都致力于提供顶级品质的客户服务，并围绕这一目标团结一致，从而为所有人营造出一个有趣的环境。西南航空的员工可就读其员工大学，该大学的使命是：在提供个人、职业、领导力发展课程的同时，提供定制培训。

星巴克

星巴克是全球最大的"咖啡馆企业"，在 62 个国家和地区拥有近 2.1 万家门店，其中美国有 13 279 家。该企业于 1971 年创立，最初是西雅图的一家咖啡豆烘焙商和零售商，之后迅速扩张。自 1987 年以来，星巴克平均每天有两家新店开张。它的年收入超过 130 亿美元，雇用了 15 万名员工。星巴克门店不只是一个喝咖啡、品茶、吃甜点的地方，还是一个聚会场所。星巴克所有咖啡的采购都符合道德良知，它寻求通过 C.A.F.E 等计划推广可持续种植的咖啡。该企业被认为是一个理想工作地，它拥有一种关怀和尊重所有员工的文化，而不管他们的职位如何。星巴克的客户忠诚度非常高。

普信集团

普信集团是一家在金融服务业（或共同基金业）中备受信赖的企业。集团创始人 T. 罗·普赖斯（T. Rowe Price）被公认为成长型投资之父。他深信，如果客户发达了，那企业就会蓬勃发展。基于这一信念，普赖斯认为客户的利益是其业务中最重要的方面。该企业认为，投资界的社会责任在于为人们提供相关知识和技能，以使他们能够为自己和家人做出正确的财务决策。另外，该企业开发了教孩子学习如何存钱和花钱的儿童在线游戏。普信集团的目标是，为它的客户及普通民众提供合理的财务建议，以帮助他们拥有一个有保障的未来。

UPS

UPS 创立于 1907 年，最初是名为信使公司，如今已发展成为全球最大的包裹快递公司，并且在 200 多个国家和地区提供一流的运输和物流服务。该企业在运营效率方面堪称传奇，并被认为是一个理想工作地。它对可持续性有深刻的承诺，凭借无数的创新和成就获得了好评，还被纳入道琼斯可持续性指数。即使在高速成长时，它也减少了温室气体的排放。它计划在 2013 年底前种植 100 万棵树。UPS 员工及其家人在 2012 年志愿服务了 180 万小时，而企业的慈善捐赠总额将近 1 亿美元。该企业获得了无数奖励和认可，如《培训》杂志培训排名前 125 名、哈里斯企业声望排名前 10 名以及《财富》杂志"世界最受尊敬企业"快递类第一名。

迪士尼

迪士尼的基本核心使命是使人快乐，提供卓越的客户关怀和创造有积极意义的内容是它实现这一目标的主要方式。该企业始终保持其游乐园园区一尘不染，从而使它们随时处于"就绪状态"。迪士尼自信友好的待客之道（主动接触需要帮助的客人，而不是等着客人来问）使每名客人都觉得自己受到了重视。[16] 它独特的组织文化注重四个方面的价值观：创新、组织支持、教育及娱乐。[17] 每名新入职的园区员工都会被派往以培训人们如何提供卓越服务而闻名的"迪士尼学院"学习，对员工的这类投资既提高了他们的服务水平，又激发了他们对社区的认同感和自豪感。

全食超市

全食超市创立于 1978 年，其使命是致力于以"更安全的方式"为客户提供"最优质的天然有机农产品"。该企业支持有机耕作、利用多种能源，并将至少 5% 的利润捐赠给慈善组织。自《财富》杂志 1998 年起评选"100 个最佳工作地"以来，它每年都跻身该榜单。该企业的核心价值观包括：使客户满意，支持团队成员，通过利润和增长创造财富，支持本地和全球社区，实行环境管理，建立与供应商和利益相关者的双赢合作伙伴关系。全食超市的每家门店都有自己的管理团队，并且这些团队都有权做出与本店日常运营有关的决策。全食超市的"相互依存宣言"阐述了所有利益相关者在其运营中的重要性。

美国的私营美好企业

Barry-Wehmiller

Barry-Wehmiller 是美国中西部一家年收入超过 15 亿美元的工业企业。该企业以对"以人为本的领导力"的独特关注、对追求"严格的运营策略和基于使命驱动的增长"的重视而著称。[18] 它发展了"以人为本的领导力"理念，并且相信这种理念能使企业和组织成为一股促使世界变得更美好的强大力量。Barry-Wehmiller 的领导力指导原则侧重于创造一种基于信任、自豪感、积极沟通和公平对待员工的环境。[19] 该企业首席执行官罗伯特·查普曼（Robert Chapman）的愿景是提供满足感并发掘企业员工的潜力："我们聚在一起的目的就是培养优秀人才。"[20]

Bon Appetit 管理有限公司

Bon Appetit 管理有限公司为企业、大学及其他场所提供咖啡和餐饮服务。它以烹饪专长和对社会责任实践的坚定承诺而闻名，提供使用新鲜、正宗的时令食材从头开始烹制的健康营养食物。该企业创立于 1987 年，宗旨是满足那些希望给员工提供更优质食物的新兴企业的需求。1999 年，该企业接受了"本地采购的食物不仅看起来更好，而且尝起来味道更好"的理念。这就是该企业提出"从农场到餐桌"计划以及对无数与食品有关的可持续性问题承诺的开端。因为在这些方面的开拓性努力，该企业获得了无数的奖励和广泛认可。它连续几年被《普林斯顿评论》(*Princeton Review*) 评为"美国大学餐饮服务第一名"。Bon Appetit 管理有限公司隶属于康柏斯集团，后者是英国一家提供跨国食品服务及支持服务的上市企业。

Clif Bar

Clif Bar 为运动员、徒步旅行者及其他经常锻炼的人士提供高能量的食物棒。该企业不断增加有机原料的用量，并为实现环境的可持续发展采取了重大举措。它遵循"五重底线"模式，即维持企业、品牌、员工、社区及地球的可持续性。该企业鼓励员工参与广泛的社区服务，并在工作时间为员工提供培训、按摩、理发等丰富的福利。Clif Bar 个人沟通价值观的五项核心是：创造、激励、了解他人、直面问题、做自己。在 10 年的时间里，该企业的复合成长率为 17%，而员工流动率仅有不到 1%。[21]

Driscoll's

Driscoll's 致力于为客户提供"全年最新鲜、最美味、最优质的浆果"。[22] 为此，它采用了异花授粉等天然种植方法，以确保它的浆果"美味，能吸引人，抗病虫害且耐寒"。[23] 该企业根据美国食品与药品管理局制定的"良好农业操作"原则建立了"全球食品安全计划"，这确保了它所种植的所有东西都是安全和无毒的。[24] Driscoll's 的首席执行官 J. 迈尔斯·瑞特（J. Miles Reiter）说，该企业的使命就是"通过协调我们的消费者和浆果种植者，不断让消费者感到满意。"[25]

GSD&M 创意城市

广告公司 GSD&M 创意城市的客户包括西南航空、AT&T 和 L.L.Bean 等。GSD&M 创意城市信奉"由使命驱动的品牌推广"。它将自己的使命视为"尽一切努力使客户的业务得到发展，帮助它们实现各自的使命"。这一使命宣言得到了其 6 项核心价值观的支持：自由和责任、好奇心、好胜、联结、诚信、不断进取。GSD&M 创意城市还通过"9·11"事件后的"我是美国人"以及"卡特里娜"飓风后的"希望比飓风更强大"等公益广告来帮助改变现状。它1986 年的"禁止乱扔垃圾"广告语"别惹得克萨斯"已经成为一个标志，并在"广告名人堂"占有一席之地。[26] 为了帮助客户寻找关乎自身的更高使命感，GSD&M 创意城市还成立了一个"使命研究院"。

Honest Tea

Honest Tea 致力于提供纯净、天然、健康的茶饮。它的使命是"打造和推广口味上佳、真正健康的有机饮料"以及"把我们制作产品时所表现出的诚实和诚信用来开展业务，使我们的产品具有可持续性且对所有人而言都是美味的"（摘自 Honest Tea 的"使命宣言"）。Honest Tea 致力于成为模范企业公民，并将实现过程定义为"遵循诚实和诚信的理想，并与员工、供应商、客户和社区维持良好的关系"。2010 年，《赫芬顿邮报》(*The Huffington Post*) 将 Honest Tea 评为"八大具有社会责任感的革命性企业"之一。此外，Honest Tea 为癌症研究提供了捐助，并和"绿色美国""有机贸易协会"及"城市年"等组织开展了合作。[27]

IDEO

设计公司 IDEO 的分支机构遍及全球，它被认为是全球最具创新性的企业之一。IDEO 将其理念描述为"以人为本"和"基于设计"，并通过"发现潜在需求、行为和愿望"以及帮助设计"产品、服务、空间和互动式体验"来寻找为人们及企业提供帮助的方式。该企业总裁兼首席执行官蒂姆·布朗将该企业的"设计思维"方法描述为"以人为本的创新方法"，这种方法融合了"人们的需求、技术可行性以及取得商业成功的必要条件"。[28]

州际电池公司

州际电池公司是一家总部位于达拉斯有着 62 年历史的电池销售公司，拥有一种植根于"圣经原则"（如服务型领导、对所有利益相关者的同理心和同情心）并体现了黄金法则的使命感。它以致力于为客户提供"绝对可靠"的服务而著称。该公司拥有一种非常强大的服务社区文化，这在很大程度上源于其员工的宗教信仰。它进行了广泛的研究来了解其利益相关者的需求，并有意识地专注于消除与利益相关者打交道时的折中取舍思维。该公司提供了理想的工作环境，员工获得了丰富的医疗保健福利而特别忠诚，有 90% 的员工认为公司的运营体现了强有力的价值观和道德观。州际电池公司十分注重环境保护，它的回收量是销售量的 1.5 倍，并且它在废旧电池回收和运输以及从美国所有县收集二手电池方面所具有的领先技术得到了公众赞扬。

乔丹家具

总部位于波士顿的乔丹家具是美国最成功的家具零售商之一，它为客户提供了一种独特的购物及娱乐融合体验（被戏称为"购娱"）。它的每家门店都设有 IMAX 影院并提供运动漫游之旅、狂欢节游行、杂技表演等娱乐项目。与该行业频繁大减价以及严重依赖促销活动等惯常做法不同的是，乔丹家具每天都提供"低价"，使客户不必等到大减价时才购买。尽管该企业在营销方面的支出远低于业界同行，但其每平方英尺销售额高出行业平均水平数倍。乔丹家具十分关心员工，并与供应商建立了互惠互利的合作伙伴关系，同时它积极参与社区事务。当该企业在 1999 年被伯克希尔-哈撒韦公司收购时，所有员工为这家企业工作的每一小时都获得了 50 美分的奖励。

L.L.Bean

自 1912 年创立以来，L.L.Bean 一直在销售高品质的服装和户外装备。其创始人 L.L. 比恩经营企业的黄金法则是："以合理的利润销售优质商品，将客户当作人，他们会回馈更多。"现任总裁兼首席执行官克里斯·麦考密克（Chris McCormick）认为，对卓越客户服务的重视仍然是企业成功的关键所在。L.L.Bean 致力于以"一种对环境负责的态度并利用行业最佳实践的方式"来开展业务，重点放在减少包装、企业回收计划、使用替代运输燃料、节能以及对纸张等自然资源进行可持续的管理之上。L.L.Bean 还为许多涉及户外休闲、健康与公共服务、教育、艺术与文化的慈善组织提供支持。[29]

Method

在意识到大多数清洁用品趋同且对环境有害的问题后，亚当·劳里（Adam Lowry）与儿时好友埃里克·瑞恩（Eric Ryan）创立了他们的环保型肥皂和清洁用品公司 Method。他们专注于创新和"对尝试新事物的承诺"，设计外观和功能同样独特的瓶子和包装。[30] 他们还致力于创造无毒、生物可降解的产品，目标是"确保我们上市销售的每件产品对环境的影响都微乎其微，都使用安全和可持续的材料，并且都是以负责任的方式生产出来的"。[31] Method 将"高端设计与环境科学结合起来"的体系使它取得了巨大成功：到 2012 年，它的年收入应会超过 1 亿美元。[32]

Millennium Oncology

按照其总裁安娜·普罗托帕帕斯（Anna Protopapas）的说法，Millennium Oncology 是一家旨在"推动癌症治疗发展"的生物制药企业。为此，该企业致力于"高水平的科学努力"，而这需要"科学家的个人决心和对世俗之见的零容忍"。《财富》将 Millennium Oncology 评为"100 个最佳工作地"之一，并在评价时提到了其优厚的薪酬及福利待遇。Millennium Oncology 的文化基于真正的激情：它的员工不仅仅将工作视为一份工作，而且认为他们的工作是

"由进步和创新的激情所推动"的。另外，Millennium Oncology 为教育计划和医疗保健计划、患者权益团体提供了捐助。[33]

新百伦

新百伦信奉"负责任的领导力"，对该企业而言，这种领导力基于"回馈、推动环境向前发展以及鼓励员工充分发挥作用"。这家"基于员工魅力运营"的企业还致力于在美国国内生产（占其运动鞋产量的 25%），它是唯一这样做的大型运动鞋生产商。[34] 新百伦高度重视员工安全，并且只与同意遵守其《供应商行为规范》的供应商合作。另外，该企业通过使用"环保材料"（如使用100% 可再生纸生产鞋盒）来努力减少碳排放。在其他方面，该企业的新百伦基金会为预防儿童肥胖等事业做出了积极贡献。[35]

巴塔哥尼亚

巴塔哥尼亚由伊冯·乔伊纳德（Yvon Chouinard）创立，最初是一家为攀岩等户外活动生产装备的小企业。今天，对户外活动的热爱依然激励着该企业，它积极致力于通过"贡献时间、服务以及至少 1% 的销售额给全球数以百计的基层环保组织"帮助改善环境。在制造服装的过程中，巴塔哥尼亚使用了可回收的涤纶和有机棉，并践行了其使命宣言——"打造最好的产品，杜绝毫无必要的伤害，利用业务来启发和实施环境危机解决方案"。[36]

prAna

prAna 的名字源于梵语，意思是"活力与呼吸"，其根源在于攀岩和瑜伽。该企业现在是运动专用服装行业的引领者，特别注重增强生产实践中的可持续性，并在逐步淘汰人造丝面料的同时增加有机棉用量。prAna 请来了佛教冥想学教师来帮助员工在日常工作中活出正念的状态，其中一种做法是：每天下午三点敲锣，然后全体员工静默一分钟。2012 年，Free2Work 将 prAna 评为在工作条件、可追溯性和供应链整体健康方面排名前 1% 的企业。作为最具创新性的可持续发展企业，prAna 最近还被全球采购委员会（Global Sourcing Council）授予了"可持续社会责任奖"。[37]

REI

REI 是一家户外用品零售商，其户外装备和服装系列结合了户外用品的"品质、性能、款式和功能"。REI 通过推广户外志愿者项目并向非营利组织提供资助来支持社区。它还致力于通过可持续运营计划（被称为"减少环境影响的目标方法"）来帮助改善环境，该计划注重减少温室气体排放、回收和能源使用等问题。REI 已连续数年被《财富》杂志评为"100 个最佳工作地"。[38]

赛仕软件公司

赛仕软件公司被公认为全球最佳工作地之一。其员工可享受众多福利，如儿童保育补贴、无限期病假和公司园区内的免费医疗中心。这家商业分析软件公司通过"高级分析"来帮助客户"预测商业机会，授权采取行动及产生影响"，这使得客户能基于事实做出决策，从而产生确凿的盈利影响。由于坚守对客户的承诺，赛仕软件公司享有很高的客户忠诚度。近 80% 的《财富》500 强公司使用它的软件。通过聚焦于其价值观——平易近人、以客户为导向、迅速且敏捷、创新、值得信赖，赛仕软件公司帮助全球范围内的组织"推动创新并提高绩效"。[39]

庄臣

庄臣创立于 1886 年，其旗下的清洁用品行销全球 110 多个国家和地区。从其理念"我们相信这一点"可以看出，该企业一直致力于诚信经营。该理念涵盖了"我们对之负责且必须赢得其信任的五类利益相关者群体"：员工、消费者、一般大众、社区及社区居民、国际社会。庄臣不断努力通过其"绿色清单"工艺来改进产品，以使这些产品尽可能环保，这促使它选择了"维持较高绩效和成本效益的最佳环保型原材料"。在原料方面，庄臣坚守它对透明性的承诺，客户可以访问 whatsinsidescjohnson.com 主页来获取与庄臣产品成分有关的详细信息。2006～2011 年，该企业的全球温室气体排放量减少了 26%。[40]

Stonyfield Yogurt

Stonyfield Yogurt 最初是一所"传授可持续农业实践的农业学校"。其创始人塞缪尔·凯门（Samuel Kaymen）和加里·赫什伯格（Gary Hirshberg）一开始靠卖酸奶为这所学校筹措经费，但他们很快意识到，一家酸奶企业所能发挥的作用可能要比这所学校发挥的作用更大。现在，他们的企业为"数百个家庭农场提供支持和帮助"，并致力于生产不含杀虫剂或化肥的健康有机产品。通过研究"我们的供应商如何对待它们的员工、它们的能源和水资源使用以及平等性问题"，Stonyfield Yogurt 于 2010 年引入了一种基于高标准的使种植者可持续发展的"工具包"。[41] 因其酸奶品质以及为环保做出的努力，该企业赢得了众多奖项。自 1993 年以来，该企业的"地球公益金"慈善组织已向环保组织捐赠了 1500 万美元。Stonyfield Yogurt 所做的每一件事都注重推动凯门和赫什伯格对"健康食品、健康人、健康地球及健康企业"的承诺。[42]

TDIndustries

TDIndustries 对员工或合作伙伴的关怀是将它与竞争对手区分开的因素之一，同时这也是它经常被《财富》杂志评为"100 个最佳工作地"的原因之一。该杂志于 2011 年写道："大多数建筑企业按工作岗位招聘员工，但 TDIndustries 不这样做。这家由员工拥有的企业保留的员工都是全职员工，并为其提供一整套福利。"[43] 在业务经营过程中，TDIndustries 践行了以下价值观：关注并信任个体；重视个体差异；诚实；构建信任关系；公平；负责任；高标准的企业道德。[44] 该企业认为，要使企业平稳运行，领导者和合作伙伴必须彼此倾听并相互尊重。TDIndustries 对员工关怀承诺的践行为它带来了业内最佳的安全纪录。

货柜商店

货柜商店小时工的收入约为行业标准的两倍，这是它一直以来被评为最佳工作地的原因之一。该企业基于其基本价值观（它称之为基本原则）运作，这些价值观注重"以尊重和有尊严的方式对待员工、客户和供应商"。其他基本原则还包括"一个卓越的人相当于三个优秀的人"这一理念，该理念使得这家企业在招聘时具有较高的选择性，加之其对员工非常好，这反过来使员工愿意为企业奉献并对公司忠诚。货柜商店还认为"沟通也是一种领导力"，而"开放、诚实、透明、彻底"的沟通是企业经营成功的关键。在服务客户方面，货柜商店力求提供"最优选择、最优服务和最优价格"。该企业力求在员工和客户之间维持一种"令人兴奋的氛围"。[45]

The Motley Fool

金融服务企业 The Motley Fool "致力于构建世界上最卓越的投资社区"。通过"既捍卫股东价值，又不遗余力地支持个人投资者"，它做到了这一点。该企业的核心价值观包括：协作、创新、有趣、诚实和竞争力。The Motley Fool 通过联合周报专栏、国家广播电台节目和图书（其中一些是畅销书）来接触客户。在 The Motley Fool 的文化——"不逊于我们企业的名字"中，员工"每天都可自由地活出他们的激情"。该企业的"愚人基金"为慈善机构在金融教育及宣传方面的努力提供了支持，使它们能"帮助人们掌控自己的财务生活，并进行更有效的投资"。[46]

添柏岚

户外服装与鞋类企业添柏岚是基于"企业能够对世界产生积极影响"这样一种核心理念创立的。该企业坚信企业公民以及"将个人价值与使命融入日常工作"的重要性。[47] 为此，它将重点主要放在了"人、价值、使命和热情"上，这意味着其要确保员工快乐、敬业、受到激励。该企业致力于将它的每名员工都当作人，或者如其前首席执行官杰弗里·斯沃茨所说——"看到真实的员工"。[48]

添柏岚的员工志愿者计划每年为员工提供多达 20 小时（对兼职员工）或 40 小时（对全职员工）的带薪社区服务福利。它的"可持续生活环境"计划有助于确保其生产线上的工人和管理人员的所得能够满足他们的基本生活需求。[49]

TOMS

在 2006 年刚创立时，TOMS 迅速因鼓舞人心的"一对一"计划（TOMS 每卖出一双鞋，就赠送一双鞋给有需要的儿童）而名声大噪。到 2013 年春天，该企业已经在 60 多个国家捐赠了 1000 万双鞋。它每卖出一副眼镜，就将一部分利润用于为发展中国家的人们提供处方眼镜和医疗服务。自 2011 年以来，TOMS 已经帮助 15 万人恢复了视力。其创始人布雷克·麦考斯基（Blake Mycoskie）说，该企业使他能够将对"旅行、帮助他人和创造性创业"的激情融合在一起。[50] TOMS "致力于将可持续和负责任的实践做法融入他们所做的一切"，为此，该企业生产用可持续植物材料（如天然大麻纤维、有机棉和可再生聚酯纤维）制成的鞋子以及用 80% 可再生材料制成的鞋盒。[51]

乔之店

乔之店将在食品杂货店购物从"一种家庭杂务"提升为"一种有文化的体验"。[52] 它以一种"非传统的方法和态度"在食品杂货业中脱颖而出：独特的产品选择，精巧的手工标牌，有趣且吸引人的每月简讯，没有推销员。通过尽可能直接从供应商进货，它一直保持了较低的价格。[53] 也许最为重要的是，该企业鼓励并认真倾听客户的反馈。对供应商来说，乔之店是一个理想的客户：它按时付款，并且不像传统超市那样对供应商乱收额外的费用。[54] 按照该企业的说法，它成功的真正秘诀在于员工，在于营造了一种员工在其中感觉受到尊重和重视的氛围。"如果不为我们的员工提供一种他们可以自由地做自己从而有能力做到最好的环境，我们就不可能发展壮大。"[55] 因此，乔之店的员工很友善，且似乎很享受他们所做的事情，而客户对这些是会有感觉的。该企业的员工忠诚度很高，同时员工流动率很低。

联合广场酒店集团

联合广场酒店集团拥有多家广受欢迎的餐厅，这些餐厅共获得了 25 项詹姆斯·比尔德奖（该奖被一些人誉为"食品行业的奥斯卡奖"）。该企业的经营理念基于"开明待客之道"，它对该概念的定义是"保持正能量的良性循环"——在企业内创造一种"温馨能量"的方法，随后将其向外延伸至客户、社区、供应商，并使它们最终成为企业的支持者。[56] "员工至上"的理念对于这种方法至关重要。2010 年，该企业启动了"好客商数"咨询业务，旨在传播使该企业取得巨大成功的理念和方法——"使人感觉自己重要并受到关怀的艺术"。[57] 联合广场酒店集团还"投入时间和资源来支持饥饿救助计划、美化城市环境以及许多其他事业"。[58]

USAA

USAA 是一家军事社区金融服务提供商，它的使命是"保障会员、员工及其家庭的财务安全"。它基于"服务、忠诚、诚实和诚信"的价值观创立，旗下的非营利组织"USAA 教育基金会"通过"提供与财务管理、安全问题及重大生活事件有关的信息"来帮助消费者。该企业还具有环保意识，并致力于节能、回收、减少纸张使用以及节约用水等问题的解决。另外，它向慈善机构"联合劝募会"（United Way）提供捐助，以支持为儿童和家庭、退伍老兵及老年人提供服务的计划。[59]

韦格曼斯食品超市

作为美国最受喜爱的食品零售商之一，韦格曼斯食品超市致力于营造一种"关心尊重我们的员工是头等大事"的氛围。该企业强调高标准、做出改变、尊重和赋权。它认为，要尽可能地服务好客户，就必须首先满足员工的需求。它为兼职和全职员工提供了慷慨的福利，并营造和维持了为所有员工提供支持的环境。与大多数其他超市相比，韦格曼斯的门店规模更大，商品选择范围更广（超过 7 万种商品，而超市的平均水平约为 4 万种）。韦格曼斯还通过食品银行捐助、老年人公交服务以及儿童健康烹饪课程等活动回馈社区。[60]

戈尔公司

技术及制造公司戈尔拥有独特的平等主义文化。它的传统职位很少，也没有常规意义上的"老板"。[61] 它的文化是基于团队的，并鼓励个人发挥主观能动性和潜力。员工在入职一年后可成为股东，这会给他们一种主人翁感和自我导向感。该公司以提供电子、建筑、工业及医疗产品领域的创新技术解决方案而闻名。戈尔公司制定了严格的道德行为标准，它还利用自己的技术来创造有助于解决替代能源、废弃物管理及空气过滤等环境问题的产品。[62]

美国以外的美好企业

宝马（德国）

作为世界上最受尊敬和最成功的汽车制造商之一，宝马渴望生产"终极汽车"。该企业以其行业领先的环境可持续性方法而著称。2012 年 6 月，基于调查人们购买一家企业的产品、推荐该企业、为该企业工作以及投资该企业的意愿（这种意愿有 60% 由人们对该公司的感知驱动，有 40% 由人们对该产品的感知驱动），宝马被福布斯网站（Forbes.com）评为"世界最负盛名的企业"榜单的第一名。[63]

西普拉（印度）

西普拉创立于 1935 年，旨在使印度实现医疗保健方面的自力更生和自给自足。如今，它是世界最大的仿制药企业之一，业务遍及 170 多个国家和地区。西普拉以生产价格合理、世界一流、满足患者跨疗法需求的药物而闻名，另外，它提供咨询、委托生产、药厂工程以及技术知识转让与支持等服务。它尤其以对艾滋病治疗的革命性影响而著称（特别在非洲地区），为极其昂贵的药物提供了亟须的可负担性。

FabIndia（印度）

FabIndia 是印度一家专门生产并出售传统服装和手工艺品的零售商。除了在印度有 137 家门店，它还在 33 个国家开设了分店。该企业在创立时坚信，"需要一种工具来营销印度丰富多彩的传统手工艺，并借此满足提供岗位和维持就业水平的需要"。该企业将当代设计与本土手工艺技术结合，创造出了吸引当今消费者的价格实惠的产品。[64]

芬莎（墨西哥）

芬莎是墨西哥和拉丁美洲最大的饮料公司，也是世界最大的可口可乐瓶装商。此外，它经营着墨西哥一家大型连锁便利店。长久以来，该企业凭借良好的管理和人本主义文化获得了认可，这种文化植根于"没有任何经济考虑可以凌驾于人类尊严之上的人本主义理念"。它创造了一个被称为"员工内部价值主张"的结构化人力资源平台，该平台包含财务安全、健康和福利、安全的环境、赋能、行动自由、认可、发展及自我超越 8 个层次。[65]

金雅拓（法国）

金雅拓是数字安全领域的一家一流企业，提供软件应用、个人安全设备（如智能卡和智能令牌等）以及托管服务。该企业"给数字世界带来了信任和便捷"，使人们获得了"安全的自由"。正如该企业首席执行官奥利维尔·皮尤（Olivier Piou）所说："为这个新世界带来信任和便捷，表明我们担起了为之做出贡献的责任。这是一种崇高的社会角色。"[66]

本田（日本）

本田不仅是一家世界一流的汽车和摩托车制造商，同时是全球规模最大的内燃机生产商。该企业因强大的工程技术能力和创新传统而久负盛名。本田拥有满足其所有利益相关者需求的出色记录。它是一个拥有开放式工作文化的理想工作地，享有极高的客户满意度和忠诚度，并因为与供应商的关系良好而获得了高度认可。

宜家（瑞典）

宜家是世界最大的家具零售商，年收入超过 380 亿美元，在 38 个国家和地区拥有 332 家门店。该企业彻底改变了家具行业，并以极具吸引力的价格提供设计时尚的家具产品。另外，它提供独特的购物体验、现场儿童看护服务和多种餐品选择。该企业被认为是一个十分理想的工作地，并在环境管理方面表现出色。

Inditex（西班牙）

Inditex 是一家西班牙服装生产和零售企业，在世界各地拥有 6000 多家门店，旗下品牌包括 Zara 和 Massimo Dutti 等。它几乎设计、生产所有的服装产品种类，并每周两次直接将这些产品从工厂运往各家门店，从而能紧跟时尚潮流。2001 年，该企业采取了一种"社会战略"，其中包括与所有关键利益相关者对话、规范内部行为以及对所有供应商进行社会审计。

马恒达公司（印度）

马恒达公司经营从汽车到度假胜地的一系列业务，这些业务通过"使人们得到提升"这个使命融合在一起。它的动力源于其使命核心——"我们将挑战传统思维，并创新地利用我们的所有资源，推动全球利益相关者及其社区生活积极变化，从而使他们能够得到提升"[67]。

Marico（印度）

Marico 是一家创新且目标明确的印度消费品企业。该企业拥有扁平化的组织结构，首席执行官和一线员工之间只有 5 个层级。Marico 致力于"通过帮助所有利益相关者最大限度地发挥其真正潜能来改变他们的生活，而不管他们是供应商、农民、分销商还是股东。"[68] 其旗下 Saffola 品牌的食用油及其他产品很好地体现了这种理念，这些产品都是基于"心脏护理"理念生产的，并且以"降低印度心脏病发病率"为更高目标。

诺和诺德（丹麦）

诺和诺德是一家总部位于丹麦的有 90 年历史的跨国药企，其首要使命是"战胜糖尿病"——包括预防、治疗并最终治愈这种疾病。它在 76 个国家设有办事处，产品销往 180 多个国家和地区。该企业以其对道德和品质的承诺以及建立在尊重和责任基础上的文化而著称。诺和诺德是企业"三重底线"的早期践行者之一，它致力于为所有利益相关者创造价值。"诺和诺德之路"描述了"我们是谁""我们要去往哪里"以及"我们如何工作"。[69] 该企业的高级员工担负了"促进者"的角色——他们在世界各地奔波以考察企业的运营情况，确保企业各分支都能遵循"诺和诺德之路"，并在整个企业内分享最佳实践做法。

浦项制铁（韩国）

按照《财富》的说法，浦项制铁是全球最受尊敬的金属企业，同时是全球规模最大、最有效率、最环保的钢铁企业之一。该企业奉行利益相关者管理原则，致力为所有利益相关者创造价值并友善地对待他们。尤其值得一提的是，随着时间的推移，它因以多种方式帮助供应商而变得日益强大。该企业创造了一种既能显著提升钢铁生产效率又可大幅降低能耗和污染的方法，它计划与全球钢铁行业的其他企业分享该方法。

塔塔咨询服务有限公司（印度）

塔塔咨询服务有限公司是备受尊敬的印度塔塔集团的一部分，是市值最高的印度公司。该公司拥有 28.5 万名员工，在全球 44 个国家开展业务，提供信息技术方面的服务、解决方案及咨询。《福布斯》将其评为全球最具创新性的公司之一。它的价值观和文化源自具有传奇色彩的"塔塔之路"，"塔塔之路"确保了公司对高度诚信、尊重所有个体以及对运营所在社区的承诺的坚定践行。

丰田（日本）

作为全球规模最大的汽车制造商之一，丰田因其制造方法以及生产高效、可靠、耐用的汽车而闻名。它的普锐斯车型开辟了高效混合动力汽车的先河。近年来，该企业对市场份额目标的追求导致其卓越的质量声誉有所下滑，但种种迹象表明，它已经纠正了这些问题，并重回价值观驱动的运营方式。

联合利华（英国）

每天，世界各地有 20 亿人会使用联合利华的产品。该企业意识到，客户选择联合利华品牌，就意味着邀请了它进入他们的家庭和生活。联合利华始终相信自己的品牌有能力改善人们的生活品质，并相信自己有能力做正确的事情。在首席执行官保罗·波尔曼（Paul Polman）的领导下，联合利华认识到贫困、水资源匮乏及环境退化等全球挑战关系我们每个人，并正在采取切实措施应对这些挑战。联合利华的价值观体现了其对自身行为更广泛影响的考虑，这种考虑是其形象的一个基本组成部分。

注释

1. Kesmodel, David. "Revolutionizing American Beer.", *The Wall Street Journal*, Apr. 19, 2010.

2. The Boston Beer Company, Investor Relations; About Us, http:// www.bostonbeer.com/phoenix.zhtml?c=69432&p=irol-homeprofile (accessed April 19, 2013).

3. "On the Record: FedEx CEO Frederick W. Smith.", *SFGate*. San Francisco Chronicle, Feb. 22, 2009.

4. 同上。

5. 同上。

6. Dumaine, Brian. "FedEx CEO Fred Smith on... everything.", *CNNMoney*. CNN, May 11, 2012.

7. Google.com, "Our culture."

8. 公司官网。

9. 万豪官网。

10. Schawbel, Dan. "J. W. Marriott Jr.: From Root Beer Stand to Global Hotel Company.", *Forbes*, Feb. 4, 2013.

11. retailindustry.about.com.

12. Panera.com: Our History.

13. "Schlumberger on the Forbes World's Most Innovative Companies List.", *Forbes*, May 2013.

14. Sreekumar, Arjun. "Why Schlumberger's Profits Soared.", *Fool.com*. The Motley Fool, 22 Oct. 2013.

15. 同上。

16. Gallo, Carmine. "Customer Service the Disney Way.", *Forbes*, 14 Apr. 2011.

17. Lipp, Doug. "The Four Circumstances Driving Disney's Organizational Culture.", *CommPRO.biz*. N. p., 10 Apr. 2013.

18. Barry-Wehmiller 官网。

19. 同上。

20. archwinski, Chet. "Robert Chapman, Chairman and CEO of Barry-Wehmiller Companies, Inc: 'Guiding Principles of Leadership'", *Lean.org*. Lean Enterprise Institute, n.d.

21. 我们要感谢弗兰克·伯雷迪对本简介所提供的帮助。

22. Driscoll's 官网。

23. 同上。

24. 同上。

25. "Driscoll Announces Organizational Changes.", *The Produce News*. N. p., n.d.

26. 公司官网。

27. 公司官网。

28. 公司官网。

29. 公司官网。

30. Adler, Carlye. "Method Home Cleans Up With Style and (Toxic- Free) Substance.", *Time*, May 3, 2011.

31. 公司官网。

32. White, Martha. "Eric Ryan, Co-Founder of Method.", *Slate Magazine*, July 18, 2011.

33. 公司官网。

34. 雅虎财务公司简介。

35. 公司官网。

36. 公司官网。

37. 我们要感谢弗兰克·伯雷迪对本简介所提供的帮助。

38. 公司官网。

39. 公司官网。

40. 公司官网。

41. Kaplan, Melanie D. G. "Stonyfield Farm CEO: How an Organic Yogurt Business Can Scale.", *SmartPlanet*. CBS Interactive, 17 May 2010.

42. 公司官网。

43.《财富》，"2011 年 100 个最佳工作地"。

44. 公司官网。

45. 公司官网。

46. 公司官网。

47. Bonamici, Kate. "TIMBERLAND: THE SHOE-IN.", *CNNMoney*, 23 Jan. 2006.

48. Bryant, Adam. "What Makes You Roar? Jeffrey Swartz Wants to Know.", *The New York Times*, Dec. 19, 2009.

49. 公司官网。

50. Bates, Karen Grigsby. "'Soul Mates': Shoe Entrepreneur Finds Love in Giving.", *NPR*, Nov. 26, 2010.

51. 公司官网。

52. Kowitt, Beth. "Inside the Secret World of Trader Joe's.", *CNNMoney*, Aug. 23, 2010.

53. Llopis, Glenn. "Why Trader Joe's Stands Out From All the Rest in the Grocery Business.", *Forbes*, Sept. 5, 2011.

54. Kowitt, Beth. "Inside the Secret World of Trader Joe's.", *CNNMoney*, Aug. 23, 2010.

55. Lewis, Len. "Fostering a Loyal Workforce at Trader Joe's.", *Workforce*, June 2, 2005.

56. Cardwell, Diane. "Spreading His Gospel of Warm and Fuzzy.", *The New York Times*, Apr. 23, 2010.

57. *Op. cit.*

58. 公司官网。

59. 公司官网。

60. 公司官网。

61.《财富》，"2012 年 100 个最佳工作地"。

62. 公司官网。

63. Smith, Jacquelyn. "The World's Most Reputable Companies.", Forbes.com, June 7, 2012.

64. 公司官网。

65. 公司官网。

66. 公司官网。

67. 公司官网。

68. 公司官网。

69. http://www.novonordisk.com/about_us/novo_nordisk_way/nnway_about.asp.

附录 B

里克·弗雷泽访谈录

FIRMS OF
ENDEARMENT

本书的三位作者认为，感谢朋友们、同事们的贡献和支持是我们最喜欢的写作任务之一。大约在本书出版之时，其中三位贡献者里克·弗雷泽、杰夫·谢里和彼得·德比决定将以多利益相关者共赢运营体系为指导的企业（即我们所说的"美好企业"）纳入投资组合。在与拉金德拉·西索迪亚的访谈中，礼宾顾问有限公司创始合伙人里克·弗雷泽介绍了他们创建的这种投资组合的最新情况。

里克，你做这方面的工作已经有很长一段时间了，因此你的贡献不容置疑。是否有更高的目标激励着你呢？

已经差不多六年了，一路走来我们遇到了诸多挑战。因此，如果在创建这项业务的过程中没有使命感的话，那我们很可能就坚持不到现在了。我们之所以能坚持下来，在很大程度上源于我们的信念——商业在减少贫困和提高生活标准方面是能够发挥基础性作用的。因此，我们认为，以一种更具吸引力、更经得起推敲的方式进行实践，对商业来说至关重要。以多利益相关者运营体系为指导的企业正在树立这方面的榜样，它们正在表明：你可以在不忽略其他利益相关者的情况下为股东创造财富。我们的目标就是证明这些企业值得投资者给予更多的支持。

因此，你们着手打造使投资者能够提供此类支持的投资产品？

没错。我们一直在设想一种良性循环的可能性，即当更多的投资者偏好以这种方式运营的企业时，这些企业就能降低资本成本，这反过来会影响更多企业以这种方式来实践这种新商业模式。我所说的投资者指机构投资者，因为我们认为，它们比任何其他利益相关者更有能力改变商业的激励制度。

你们对实现这种良性循环抱有多大信心呢？

从企业角度来看，我们确信，多利益相关者运营体系会成为必选项。这是所有的市场力量使然（其中许多在本书中有描述），这些力量因为太过强大而不容忽视。很显然，我们对这些我们购买其产品、为其工作并允许其在我们社区运营的企业的期望正在发生变化。因此，在任何广泛的投资者要求企业这样做之前，这种新的市场现实就已经要求企业采用一种多利益相关者运营体系了。

但是，如果投资者向这样做的企业提供更多资本并向不这样做的企业提供更少资本，那企业采用这种运营体系的步伐将明显加快。从整个社会责任及更有效的治理运动角度来看，也许存在一些在这方面持乐观态度的理由。不过，可以理解的是，大多数机构投资者仍然需要把投资回报放在首位。

因此，归根结底，机构投资者需要更有强力的证据来证明：如果投资以多利益相关者运营体系为指导的企业，它们必将获得回报。而我们的工作就是证明，它们不必进行折中平衡就可以获得它们需要的回报，并且还可以影响商业的实践方式。如果我们做到了这一点，那我们设想的良性循环就有机会实现。

这种回报需要有多大呢？既然你们准备尝试一些新的东西，那你们会达到更高的标准吗？

我认为，我们需要跻身表现最佳的积极管理基金行列，这样才有可能受到重视。我不知道我们能否达到这个更高的标准，但我想，我们也许会被那些认为我们的投资方法不合常规的人接受。

你们的实际投资时间有多长？回报率有多高？

我们投资美国企业已经有三年多了，我们的业绩取决于我们认为投资应达到的水平。我们一直对多利益相关者运营体系最终会提升企业盈利表现抱有信心，我们在之前的咨询工作中亲眼见证了这一点。因此，我们认为，预期股价最终会反映这一现象并不出人意料。当然，具有本书所列特征的企业其长期回报表现为基于这种假设制定投资策略提供了更多依据。

你们认为真正以多利益相关者运营体系为指导的美国上市企业有多少呢？

我们对此并不确定，因为我们没有评估过所有美国企业，并且可能永远也不会这样做。不过，你使用的"真正"一词点到了关键所在。如果你从标普500 指数企业中随机抽取 50 家企业为样本并浏览它们的网站，你也许可以得出"其中有一半或以上的企业采用了这种运营体系"的结论。不过，我的猜测是，只有不到 5% 的公司企业实现了采用这种体系所要求的和谐。

我们在本书中使用了"和谐"（Concinnity）一词。其本义是你们选择它作为你们公司名称一部分的原因吗？

是的，我们必须承认这一点。这个词很棒，在看到本书对它的定义前，我还不知道其确切意思。我们之所以选择该词，是因为它反映了拥有多利益相关者思维的企业所取得的成就，同时反映了我们的综合研究过程。

你们的方法与社会责任投资者的有何不同？

社会责任投资有多种形式。我认为，我们与大多数社会责任投资者保持着良好的关系。我们的基本假设是：不管你如何定义社会责任投资，企业能否满足该定义的期望在很大程度上取决于它们是否以多利益相关者运营体系为指导。

你们对企业的慈善行为有多重视呢？

我们持中立立场。慈善是以"回馈社会"这一理念为基础的，它的前提假设是你从一开始就先从社会上"获得"了什么。我们对那些认为"为所有利益相关者创造价值"是天经地义的企业更感兴趣。事实证明，以多利益相关者思维运营却没有强烈慈善倾向的企业很少。你们在本书中也有类似的观察。

我们赞赏彼得·德鲁克将社会责任划分为社会影响（企业对社会做了什么）和社会问题（企业可以为社会做什么）的方式。减少或解决负面社会影响是所有企业都必须努力去做的事情。我们认为，以多利益相关者运营体系为指导的企业更有可能做到这一点。我们不会因企业选择不解决社会问题而惩罚它们，但我们会因它们不关注其产生的社会影响而对其施以惩罚。

你提到，你们一路上遇到了很多挑战，那你们需要克服的最大挑战是什么呢？

这很难回答。我现在头脑中浮现出几次选择，我认为其中最重要的就是在金融危机爆发之初选择开始这项冒险。但我必须要说的是，这是投资研究过程的发展使然，是一项历时数年的谦卑练习。

听到你将这作为一个大的挑战，我颇感意外。在我认识的人当中，你是最有资格评估多利益相关者模式的人之一。为什么它会这么难呢？

我们的整个会计和报告体系是设计用于为投资者提供有形资产信息的。当想到标普 500 指数企业的市值有 80% 是无形资产时，你真的会为此抓狂。我们要评估的几乎都是无形资产，因此，我们必须从头开始建立一套信息体系。

但你们至少知道要找的是什么，对吗？

是的，没错，这也是问题的一部分。当我们可以彻底评估企业内部的实际情况时，之前的咨询经验就可以准确地告诉我们要找什么。例如，对利益相关者倾听体系的优化程度，企业文化是什么样的，员工对其工作场所的感受，与客户和供应商等关系的质量。因此可以说，经验是我们的理想基准，也是很高的标准。

挑战在于，在没有实际参与其中的情况下，我们要如何评估发生在这些企业内部的实际情况呢？我们一开始感到很迷茫，并且装备不足。但你说得对，因为我们从来不会为要找什么而困惑，所以我们至少还有资格尝试一下。几年后，我们终于觉得拥有了一些东西，它们可以使我们带着某种自信挑选企业。

你能在不透露太多秘诀的情况下描述一下你所说的这些东西吗？

因为无法再从内部来评估一家企业，所以我们的研究过程基本上都是通过代理机构进行的，但这并不意味着我们所使用的每条信息本身都是通过代理机构获得的。例如，一方面，我们没有通过代理机构来确定客户对于一家企业的感觉，因为即使从局外人的视角出发来考虑，我们仍然能够自己确定这一点；另一方面，在分析员工对企业的看法时，我们需要像分析企业文化那样请代理机构来帮忙。

我简要概述一下我们的工作。首先是筛选得到一系列值得进一步研究的企业。我们使用了约 40 个不同的信息源，这些信息源使我们确认了预期能够从以多利益相关者运营体系为指导的企业中得到的某些结果。有几家企业被公认为具有良好的道德水平或是理想的工作地。其次，我们对在加权体系中得分最高的企业进行了综合分析。

该综合分析考虑了来自约 20 位不同专家的数据、评级和见解，这些专家提供了与特定利益相关者有关的评估。另外，该综合分析整合了来自多个 ESG（环境、社会、治理）评级提供者的 ESG 评级结果。简言之，除基本分析，分析的主要模块包括文化、供应商关系、员工关系、客户关系、社区关系、无形资产管理、管理诚信。我在这里略去了大量细节，如果就此展开的话，那要谈的东西就太多了。

因此，该综合分析从多个角度审视了每一家企业，并且一家企业需要在所有这些方面都表现非常好才有可能被纳入我们的投资组合。随后，入围企业被纳入一个投资组合构建及风险评估量化模型。再然后，整个过程每年都重复一次。

既然你们使用了一个量化模型，那这是否意味着你们提供了一款量化投资产品呢？

我认为戴维·沃尔夫说得更好，因为他更全面地描述了这一投资策略。我们的业绩有约 70% 要归于该研究过程所选择的企业，另有 30% 归于量化投资组合管理技术。戴维一直提醒我们：不要以量化指标来取代定性指标，尤其是那些让人捉摸不透的与人有关的无形资产。他不断敦促我们更全面地看问题，我想我们做到了。

但这并不容易。总的来说，华尔街表现出一种明显的左脑定量倾向，尤其是股市分析高手。因此，当你开始谈论文化、客户忠诚度、员工承诺、企业声誉等无形投资标准时，更别说谈价值观和信任了，他们会认为你并不怎么靠谱。不过，我觉得这种情况正在改变。

你是说华尔街正在变得更加右脑化吗？我没注意到这个变化。

尽管不是突飞猛进，也肯定不是很快，但存在一些明显变化的迹象。我认为，这在某种程度上是迫不得已发生的，信贷危机暴露了过分依靠定量技术的局限性。一个迹象是，企业风险管理者现在开始探讨他们如何才能将定性要素与定量技术结合起来，以更有效地管理风险。他们甚至于开始想知道组织文化对这一结合的重要性程度。有人可能会说他们做得有点晚了，是吗？

另一个迹象是，越来越多的定量投资分析师正在考虑如何将无形指标与定量投资技术结合起来。同样，我认为这也是必然的。很长一段时间以来，这些分析师一直都在对同样的 20% 有形资产信息进行交叉分析。在这一点上，他们似乎都在试图从同样的信息岩石中榨取"阿尔法血"[⊖]。与此同时，约占企业价值 80% 的无形资产信息集合在很大程度上仍是一块处女地。

这么说来，你们的分析主要集中在这 80% 的信息上面吗？

是的，这主要是因为多利益相关者运营体系本质上就是一种无形资产。另外，这是因为我们认识到，企业财务表现和经济繁荣越来越依赖无形资产。

但是，我们绝没有说我们完全破解了无形资产密码。我们最有把握的是，我们至少看到了大多数分析师完全忽略的领域所具有的特点及影响。我们也会考虑财务信息，但前提是该企业必须精于多利益相关者运营体系。

我认为，让我们与众不同的是：不管一家企业的财务指标或比率有多诱人，都不一定会入选我们的投资组合，因为它实现这些财务指标或比率的方式对我们而言同样重要：这是以牺牲其他利益相关者的利益为代价取得的吗？这更多是因为注重季度收益博弈取得的吗？这是在以牺牲长期绩效为代价换取短期收益吗？

我们从未真正理解为什么定性因素不被视为基础分析的重要组成部分。我的意思是，对于企业创造未来现金流的能力来说，还有什么比不断重复采购的客户或尽己所能的员工更重要的呢？这些积极的基本特征具有提供更超前指标的潜力，相比之下，财务数据总是滞后的。

你提到，该研究过程每年都会重新开始或更新。我想这表示你们的投资组合在一年后会去掉一些企业，那这是否意味着你们在某些情况下是短期投资者呢？

　⊖　在投资术语中，"阿尔法"是指相对于标普 500 指数企业等标杆企业的投资表现。

请记住，现在持有某只股票一年就意味着你已经是一名长期投资者。我们所选择的大量企业从一开始就在这个投资组合中，但每年都需要重新对它们进行资格审查。

只要企业持续展示出对多利益相关者运营体系承诺的践行，我们就会是它的长期投资者。我们的投资组合确实存在某种年度流动率，这主要是因为我们每年都会增加通过综合分析的企业数量。也就是说，我们会"捕获"一些新的企业，这些企业在综合分析中的得分比上一年的入选企业得分高。而且，有些企业每年都在变得更好，以至于它们可能会在某一年超过目前被纳入投资组合的一些企业。

高管薪酬在多大程度上影响了你们对"管理层是否会确保企业的长期健康"的看法？

我们的确采纳了高管薪酬评估专家的意见。但在我们看来，一旦你在这个问题上筛选出了与全食超市、开市客类似的企业以及少数其他几个典范，那么剩下的企业就会存在巨大差距，几乎可归为同一类。

我认为，大多数要求解决高管薪酬问题的呼声似乎只是在边缘调整。在认真考虑放弃主要由短期收益和股价推动的薪酬体系之前，我们不应期待有太大的改变。我同意一些人的观点，他们认为目前的薪酬体系所依据的理论存在根本缺陷。我知道 IBM 前首席执行官彭明盛（Sam Palmisano）最近在沃顿商学院接受迈克尔·尤西姆（Michael Useem）的采访时提出了同样的看法，这距多伦多大学罗德曼管理学院院长罗杰·马丁（Roger Martin）提出这一观点至少已有 10 年的时间。另外，在你几年前发给我的一篇论文中，苏曼特拉·戈沙尔（Sumantra Ghoshal）基于代理理论彻底否定了公司治理。

那篇论文的题目是"糟糕的管理理论正在摧毁良好的管理实践"。

没错。问题在于，尽管一些很聪明的人也参与进来了，但很可能我们会在现有的环境中待上相当长的一段时间。我们都拭目以待，但我们也应面对现实，人人都知道，当首席执行官一天的收入超过普通员工一年的收入时，事情就太不正常了。

在本书中，我们努力寻找能够在经济低迷时期避免裁员的企业。在我们之前的电话讨论中，你提到过对赛仕软件公司避免裁员的行为印象深刻。那你是否也在你的分析中评估了某家企业的裁员历史或政策呢？

我喜欢本书中西南航空的例子。你们在书中提到，它是唯一一家在"9·11"事件后没有立即裁员的大型航空公司。让我们回到前面讨论的良性循环：如果机构投资者在得知西南航空决定不裁员后开始大量买进它的股票，事情会怎样呢？这时发出这样一个信号恰逢其时：如果持长期投资观点，你就会以更低的资本成本获得丰厚的回报。如果西南航空的股价上扬，而所有宣布裁员的其他航空公司股价走低，那这会发出强有力的信号。但通常情况与此恰恰相反，市场会竞相哄抬宣布裁员的企业的股价。问题是，一家航空公司裁员越多，客户回头所需的时间就越长。即使是现在，你仍可发现分析师在抱怨西南航空给员工支付的工资太高，抱怨他们的劳动力单位成本太高。

因此，一方面，我们确实在寻找对企业及其社会地位持有一种长期、整体观点的高管。但如果我们只投资从不裁员的企业，那就没有太多的选择余地了。另一方面，我们也意识到，生存有时取决于削减开支。不过，当客户在经济低迷时期暂时无力支付时，我们可能会将裁员视为一种短视行为，不值得为该企业做出投资。但最为重要的是，我们看重的主要问题在于领导者是否分担了裁员中的困难。

我记得大约在 15 年或 20 年前在匹兹堡读过一篇报纸文章，该文提到亨氏首席执行官花数百万美元为他妻子购买钻戒。而在该报的另一个版面，则是一则亨氏工厂宣布裁员的消息。我永远也忘不了这件事。我想说的是，连 19 岁和 20 岁的下士都明白"除非他们带头共担困难，否则没人会尊重他们"，为什么智商高于平均水平、拥有多个学位以及多年经验的 50 岁高管却这么难明白这个简单的道理呢？

致 谢 | FIRMS OF ENDEARMENT

我们要感谢约翰·沃登（John Warden）和亚历克斯·罗密欧（Alex Romeo），他们在我们对书中所列企业进行财务分析方面提供了重要支持。我们还要感谢里克·弗雷泽（Rick Frazier），他与我们就"如何利用利益相关者方法评估企业"进行过多次对话，并提出了非常宝贵的见解和建议。此外，杰夫·谢里（Jeff Cherry）和彼得·德比（Peter Derby）在"如何利用利益相关者方法"方面为我们提供了非常有益的帮助。

有很多人始终非常坚定地支持本书第 1 版的所述内容，他们的见解和建议对我们此次修订极有价值，我们要特别感谢：约翰·麦基（John Mackey）、基普·廷德尔（Kip Tindell）、舒博罗·森（Shubhro Sen）、阿比里奥·迪尼兹（Abilio Diniz）、弗雷德·考夫曼（Fred Kofman）、里卡多·吉尔（Ricardo Gil）、道格·劳赫（Doug Rauch）、道格·列维（Daug Levy）、兰德·斯塔根（Rand Stagen）、维尼特·坦内加（Vinit Taneja）、基兰·古拉贾尼（Kiran Gulrajani）、曼尼什·什里坎特博士（Dr. Manesh Shrikant）、哈希·马瑞瓦拉（Harsh Mariwala）、德巴希斯·查特吉（Debashis Chatterjee）、维内塔·萨尔维（Vineeta Salvi）、托尼·博诺（Tony Buono）、艾伦·霍夫曼（Alan Hoffman）、迈克尔·盖尔布（Michael Gelb）、霍华德·毕哈（Howard Behar）、权勇舒（Youngsul Kwon）、迈克尔·李（Michael Lee）、阿什维尼·马尔霍特拉（Ashwini Malhotra）、苏达卡尔·拉姆（Sudhakar Ram）、科泰·麦赫塔（Ketan Mehta）、阿尚克·德赛（Ashank Desai）、R. 桑达尔（R. Sundar）和罗伊·斯彭斯（Roy Spence）。

拉金德拉·西索迪亚要感谢他在本特利大学的许多学生，感谢他们近年来按照本书所制定的标准对众多企业做出的评价。他还要感谢他的女儿玛雅（Maya）在编辑本书方面所做的工作。

贾格迪什要感谢乔伊·雷曼（Joey Reiman）和苏哈斯·阿普特（Suhas Apte）对本书修订工作的热情和支持。他还要感谢伊尚·戴伊（Ishan Dey）、阿里亚·布迪拉杰（Aarya Budhiraja）和罗汉·帕雷克（Rohan Parekh）所提供的研究支持。最后，他要感谢他的个人助理尼科尔·史密斯（Nicole Smith）所给予的后勤支援。

作者简介 | FIRMS OF ENDEARMENT

拉金德拉·西索迪亚是马萨诸塞州威尔斯利巴布森学院的欧林（F.W.Olin）全球商业杰出教授及全食超市觉醒商业研究学者。他还是觉醒商业公司（Conscious Capitalism, Inc.）的联合创始人和共同主席。他拥有哥伦比亚大学营销学博士学位。拉金德拉是《纽约时报》畅销书《伟大企业的四个基本关键原则》（*Conscious Capitalism: Liberating the Heroic Spirit of Business*）（2013 年）的共同作者。2003 年，他作为"50 位一流营销思想家"之一受到了英国特许市场营销协会（Chartered Institute of Marketing）的表彰。他还被优秀商业国际组织（Good Business International）评为"2010 年十大杰出开拓者"之一，并被美国信托基金（Trust Across America）评为 2010 年和 2011 年"诚信商业行为 100 位思想领袖"之一。拉金德拉出版了 7 部著作，发表了 100 多篇学术论文。他曾为许多企业提供咨询并讲授高管课程，其中包括 AT&T、诺基亚、LG、德国邮政敦豪集团、浦项制铁、卡夫食品、全食超市、塔塔集团、西门子、斯普林特、沃尔沃、IBM、沃尔玛、荷兰合作银行、麦当劳及南加州爱迪生。他是货柜商店和 Mastek 有限公司的董事会成员以及觉醒商业公司的受托人。更多信息请见 www.rajsisodia.com。

贾格迪什·谢斯是埃默里大学商学院的查尔斯·H.凯尔斯塔特（Charles H. Kellstadt）营销学教授。他出版了 26 部著作，发表了 400 多篇论文，并因在消费者行为、关系营销、竞争策略及地缘政治分析领域做出的学术贡献而享誉国内外。他与拉金德拉·西索迪亚合著的《三法则》（*The Rule of Three*）（2002 年）改变了当前的商业竞争观念，该书被翻译成五国文字，并成为 CNBC 亚洲台一个七集电视系列节目的主题用书。贾格迪什在世界各地的咨询客户很多且非常著名，其中包括 AT&T、通用电气、摩托罗拉、惠而浦和 3M 等。《华尔街日报》《纽约时报》《财富》《金融时报》、电台节目以及 CNN、Lou Dobbs 等媒体经常援引他的观点并对他进行采访。他还是几家上市企业的董事会成员。2004 年，他获得了美国营销协会颁发的两个最高奖项：理查德·欧文杰出营销教育者奖及查尔斯·库利奇·帕林奖。更多信息请见 www.jagsheth.net。

已故的**戴维·沃尔夫**是一位国际公认的中老年市场客户行为专家。他是《服务永恒市场》(*Serving the Ageless Market*)（1990 年）和《永恒营销：与新客户群体心灵相通的策略》(*Ageless Marketing: Strategies for Connecting with the Hearts and Minds of the New Customer Majority*)（2003 年）的作者。因为咨询工作的缘由，戴维到过亚洲、非洲、欧洲以及整个北美。他的名字常常出现在美国国内及海外的出版物中。他是多家《财富》100 强企业的咨询顾问，其中包括美国运通、AT&T、可口可乐、通用汽车、哈特福德保险、万豪酒店、大都会人寿、培基证券和德事隆。

赞 誉 | FIRMS OF ENDEARMENT

　　在我们的企业中，成为卓越企业的善意合作伙伴一直是我们努力的方向，我们将善意的分享态度和对人与自然的关注渗透到产业的各个方面。从某种意义上讲，我们在践行《美好企业》提到的一些观点，而这体现了本书的价值所在，相信有心的企业相关工作者都不难从这本书中汲取养分。

艾路明

阿拉善 SEE 生态协会会长，当代集团董事长

　　信誉楼创始人张洪瑞先生看到这本书后很兴奋，因为信誉楼 36 年来一直在践行书中的理念。信誉楼的核心价值观是"追求价值最大化，而不是利润最大化。在维护自己根本利益的同时，切实为所有利益相关者着想"，信誉楼因此受到员工喜欢、顾客信任、供应商支持、社会尊重，并得以健康发展！这本书让我们更自信、更坚定！向同行者学习！

程维艳

信誉楼百货集团董事长

　　《美好企业》为我们提供了一套运营"美好商业"的全新方法论。身处公开宣示"共建共治共享"小康社会的国度中，中国的善财精英们应该更有优势和底气在这场"商业向善"的世纪之变中率先行动起来，把对所有利益相关者负责作为商业活动的新准则，共同投资建设可持续发展的美好未来！

傅昌波

国际公益学院助理院长，北京师范大学教授

我一直倡导商业文明，并认为商业文明的出发点、价值创造与价值传递都应该基于以人为本。《美好企业》将企业文化视为企业最重要的资产和竞争优势的来源，倡导企业要有超越赚钱的使命，要积极协调利益相关者的利益，要充分授权员工并使他们充满热情。可以说，美好企业就是商业文明的微观表达。

秦朔

秦朔朋友圈发起人，中国商业文明研究中心联席主任

"利益相关者经济"正在改变商业新浪潮的方向，其核心是重新定义成功以及探索如何做到成功。怎样做能够疗愈今天深深撕裂的世界？本书中敏感于社会变化的美好企业掌舵者群体为含有多元价值观的新全球化进程提供了"共益经济"的探索样本。

沈东曙

乐平基金会执行理事长，《斯坦福社会创新评论》中文版主编

《美好企业》阐述了一套不同的企业经营理念，它超越追求股东利益最大化的思维，强调为更多的外部相关者创造价值，强调以人为本的价值观，关注道德与情感合约。事实证明，拥有这种经营理念的美好企业不仅财务绩效更健康，而且企业永续经营能力得到了提升。成就美好企业是领教工坊的使命，我们的理念与此书不谋而合，愿这本书对中国民企的经营管理产生长远的影响。

孙振耀

领教工坊联席董事长，惠普前中国区总裁、全球副总裁

未来企业的发展，不仅仅取决于企业内部，还取决于企业外部，取决于企业所有的利益相关者。《美好企业》重新定义了企业，讲述了如何成就美好企业进而创造更加美好的社会，值得我们企业家翻阅思考。

汪建国

五星电器创始人，五星控股集团有限公司董事长

人类社会确实正在快速进入一个"前无古人"的发展阶段！发达社会条件下产生的老龄化现象所促成的拥有型社会向存在型社会的转型，使得人类更加关注生活的意义并转向以他人为中心的道德价值观，使得经济活力取决于充分发展的高技术能力与高概念性、高触感性能力结合的程度！美好企业由此应运而生！《美好企业》作者所揭示的这个时代主题，值得我们特别关注！无论我们情愿与否，"善经济"时代已经到来，本书将对商业文明未来发展的思考提供多方面的启迪！

> 王振耀
>
> 民政部前司长，国际公益学院院长

在新商业文明时代，美好企业注重利益相关者的利益，就是在实现企业社会价值最大化。在这一过程中，企业往往与商业价值"不期而遇"。随着人类社会的进步，人们对情感的需求逐渐超过对利益的需求，企业的产品与服务成为情感输出的一种方式，以达成企业的使命。那些具有远见卓识的投资者正在从青睐"最赚钱"的企业转向青睐"最值钱"的美好企业。

> 王梓木
>
> 华泰保险集团董事长兼 CEO，中国企业家协会副会长，
>
> 全球社会企业家生态联盟联席主席

当代社会的一个基本特征是，这是一个由组织构成的社会，其中大多数组织是企业。这些企业的管理模式与运转方式在很大程度上决定了企业成员工作与生活的水平与质量。我们在中国大力推广美好企业的理念，推动一批中国企业率先成为美好企业，正是基于对这个简单事实的认定。这本《美好企业》可以成为我们建设美好企业的路线图和施工手册。

> 肖知兴
>
> 领教工坊联合创始人，管理学博士，
>
> 先后任教于中欧国际工商学院、乔治·华盛顿大学、北京大学汇丰商学院

（以拼音顺序排序）

明茨伯格管理经典

Thinker 50终身成就奖获得者，当今世界杰出的管理思想家

写给管理者的睡前故事

图文并茂，一本书总览明茨伯格管理精要

拯救医疗

如何根治医疗服务体系的病，指出当今世界医疗领域流行的9大错误观点，提出改造医疗体系的指导性建议

管理进行时

继德鲁克之后最伟大的管理大师，明茨伯格历经30年对成名作《管理工作的本质》的重新思考

管理至简

专为陷入繁忙境地的管理者提供的有效管理方法

战略过程：概念、情境与案例（原书第5版）

殿堂级管理大师、当今世界优秀的战略思想家明茨伯格战略理论代表作，历经4次修订全新出版

管理者而非MBA

管理者的正确修炼之路，管理大师明茨伯格对MBA的反思
告诉你成为一个合格的管理者，该怎么修炼

战略历程（原书第2版）

管理大师明茨伯格经典著作全新再版，实践战略理论的综合性指南

明茨伯格论管理

明茨伯格深入企业内部，观察其真实的运作状况，以犀利的笔锋挑战传统管理学说，全方位地展现了在组织的战略、结构、权力和政治等方面的智慧

管理和你想的不一样

管理大师明茨伯格剥去科学的外衣、挑战固有的管理观，为你揭示管理的真面目

战略过程：概念、情境与案例（英文版·原书第5版）

明茨伯格提出的理论架构，是把战略过程看做制定与执行相互交织的过程，在这里，政治因素，组织文化，管理风格都对某个战略决策起到决定或限制的作用

彼得·德鲁克全集

序号	书名	要点提示
1	工业人的未来 The Future of Industrial Man	工业社会三部曲之一，帮助读者理解工业社会的基本单元——企业及其管理的全貌
2	公司的概念 Concept of the Corporation	工业社会三部曲之一揭示组织如何运行，它所面临的挑战、问题和遵循的基本原理
3	新社会 The New Society：The Anatomy of Industrial Order	工业社会三部曲之一，堪称一部预言，书中揭示的趋势在短短10几年都变成了现实，体现了德鲁克在管理、社会、政治、历史和心理方面的高度智慧
4	管理的实践 The Practice of Management	德鲁克因为这本书开创了管理"学科"，奠定了现代管理学之父的地位
5	已经发生的未来 Landmarks of Tomorrow：A Report on the New "Post-Modern" World	论述了"后现代"新世界的思想转变，阐述了世界面临的四个现实性挑战，关注人类存在的精神实质
6	为成果而管理 Managing for Results	探讨企业为创造经济绩效和经济成果，必须完成的经济任务
7	卓有成效的管理者 The Effective Executive	彼得·德鲁克最为畅销的一本书，谈个人管理，包含了目标管理与时间管理等决定个人是否能卓有成效的关键问题
8	不连续的时代 The Age of Discontinuity	应对社会巨变的行动纲领，德鲁克洞察未来的巅峰之作
9	面向未来的管理者 Preparing Tomorrow's Business Leaders Today	德鲁克编辑的文集，探讨商业系统和商学院五十年的结构变化，以及成为未来的商业领袖需要做哪些准备
10	技术与管理 Technology，Management and Society	从技术及其历史说起，探讨从事工作之人的问题，旨在启发人们如何努力使自己变得卓有成效
11	人与商业 Men，Ideas，and Politics	侧重商业与社会，把握根本性的商业变革、思想与行为之间的关系，在结构复杂的组织中发挥领导力
12	管理：使命、责任、实践（实践篇） Management:Tasks,Responsibilities,Practices	
13	管理：使命、责任、实践（使命篇） Management:Tasks,Responsibilities,Practices	为管理者提供一套指引管理者实践的条理化"认知体系"
14	管理：使命、责任、实践（责任篇） Management:Tasks,Responsibilities,Practices	
15	养老金革命 The Pension Fund Revolution	探讨人口老龄化社会下，养老金革命给美国经济带来的影响
16	人与绩效：德鲁克论管理精华 People and Performance: The Best of Peter Drucker on Management	广义文化背景中，管理复杂而又不断变化的维度与任务，提出了诸多开创性意见
17	认识管理 An Introductory View of Management	德鲁克写给步入管理殿堂者的通识入门书
18	德鲁克经典管理案例解析（纪念版） Management Cases(Revised Edition)	提出管理中10个经典场景，将管理原理应用于实践

彼得·德鲁克全集

序号	书名	要点提示
19	旁观者：管理大师德鲁克回忆录 Adventures of a Bystander	德鲁克回忆录
20	动荡时代的管理 Managing in Turbulent Times	在动荡的商业环境中，高管理层、中级管理层和一线主管应该做什么
21	迈向经济新纪元 Toward the Next Economics and Other Essays	社会动态变化及其对企业等组织机构的影响
22	时代变局中的管理者 The Changing World of the Executive	管理者的角色内涵的变化、他们的任务和使命、面临的问题和机遇以及他们的发展趋势。
23	最后的完美世界 The Last of All Possible Worlds	德鲁克生平仅著两部小说之一
24	行善的诱惑 The Temptation to Do Good	德鲁克生平仅著两部小说之一
25	创新与企业家精神 Innovation and Entrepreneurship:Practice and Principles	探讨创新的原则，使创新成为提升绩效的利器
26	管理前沿 The Frontiers of Management: Where Tomorrow's Decisions Are Being Shaped Today	德鲁克对未来企业成功经营策略和方法的预测
27	管理新现实 The New Realities	理解世界政治、政府、经济、信息技术和商业的必读之作
28	非营利组织的管理 Managing the Non-Profit Organization : Principles and Practices	探讨非营利组织如何实现社会价值
29	管理未来 Managing for the Future:The 1990s and Beyond	解决经理人身边的经济、人、管理、组织等企业内外的具体问题
30	生态愿景 The Ecological Vision：Reflections on the American Condition	对个人与社会关系的探讨，对经济、技术、艺术的审视等
31	卓有成效管理者的实践（纪念版） The Effective Executive in Action: A Journal for Getting the Right Things Done	一本教你做正确的事，继而实现卓有成效的日志笔记本式作品
32	巨变时代的管理 Managing in a Time of Great Change	德鲁克探讨变革时代的管理与管理者、组织面临的变革与挑战、世界区域经济的力量和趋势分析、政府及社会管理的洞见
33	德鲁克看中国与日本：德鲁克对话"日本商业圣手"中内功 Drucker on Asia: A Dialogue between Peter Drucker and Isao Nakauchi	明确指出了自由市场和自由企业，中日两国等所面临的挑战，个人、企业的应对方法
34	德鲁克论管理 Peter Drucker on the Profession of Management	德鲁克发表于《哈佛商业评论》的文章精心编纂，聚焦管理问题的"答案之书"
35	21世纪的管理挑战 Management Challenges for the 21st Century	德鲁克从6大方面深刻分析管理者和知识工作者个人正面临的挑战
36	德鲁克管理思想精要 The Essential Drucker: The Best of Sixty Years of Peter Drucker's Essential Writings on Management	从德鲁克60年管理工作经历和作品中精心挑选、编写而成，德鲁克管理思想的精髓
37	下一个社会的管理 Managing in the Next Society	探讨管理者如何利用这些人口因素与信息革命的巨变，知识工作者的崛起等变化，将之转变成企业的机会
38	功能社会：德鲁克自选集 A Functioning society：Selections from Sixty-Five Years of Writing on Community,Society,and Polity	汇集了德鲁克在社区、社会和政治结构领域的观点
39	德鲁克演讲实录 The Drucker Lectures: Essential Lessons on Management, Society and Economy	德鲁克60年经典演讲集锦，感悟大师思想的发展历程
40	管理(原书修订版） Management(Revised Edition)	《管理：使命、责任、实践》一书的修订版，融入了德鲁克于1974～2005年间有关管理的著述